INOVAÇÃO, ESTRATÉGIA, EMPREENDEDORISMO E CRISE

Paulo Yazigi Sabbag

INOVAÇÃO, ESTRATÉGIA, EMPREENDEDORISMO E CRISE

ALTA BOOKS
EDITORA
Rio de Janeiro, 2018

Inovação, Estratégia, Empreendedorismo e Crise
Copyright © 2018 da Starlin Alta Editora e Consultoria Eireli. ISBN: 978-85-508-0328-9

Todos os direitos estão reservados e protegidos por Lei. Nenhuma parte deste livro, sem autorização prévia por escrito da editora, poderá ser reproduzida ou transmitida. A violação dos Direitos Autorais é crime estabelecido na Lei nº 9.610/98 e com punição de acordo com o artigo 184 do Código Penal.

A editora não se responsabiliza pelo conteúdo da obra, formulada exclusivamente pelo(s) autor(es).

Marcas Registradas: *Todos os termos mencionados e reconhecidos como Marca Registrada e/ou Comercial são de responsabilidade de seus proprietários. A editora informa não estar associada a nenhum produto e/ou fornecedor apresentado no livro.*

Impresso no Brasil — 2018 — Edição revisada conforme o Acordo Ortográfico da Língua Portuguesa de 2009.

Publique seu livro com a Alta Books. Para mais informações envie um e-mail para autoria@altabooks.com.br

Obra disponível para venda corporativa e/ou personalizada. Para mais informações, fale com projetos@altabooks.com.br

Produção Editorial Editora Alta Books	**Produtor Editorial** Thiê Alves	**Produtor Editorial (Design)** Aurélio Corrêa	**Marketing Editorial** Silas Amaro marketing@altabooks.com.br	**Vendas Atacado e Varejo** Daniele Fonseca Viviane Paiva comercial@altabooks.com.br
Gerência Editorial Anderson Vieira	**Assistente Editorial** Ian Verçosa		**Ouvidoria** ouvidoria@altabooks.com.br	
Equipe Editorial	Aline Vieira Adriano Barros Bianca Teodoro	Illysabelle Trajano Juliana de Oliveira Kelry Oliveira	Paulo Gomes Thales Silva Viviane Rodrigues	
Revisão Gramatical Wendy Campos	**Diagramação** Daniel Vargas	**Capa** Aurélio Corrêa		

Erratas e arquivos de apoio: *No site da editora relatamos, com a devida correção, qualquer erro encontrado em nossos livros, bem como disponibilizamos arquivos de apoio se aplicáveis à obra em questão.*

Acesse o site www.altabooks.com.br e procure pelo título do livro desejado para ter acesso às erratas, aos arquivos de apoio e/ou a outros conteúdos aplicáveis à obra.

Suporte Técnico: *A obra é comercializada na forma em que está, sem direito a suporte técnico ou orientação pessoal/exclusiva ao leitor.*

A editora não se responsabiliza pela manutenção, atualização e idioma dos sites referidos pelos autores nesta obra.

Dados Internacionais de Catalogação na Publicação (CIP) de acordo com ISBD

S114i	Sabbag, Paulo Yazigi
	    Inovação, estratégia, empreendedorismo e crise / Paulo Yazigi Sabbag. - Rio de Janeiro : Alta Books, 2018.
	    320 p. ; 17cm x 24cm.
	    Inclui índice.
	    ISBN: 978-85-508-0328-9
	    1. Administração. 2. Empreendedorismo. I. Título.

2018-831	CDD 658.401 CDU 658.011.2

Elaborado por Odilio Hilario Moreira Junior - CRB-8/9949

Rua Viúva Cláudio, 291 — Bairro Industrial do Jacaré
CEP: 20970-031 — Rio de Janeiro - RJ
Tels.: (21) 3278-8069 / 3278-8419
www.altabooks.com.br — altabooks@altabooks.com.br
www.facebook.com/altabooks

Apresentação

Zagaz é um palíndromo: ele pode ser lido nos dois sentidos. Essa ideia explica a coleção Zagaz: ela é composta de quatro livros, somando 279 artigos. Como os artigos são independentes entre si, recomendo que o leitor escolha a cada momento e por deleite — interesse e curiosidade — o artigo que deseja ler. Para controle do leitor, sugiro que marque no sumário os artigos já lidos.

Isso não significa que este é um livro de consulta, tal qual um dicionário. Apenas quer dizer que cada leitor cria a sua própria trama: a sequência de artigos que lê, motivado por perspicácia e sagacidade. E há artigos saborosos, de temas pouco explorados ou inéditos.

Os artigos e livros não são totalmente independentes. Aqueles que se interessam por inovação, estratégia, empreendedorismo ou crises podem querer aprofundar-se em temas de projetos, organizações ou competências em gestão, temas dos outros livros. Afinal, toda inovação, estratégia ou empreendedorismo é realizada por meio de projetos, no contexto de uma organização e depende de competência gerencial.

Aqueles que se interessam por projetos podem desejar ampliar seu entendimento sobre o contexto dos projetos, desenvolvendo interesse por questões organizacionais, de estratégia e inovação. E podem perceber que a atuação em projetos desafiadores requer muitas competências brandas agrupadas em outro livro.

Aqueles que se interessam por educação podem buscar no mesmo livro temas correlatos de gestão do conhecimento e do contexto organizacional. Também os profissionais de Recursos Humanos podem se motivar por temas de educação, temas de projetos e de estratégia.

A leitura de pequenos artigos serve ao deleite, ou no italiano "*per il loro diletto*", para a aprendizagem diletante informal. Não são textos pragmáticos, procuro embasar os conceitos e as técnicas exploradas. Mas se revestem de um cunho prático, para aqueles que vivem o mundo corporativo e buscam a educação permanente. A premissa é a de promover o profissionalismo pela disciplina do pensar e pelo método.

As conexões entre artigos promovem no leitor a visão sistêmica das organizações. A amplitude dos temas deriva de minha experiência de consultoria, sobretudo na última década.

Eu sempre admirei os polímatas, aqueles como Leonardo da Vinci, que criaram conhecimentos em variados campos, deixando que a vida e o trabalho orientassem seu interesse. Polímatas sacrificavam a profundidade de seus estudos em favor da amplitude de abordagem. Era característica de uma época em que prática, ciência e filosofia eram integradas. Com a expansão inaudita do conhecimento que vivemos ocorreu um esforço para que todos se tornem especialistas com conhecimento profundo em um campo específico.

Havia, nas décadas de transição da sociedade industrial para a do conhecimento, um confronto entre especialistas e generalistas. Creio que esse dilema foi superado, todos estamos nos tornando multiespecialistas. É o sucedâneo contemporâneo da polimatia. Quem, como eu, cria conhecimentos em campos correlatos como esses da coleção Zagaz, encontra padrões e relações entre as especialidades. E a visão sistêmica enriquece cada item em si, mesmo que sacrificando a profundidade e o detalhamento.

O conhecimento se expressa em uma variedade de "suportes". A coleção Zagaz nasceu do esforço de criar novas maneiras para a educação informal. O fato é que a fonte primária de informação de 120 milhões de brasileiros conectados é proveniente da internet, e não da TV, rádio, jornais, periódicos e livros. Outro fato: a revolução digital por fim chegou à educação, ampliando os veículos usados para a aprendizagem. No campo da educação corporativa, enquanto os investimentos em educação presencial mínguam, crescem os investimentos em educação digital, informal, usando sala de aula invertida, gamificação e *coaching* pessoal e de equipes.

Especialistas, professores, consultores e comentaristas cedem espaço a influenciadores digitais que atuam nas redes sociais. A tendência é a de que as educações formal, não formal e informal sejam integradas, e o veículo mais promissor para isso parece ser o *smartphone*. Contudo, se esse veículo é fantástico para a comunicação instantânea, do modo como é usado ele ainda não é o melhor veículo para a aprendizagem. Para tanto, é preciso criar estéticas, narrativas e conteúdos que favoreçam a aprendizagem digital. A Zagaz é meu esforço para criar esse modelo de aprendizagem.

A plataforma zagaz.work assume a repartição e a síntese de conteúdos: não há mais tempo para demoradas reflexões. Cada vídeo de curta duração é acompanhado de um texto para a leitura posterior. O vídeo sensibiliza e introduz novos conhecimentos que, se forem percebidos como promissores, remetem ao texto para que nele se faça a reflexão imprescindível para a verdadeira aprendizagem.

A coleção Zagaz deriva desses textos. Cada artigo é um recorte em pequenas doses, composto de cinco partes. Primeiro, lança indagações para focar a atenção do leitor. Depois apresenta as premissas conceituais do autor. Só então desenvolve a narrativa que explica o tema. Uma síntese finaliza o artigo e antecede as fontes que estimularam ou foram citadas na narrativa.

Como os artigos são lidos isoladamente, as repetições de conceitos que o leitor observará têm a função de dar contexto a cada tema explorado. São relevantes: só se repete aquilo que é essencial.

Por simplicidade, eu uso os termos *gestão* e *gerenciamento* como sinônimos, reconhecendo que ambos passaram a ser usados para se diferenciar do termo *gerência*, que representa uma posição da hierarquia. Gestores de projetos preferem usar *gerenciamento*, tradução oficial adotada pelas normas norte-americanas. Mas não vejo prejuízo em usar o termo *gestão* mais genérico, e que aproxima as funções do gerenciador às do diretor ou dirigente da organização (*managers*).

O livro **Inovação, Estratégia, Empreendedorismo e Crise** aborda a criação de negócios, a mais fecunda faceta da inovação ou "destruição criativa". Se os negócios formam o pano de fundo, a discussão sobre estratégia é pertinente. Seja inovando, formulando estratégias ou criando negócios, a incerteza e riscos sempre presentes fazem com que nesses campos seja preciso considerar a possibilidade de crises, que como os riscos e a incerteza, podem ser gerenciados.

O livro **Projetos, Programas e Portfólios** retrata a nova arquitetura organizacional, que soma essas três camadas de gestão como resposta ao número excessivo de projetos sendo realizados. Atualmente, essa condição pode ser observada no setor público brasileiro, organizado por programas, no setor particular e no terceiro setor, este último totalmente organizado por projetos. No setor privado crescem as adhocracias, organizações caso a caso, que são as organizações por projetos — é o caso de consultorias, empresas de tecnologia, de engenharia e construção, além de todo tipo de serviços técnicos especializados.

O livro **Organização, Conhecimento e Educação** retrata o mundo das organizações, sobretudo aquelas baseadas em recursos, teoria em que a gestão de conhecimentos é essencial e o desenvolvimento permanente de competências é estratégico. Trata assuntos de Recursos Humanos e de Gestão do Conhecimento. O livro se completa com a reflexão sobre educação, remetendo à questão da Educação Corporativa, na perspectiva da educação híbrida antes mencionada.

O livro **Competências em Gestão** completa o percurso de aprendizado para gestores e aspirantes a gestores. Ele parte da premissa de que as competências brandas (*soft skills*) são negligenciadas na educação formal e não formal, contudo compõem a parcela principal e essencial da competência de gestores talentosos e sagazes. Diante das limitações do autor, este livro não cobre toda a amplitude de competências gerenciais brandas. Todavia, cobre aquelas mais diretamente relacionadas a quem lida com inovação, estratégias, negócios, projetos, organizações, conhecimento e educação.

Agradecimentos

Agradeço a todos aqueles que me apoiaram nessa "virada" para a atuação no mundo digital, sobretudo os primeiros assinantes da Zagaz e Jaqueline de Mello Vicente, que produz, gerencia e edita a plataforma digital.

O mais difícil para um escritor é aproximar-se de seu público, para reconhecer como suas ideias prosperam na mente de seus leitores. Sei que há autores que se contentam em apenas materializar suas ideias em livros, mas não é o meu caso. Convido meus leitores a fazer contato e a comentar suas ideias pelo "contato e sugestões" no rodapé da plataforma zagaz.work. Como a aprendizagem, para mim, representa um processo social, não vejo melhor maneira de eu também aprimorar os meus conhecimentos na relação com leitores.

Paulo Yazigi Sabbag

Sumário

APRESENTAÇÃO v

INOVAÇÃO 1

- [ ] 1. Contexto para Inovação 3
- [ ] 2. Tipos de Inovação 9
- [ ] 3. Inovação — Gestão 13
- [ ] 4. Inovação Aberta e Funil da Inovação 18
- [ ] 5. Criatividade e Intuição 23
- [ ] 6. Experiências de Fluxo 29
- [ ] 7. Sagacidade e Serendipitia 33
- [ ] 8. Destruição Criativa 38
- [ ] 9. Design Thinking: Quebra de Paradigmas 43
- [ ] 10. Conceito de Design Thinking 50
- [ ] 11. Blueprint de Serviços 57
- [ ] 12. Storyboard 63
- [ ] 13. Personas 68
- [ ] 14. Mapa Mental — Inovação 74
- [ ] 15. Inovação Disruptiva — Técnicas 77
- [ ] 16. Caso Inovação Disruptiva 83
- [ ] 17. Técnica para a Inovação Incremental 87
- [ ] 18. Melhoria de Processos 92

| | 19. Estudo de Benchmarking 97
| | 20. Melhores Práticas e Lições Aprendidas 104
| | 21. Competências em Inovação 109

ESTRATÉGIA 115

| | 22. Estratégia — Correntes 117
| | 23. Startup Enxuta 126
| | 24. Mapa Mental — Estratégia 130
| | 25. Análise SWOT 134
| | 26. Visão, Missão e Valores 138
| | 27. Mapa Mental — Planejamento Estratégico 146
| | 28. Organização Baseada em Valores 149
| | 29. Mapa estratégico (Balanced Scorecard) 155
| | 30. Caso Abrigos 160
| | 31. Estratégia Mercadológica de Produtos 166
| | 32. Proposição de Valor ao Cliente 171
| | 33. Objetivos SMART 176
| | 34. Estratégia — Competências 180
| | 35. Caso Tintas 184

EMPREENDEDORISMO 189

| | 36. Caso Jorge Paulo Lemann 191
| | 37. Virtu e Fortuna — Maquiavel 198
| | 38. Empreendedor — Amplitude do Conceito 202
| | 39. Caso Hermes e o Empreendedor 208
| | 40. Intraempreendedor 212
| | 41. Caso Amyr Klink 218
| | 42. Competências do Empreendedor 225
| | 43. Empreendedor Social 229

CRISE   235

- [ ] 44. Caso NASA — Gestão e Catástrofes 237
- [ ] 45. Gestão de Crises – Fontes 244
- [ ] 46. Escalada de Crises 250
- [ ] 47. Estratégias para Gerir Crises 255
- [ ] 48. Resiliência e Gestão de Crises 262
- [ ] 49. Lideranças Resilientes 266
- [ ] 50. Competências – Gestor de Crises 273
- [ ] 51. Caso Crise — Pânico em São Paulo 280
- [ ] 52. Caso Crise Mundial 2008 285
- [ ] 53. Caso Tylenol 294
- [ ] 54. Mapa Mental — Crises 298

ÍNDICE   303

PARTE I
INOVAÇÃO

Contexto para Inovação

Investimos o suficiente em inovação?

Você acredita que as organizações brasileiras são inovadoras? Caso negativo, acredita que as filiais de multinacionais que operam no país são tão inovadoras quanto suas matrizes? Se novamente responder negativamente, por que é tão difícil ser inovador no Brasil? Deve-se a entraves burocráticos e institucionais? Deve-se a problemas de educação, isto é, da falta de competência em inovar? Deriva de uma mentalidade avessa à inovação e à criatividade?

As organizações que não inovam nunca serão líderes em seu segmento, serão sempre seguidoras. Sem criatividade, o pessoal da organização poderá ter seu emprego ameaçado — Domenico de Masi afirma que o único trabalho que não pode ser eliminado na sociedade do conhecimento é o trabalho criativo.

Enfrentar Problemas ou Explorar Oportunidades

Nas organizações em geral há um foco excessivo na resolução de problemas: a maioria dos projetos visa corrigir falhas, defasagens de desempenho ou melhorias da qualidade. Por que "excessivo"? Porque gerar ideias de projetos visando resolver problemas requer capacidade analítica, de diagnóstico e visão sistêmica. Explorar oportunidades, por outro lado, requer competências diversas: criatividade, inovação, visão sistêmica e estratégica. Essas competências raramente são consolidadas nas organizações brasileiras.

Creio ser fruto do próprio processo de industrialização ocorrido tardiamente no Brasil, e quase sempre pela via da instalação de filiais de empresas estrangeiras. A criatividade do brasileiro, que se manifesta de forma tão encantadora na música, dança, na linguagem e na arquitetura, geralmente faz falta ou não é considerada nas organizações.

Problemas não se contrapõem a oportunidades quando se trata de escolhas estratégicas. Quem só resolve problemas e abre mão de oportunidades, no máximo será um bom seguidor, jamais será um líder em seu segmento/ramo de atividade. Por outro lado, quem só explora oportunidades e descuida da solução de seus problemas tem a sustentabilidade da organização ameaçada, porque oportunidades demoram a prosperar. Assim, o ideal seria que cada organização some projetos visando corrigir problemas e explorar oportunidades, por exemplo na proporção 70%–30%, respectivamente.

Podemos enfrentar problemas com muita criatividade e inovação, contudo é preciso desenvolver uma mentalidade adequada. Em contrapartida, ao explorar oportunidades somos estimulados a fazer uso de inovação: **é frágil copiar o que outras organizações fazem ao explorar uma janela de oportunidade**.

Inovação nem sempre requer criatividade

Criatividade é a capacidade de gerar ideias novas e inusitadas. Inovação é a capacidade de aplicar ideias, mesmo que elas tenham sido geradas por outros. Por isso, a criatividade é associada a indivíduos, enquanto a inovação é associada a organizações. Países pouco criativos podem ser muito inovadores. Se somos tão criativos, poderíamos usar essa competência como base para nos tornarmos mais inovadores. Note as diferenças no Quadro 1.1.

Criatividade	Inovação
Criação ou Descoberta	Adoção ou uso da novidade
Gera Ideias Novas, percebe padrões em coisas desconexas	Aplica "Novas" Ideias, promove mudanças
Abstração	Concretude
Momentânea: centelha criativa, alumbramento (insight)	Duradoura, amplia a competitividade
Requer Inspiração (intuição)	Requer Transpiração (razão)
Muda a percepção e a visão do indivíduo	Muda a organização e o trabalho
Gera Promessas e Possibilidades	Gera Resultados e Benefícios

Quadro 1.1. Diferenças entre Criatividade e Inovação.

É a intuição a habilidade mental responsável por ideias inusitadas, padrões entre coisas desconexas e imagens mentais simbólicas. Defino a intuição como um *sistema alternativo de pensamento* espontâneo, não intencional e nem consciente, que depende de alumbramentos (*insights*) para se tornar consciente. Para recuperar a criatividade, tão evidente em crianças, precisamos de algumas condições: relaxamento físico e mental; atividade mental consciente atenuada; consciência passiva e receptiva; e liberdade de pensamento (livre de preocupações, convicções e paradigmas).

Por ser um processo obscuro, um estudioso pioneiro do assunto — Alex Osborn — optou por criar e divulgar em 1948 uma técnica coletiva de criatividade por livre associação de ideias: o *brainstorming*, que os brasileiros preferem chamar de *toró de palpites*. Veja a sabedoria popular: é *toró*, não é chuva nem garoa — significa muitas ideias em pouco tempo, visando atenuar o uso da razão; é *palpite*, e não certeza — significa que se deve adiar o julgamento, a avaliação e o senso crítico. Linus Pauling, agraciado com o Prêmio Nobel, afirmava: *"para se ter uma boa ideia, é preciso uma montanha de ideias."*

Um *toró de palpites* não dura mais que uma hora, tamanho é o cansaço mental que causa. Requer que os participantes, em pequeno número, estejam à vontade e relaxados. Requer um facilitador para anotar palpites e facilitar a intuição "coletiva": proíbe discussões e incentiva a todos a procurar novos veios criativos. Com criatividade, são sugeridas ideias que ultrapassam as barreiras dos paradigmas ou modelos mentais vigentes. Torna possível a descoberta e o invento.

Nem toda ideia é viável. Em geral, as ideias não nascem prontas e acabadas: elas requerem um esforço de detalhamento, até para que se tornem viáveis. É aí que o conhecimento técnico, as competências analíticas e o uso do pensar com bom senso são fundamentais. Acima de tudo, nem toda ideia torna-se projeto sem que se mostre viável em termos técnicos, econômicos e sociais.

Quando se trata de inovação, não importa quem a criou, e sim como ela é aplicada e por quem. Uma ideia criativa pode ser copiada, se a criação não for protegida por patentes, por exemplo. E quem a copia pode incrementá-la, fazendo melhor que o criador.

Inovação é a aplicação da criatividade para gerar um novo produto/serviço, um novo processo, uma nova forma de organização, uma nova fonte de insumos, um novo mercado ou novos benefícios que favoreçam a interação e inclusão social. Como se vê, há inovação em todos os setores de uma organização, não só no setor de desenvolvimento de produtos e serviços.

Toda inovação envolve novidade para aquela organização, portanto, determina alguma mudança. Novidade e mudança são difíceis de lidar, nas organizações: o resultado é incerto, só se provam os benefícios depois de implantadas. Para piorar, raramente há informação suficiente para uma decisão racional e objetiva, nem mesmo quando a organização copia algo que deu certo em outras organizações.

Inovação sempre é relativa. Não se considera inovador: fazer mais do mesmo, elevando produtividade; modernizar; expandir mercados e canais de distribuição; enfrentar o prejuízo — esses objetivos só são considerados inovadores quando geram diferencial competitivo entre as organizações.

No Brasil havia legislação para estimular a inovação: a Lei 11.196/05, conhecida como "**Lei do Bem**", concedia incentivos fiscais às pessoas jurídicas que realizarem pesquisa e desenvolvimento de inovação tecnológica. Entende-se por *pesquisa* tanto a *básica e fundamental* — pesquisa científica — quanto a *pesquisa aplicada*, destinada a ampliar conhecimentos na aplicação e o *desenvolvimento experimental*, onde se inserem projetos destinados a incorporar inovação. Infelizmente, a lei é pouco conhecida e aplicada, diante de trâmites governamentais que visam impedir a renúncia fiscal.

Para comparar a situação brasileira com a de outros países, no Índice Global de Inovação[1] o Brasil se encontra na 61ª posição — os dez primeiros são: Suíça, Reino Unido, Suécia, Finlândia, Holanda, Estados Unidos, Cingapura, Dinamarca, Luxemburgo, e Hong Kong (China). Nesse ranking, o Brasil é o quinto país da América Latina. Sua pior posição é no quesito "instituições", ou seja, nos entraves para a criação de negócios. Com baixa escolaridade, grande informalidade na economia, infraestrutura ruim, o Brasil somente ampliará rapidamente a produtividade de sua economia caso invista significativamente em inovação.

Sociedades apegadas a tradições ou a fundamentalismos são refratárias à inovação. Sociedades que se fecham à interação com outras sociedades reprimem a fecundidade do saber. Valores rígidos em demasia em vez de orientar a evolução, tornam-se opressores nessas sociedades. Onde há preconceito exacerbado ou fragmentação interna da sociedade deixa de existir o estímulo à criação, pela simples restrição a relações sociais. É o caso da violência crônica, do genocídio e dos regimes tirânicos de governo. Sociedades dominadas por impérios não poderiam prosperar senão à luz da noção imperial do significado de progresso: dominação.

Em contraponto, são facilitadores para a inovação na sociedade:

- Inclusão e diversidade da população, independentemente de raça, cor, classe social ou estilo de vida. Quanto mais integrada a sociedade mais dinâmica é a geração de conhecimentos;
- Coletivismo em oposição ao individualismo enquanto traço cultural incita ao compartilhamento de saberes;

---

1 Ver https://www.globalinnovationindex.org/content/page/GII-Home. (Alguns dos sites indicados pelo autor contém conteúdo em inglês, esses conteúdos são complementares e não prejudicam o entendimento da obra)

- **Tolerância**: reduzido preconceito ou rejeição determina a aceitação da diversidade;
- **Democracia**: o ambiente democrático amplia a velocidade e riqueza de criação e aprendizagem;
- **Elevada escolaridade** da população: por mais inadequada que seja a educação formal, maior uso das inteligências requer maior escolaridade;
- **Visão de futuro**: tradição e valores servem como critério de atuação e não como diretriz para o desenvolvimento da sociedade. A ética gera sinergia para a sociedade, porém não determina a dinâmica de evolução — o progresso;
- **Sociedades autônomas** e livres de dominação geram conhecimentos autênticos. Quando a dominação é cultural, isto é, comandada pela indústria cultural e pela propaganda, anula-se o modo original de pensar;
- **Pulsão positiva**, de vida: a violência gera pulsão destrutiva, de morte. Violência crônica consome a energia criativa, desvanece a esperança e o espírito empreendedor.

Inovação como oportunidade

Quanto mais rápido o conhecimento evolui, mais transformações ele causa no mundo. Nessa situação, seria insanidade não investir em criatividade e inovação nas organizações. Seja para que elas se adaptem às mudanças externas, seja para explorar as oportunidades que as transformações abrigam.

Transformação e mudança causam temores, e isso explica a falta de prática e de estímulo nas organizações. Mas o benefício de experimentar, ganhando competência em inovar, justifica o esforço. Conduzindo os processos de inovação com disciplina e cautela, a ameaça se reduz.

Você se engaja em processos de inovação? Luta para fazer algo de um "modo diferente"?

FONTES

» de MASI, D. *O Ócio Criativo*. Rio de Janeiro: Sextante, 2000.

» MAYO, A.J.; NOHRIA, N. *O Século da Inovação e Sua Crise*. Rio de Janeiro: Elsevier, 2008.

» OSBORN, A. F. *O Poder Criador da Mente*. São Paulo: IBRASA, 4ª. ed., 1975.

» REICH, R. (2002) *O Futuro do Sucesso: O equilíbrio entre trabalho e qualidade de vida*. Barueri: Manole.

2

Tipos de Inovação

Quanto vale a inovação?

Inovar não requer pioneirismo, nem fazer algo inédito. Inovar é trazer "novidade" para a organização. Conceituando assim a inovação, inferimos que todas as organizações procuram o novo sempre, certo? Afinal, sempre há um modo melhor de realizar algo.

Infelizmente, as organizações são conservadoras: preferem acomodar-se ao que realizam, do modo como realizam, do que criar, experimentar e testar novidades. Preferem restringir-se à sua zona de conforto, afinal "em time que está vencendo não se mexe", "se não está quebrado, não conserte", "não balance o barco, nem faça marolas" — se você já ouviu essas frases elas revelam como estamos distantes da inovação.

Inovar é a saída para quem deseja liderar

Quanto mais competitivo é o contexto externo de uma organização, mais ela procura meios para se diferenciar dos concorrentes. O melhor modo de diferenciar-se é pela inovação. Quanto mais veloz for a transformação tecnológica, maior a necessidade de adaptação da organização — o melhor modo de ajustar-se é pela inovação. Quanto mais exigente se torna o consumidor, maior a necessidade de oferecer inovação a ele. Quanto mais talentos a organização abriga, maior a expectativa deles de operar de um modo diferente — inovar é a melhor solução para dar saltos no desempenho do pessoal.

Inovar transforma a organização. Ela deixa de ser seguidora para liderar. Ela constrói novos modos de ser, e novos estilos de vida, dentro e fora da organização. Mas para isso é preciso sair da zona de conforto, lidar com a incerteza sobre a novidade, mitigar riscos. E ter persistência: muitas vezes os frutos e benefícios da inovação demoram a aparecer.

Diferença entre inovação revolucionária, disruptiva e incremental

Uma inovação é *revolucionária* quando substitui o que era padrão por incorporar características vastamente aprimoradas. Pense na luz elétrica em lugar do lampião; no automóvel em lugar do cavalo; no computador pessoal em lugar das máquinas de escrever. Já a inovação é *disruptiva* ou de ruptura quando produz algo mais simples, barato ou conveniente, capaz de atingir públicos que antes não eram atingidos pelo padrão. Pense no uso do celular ao invés do cartão de crédito, permitindo acesso a crédito a quem não têm conta bancária. Note a diferença: a revolucionária quase sempre envolve maior sofisticação, enquanto a inovação disruptiva tende a produzir coisas até simplórias, porque busca o fácil, barato e de uso mais amplo.

O mais frequente não é nem a inovação revolucionária nem a disruptiva. É a inovação *incremental*, aquela que produz pequenas melhorias naquilo que existe ou é padrão. São as pequenas novidades e mudanças, portanto, muito menos arriscadas, contudo com menor alcance. Uma inovação disruptiva ou revolucionária pode mudar o mercado, dessa forma cria vantagem competitiva duradoura; uma inovação incremental permite no máximo diferenciar-se do padrão existente. Como é mais fácil de ser copiada, a inovação incremental constitui uma vantagem perecível.

Outro conceito muito em voga hoje em dia é o de inovação *aberta*. Trata do desenvolvimento conjunto de algo inovador, como também inclui o licenciamento de inovações para uso por outras organizações. Como buscam algum diferencial competitivo, as organizações só incentivam a inovação aberta para reduzir riscos, em ambientes de elevado investimento e incerteza — é o caso das indústrias farmacêutica e de tecnologia de informação.

Em geral, devido aos riscos existentes, há uma preferência nas organizações por estimular a inovação incremental fechada. Bastam dezenas de ideias bem fundamentadas para se obter alguma inovação benéfica. Seria preciso centenas ou milhares de ideias para gerar uma inovação disruptiva ou revolucionária exitosa. Contudo, o sucesso nessas últimas compensaria dezenas ou centenas de pequenos sucessos trazidos pela inovação incremental. Daí que julgo necessário estimular ambas: incremental e disruptiva, fechada e aberta.

Albert Einstein afirmava: *"nenhum problema pode ser resolvido pelo mesmo estado de consciência que o gerou; é necessário ir mais longe"*. A inovação incremental serve-se de técnicas que permitem ir mais longe. Uma técnica usada nos EUA é a técnica SCAMPER, vocábulo que significa *disparada*. Como acrônimo, significa: **S**ubstitua, **C**ombine, **A**dapte, **M**odifique, maximize ou mitigue, **P**rocure outros usos, **E**limine, e **R**earranje. Cada letra cria disciplina mental para a análise: como substituir algum componente, como combinar etc. Analisando um produto, processo ou operação, ela gera inúmeras ideias promissoras.

Outra técnica para a inovação incremental é denominada *SIT — Systematic Inventive Thinking*, que faz uso de "cinco ferramentas do pensamento": *Subtração, Multiplicação, Divisão, Unificação e Dependência de Atributos*. Para usar cada ferramenta, é preciso listar todos os componentes, incluindo pessoas envolvidas. Metodicamente tentamos subtrair algum componente, tornando mais simples, rápido ou funcional — quando estudamos os óculos, ao subtrair a armação, surge um novo produto: a lente de contato. Podemos multiplicar componentes, como seria o caso de lente bifocal. Podemos dividir componentes, como seria o caso do monóculo e do microscópio. A unificação soma funções a componentes existentes — é o caso dos óculos de sol. Mais difícil de criar é a dependência de atributos, situação em que algum atributo é variável e se cria dependência deles — é o caso de óculos com filme polarizador, aquele que escurece conforme a luminosidade.

Ambas as técnicas, SIT e SCAMPER dão foco ao produto, processo ou operação que se deseja modificar. Um novo paradigma surge, ao colocar o foco em quem usa, por meio de empatia. É o pensamento dos designers em confronto com o pensamento dos técnicos. Design Thinking é o conjunto de técnicas para a inovação que visam: *Imersão; Análise e Síntese; Ideação; Prototipação*. Nessa teoria, a inovação é buscada coletivamente. A imersão permite aprofundar a compreensão do problema, das necessidades e expectativas, do contexto e da cultura envolvidas. Por si só a imersão gera ideias, ou alimenta a análise e síntese para produzir: similaridades e diferenças; visualização gráfica e critérios norteadores que balizam a geração de ideias. A ideação é o processo em que o público alvo é definido, torós de palpite e cocriação são usados para gerar diferentes perspectivas e ideias. Por fim, inclui-se a criação de modelos e protótipos para a melhor expressão das ideias.

A premissa por detrás de cada técnica para a inovação é que precisamos de disciplina mental — as ideias raramente surgem espontaneamente. E as organizações precisam de processos sistemáticos para praticar a inovação periodicamente — nunca há tempo suficiente para fazer disso algo permanente.

Inovação é competência organizacional

Note que a inovação não se aplica somente nos produtos e serviços que a organização oferece. Há inovação sempre que experimentamos uma novidade nas políticas, nos processos, em mercados. Também há inovação social, aquela que propicia a geração de emprego e renda, no âmbito da responsabilidade social da organização.

Significa que o pessoal envolvido em inovação deve cobrir muitas áreas da organização. Aplicar inovação é, portanto, uma competência organizacional, que constrói mentalidades que afetam a cultura organizacional. Não se implanta a inovação rápida ou facilmente, mas o resultado compensa.

Em si, inovar requer estabelecer processos sistemáticos para a geração de ideias, processos para filtrar e selecionar ideias, competência em projetos para realizar a inovação e processos de avaliação de resultados e benefícios. E resiliência para lidar com os insucessos e para a persistência frente aos que resistem a mudanças.

FONTES

» AMBROSE, G.; HARRIS, P. *Design Thinking*. Porto Alegre: Bookman, 2011.

» BROCKHOFF, K. On the novelty dimension in Project Management. *Project Management Journal*, p. 26-36, August 2006.

» SABBAG, P.Y. *Resiliência: competência para enfrentar situações extraordinárias na vida profissional*. Rio de Janeiro: Campus Elsevier, 2012, 6ª. edição, Prêmio Jabuti 2013.

» _____. *Espirais do Conhecimento: ativando indivíduos, grupos e organizações*. São Paulo: Saraiva, 2007.

3

Inovação — Gestão

Vantagem comparativa

Até recentemente, as organizações brasileiras pouco se preocupavam com inovação: o investimento em Pesquisa & Desenvolvimento sempre foi muito mais baixo que o de economias equivalentes. Nesse período de crise e de ameaça à sobrevivência, muitas organizações se abriram para a inovação enquanto um componente estratégico para garantir vantagem comparativa e sustentabilidade.

Todavia, como gerir processos de inovação?

Fora da "zona de conforto"

Inovar é introduzir o "novo" na organização. Criar é ter ideias; inovar é aplicar ideias para promover mudanças. Pode-se criar sem aplicar as ideias, assim como há organizações que inovam sem terem criado algo inédito. Criar envolve *inspiração* (intuição), enquanto inovar envolve *transpiração*: correr riscos, enfrentar contingências e executar projetos de implantação do novo.

Inércia parece ser o estado natural das organizações: foram criadas para serem perenes, focam em processos contínuos e estruturas permanentes, buscando sempre a estabilidade. **Mudança planejada** e **inovação** não são estados naturais: eles precisam ser induzidos nas organizações. Causam desconforto, porque forçam todos a saírem de sua "zona de conforto". Mudança e inovação não têm resultados certos — pelo contrário, envolvem risco e incerteza. Causam instabilidade, pelo menos temporária, enquanto se promove a mudança.

A inovação pode ser esporádica: quando surge um problema, busca-se inovar. O problema rompe a inércia e exige ação. Mas essa ação é reativa — não há proatividade nem protagonismo. Como a inovação demora a ser efetiva, a ação reativa pode ser inócua: muitas organizações em colapso detinham naquele momento uma série de projetos em andamento!

Precisamos de protagonismo: a busca intencional e permanente da inovação. A inovação precisa ser institucionalizada pela criação de um setor permanente dedicado a ela.

Afirmações para a inovação na organização

Quero defender uma maneira de institucionalizar a gestão da inovação nas organizações, sejam elas públicas, particulares ou da sociedade civil. Minha narrativa segue alguns tópicos:

1. A inovação é mais ampla que Pesquisa & Desenvolvimento:

   O senso comum indica que a inovação enfoca apenas produtos e serviços, daí que são geridas pelo setor dedicado à pesquisa e a produtos. Contudo, também se considera inovação a introdução de um novo processo, função ou sistema, geridos pelos setores de tecnologia. Mas a inovação também envolve a introdução de novas formas de organização e estrutura, nesse caso envolvendo o setor de RH. Inovação pode se referir à introdução de novas fontes de fornecimento de insumos, cabendo ao pessoal de suprimentos; pode incluir novos canais de distribuição e estratégias comerciais, cabendo à área comercial; pode incluir novas alianças e parcerias, cabendo ao pessoal de estratégia. O governo brasileiro também considera a "inovação social", aquela cujo beneficiário é a comunidade ou sociedade, e é gerida pelo setor de responsabilidade social. Não podemos excluir a inovação produzida por intraempreendedores: a criação de novos negócios patrocinados pela organização.

   Há inovação em todos os setores da organização. Diante disso, recomendo centralizar a inovação em um único setor, competente e com capacidade suficiente para todas as necessidades. Note que a inovação representa investimento, e não custo, portanto, requer Orçamento de Capital (*Capex*); sujeita-se a leis de benefício fiscal, a exemplo da "lei do Bem". Mais motivos para a gestão centralizada.

   Se a inovação é um fator estratégico, significa que várias etapas dos processos de inovação precisam ser protegidas para que a informação não vaze para fora da organização — esse talvez seja o principal motivo para centralizar a inovação, fazendo dela um sistema metódico.

2. A inovação é um sistema permanente, porém nem sempre contínuo:

    Para que a inovação seja efetiva, ela precisa ser encarada como um sistema, onde as partes são interdependentes, há equilíbrio dinâmico, entropia negativa e equifinalidade. Introduzir o novo em substituição ao existente requer ajustes em toda a organização. Muitas vezes a gestão da inovação inclui a retirada gradual do existente (*phasing-out*).

    Se a inovação não é esporádica nem reativa, significa recomendar que ela seja permanente, o que não quer dizer que precise ocorrer dia após dia. Muitas organizações criaram ciclos periódicos (trimestrais ou semestrais) para concentrar o investimento em inovação. Em cada início de ciclo ocorre o funil da inovação para a geração e seleção das ideias mais viáveis, que são convertidas em projetos cujo prazo de execução pode ser longo.

    O sistema é permanente e contínuo em um aspecto específico: a gestão de marcas e patentes, a gestão do licenciamento de inovações e a varredura por fontes de inovação. É preciso usar inteligência para conhecer inovações tecnológicas, legais e de orientações do consumidor. Assim a organização explora oportunidades, para além da tradicional resolução de problemas.

3. A inovação requer método sistemático:

    Para inovar, há etapas dedicadas a gerar ideias, a estudar e selecionar ideias, a aprovar projetos de inovação, a executar projetos e a gerir o *phasing-out*. Reunindo as etapas, temos o ciclo de vida completo de um "produto" ou resultado obtido pela inovação. Esse ciclo vale tanto para ideias de melhorias incrementais quanto para ideias disruptivas ou transformacionais. Porém, o investimento, o prazo de ciclo e a chance de sucesso são maiores para as inovações incrementais, daí o pragmatismo usual das organizações: só investem em melhorias!

    Precisamos permanentemente buscar melhorias disruptivas e transformacionais, somando essa busca à de melhorias incrementais. A aceleração tecnológica é disruptiva; a turbulência na economia é disruptiva; as orientações do consumidor passam por transformações.

    Com método sistemático obtemos uma proporção adequada de ambos os tipos de inovação. Como na teoria de *portfólio*, isso mitiga o risco global do setor dedicado à inovação.

    O método sistemático também permite alternar etapas onde o pensamento divergente (gerar opções) predomina com outras dedicadas ao pensamento convergente (seleção e escolha). Onde há pensamento divergente, a criatividade e abertura são exigidas; onde há convergente, o estudo cuidadoso da viabilidade é necessária.

    O método sistemático também permite avaliar de tempos em tempos se algum projeto em execução merece ser descontinuado, ou se alguma ideia deve ser abandonada. Em ambos os casos se evitam os gastos desnecessários. Método sistemático permite estabelecer prioridades dinâmicas: a cada momento um projeto do portfólio é priorizado.

4. A inovação permanente envolve etapas e processos:

   A etapa de geração de ideias viáveis envolve pesquisa, criatividade e varreduras para explorar oportunidades. O objetivo é maximizar a quantidade e variedade de ideias. A etapa seguinte envolve o estudo e seleção de ideias viáveis — chamada de "funil da inovação". A inovação pode ser fechada (exclusiva), pode resultar de aliança (*Joint Development Agreement*) ou pode ser aberta, ocasião em que governo e universidade se compõem com a organização para investir na inovação. A seleção metódica de ideias envolve decisão racional, portanto, requer estudos e avaliações de viabilidade.

   Não se consegue guardar sigilo na etapa de definição e aprovação de projetos de inovação. Requer a criação de um "Termo de Abertura do Projeto", seguido do planejamento da implantação, da montagem da equipe temporária e da definição de orçamento para os projetos aprovados. A etapa de execução dos projetos ocorre em paralelo com a de planejamento: é época de gerir riscos, reduzir incertezas e maximizar o valor agregado da gestão. A etapa de execução dos projetos requer a definição de estratégias de implantação: experimentação via implantação "piloto", fases superpostas, execução em ondas cumulativas etc.

   Essa etapa culmina com o lançamento do produto ou entrada em operação, ocasião em que o que existia pode ser descontinuado. Mas como nenhum produto, processo ou organização é perene, é preciso gerir o restante do ciclo de vida desses produtos do projeto. A implantação do "novo" é uma fase de transição, onde gradativamente as responsabilidades vão sendo transferidas da equipe temporária para quem vai gerir o produto do projeto, permitindo a desmobilização da equipe temporária. É momento de avaliar benefício obtidos e coletar lições aprendidas para aprimorar a metodologia sistemática.

5. A governança para a inovação é abrangente:

   Como a inovação é variada e as necessidades são específicas, isso recomenda centralizar a gestão da inovação, para que toda inovação receba o mesmo tratamento. Para isso, o diretor da área pertence ao C-Level. Contudo, a centralização traz problemas. A solução que recomendo é instituir as decisões ao longo do processo (*stage gates*) em comitês com gestores de alto nível.

   A formação de comitê assegura que todos os tipos de inovação sejam igualmente considerados (não só em produtos/serviços), focando principalmente o retorno do investimento e na contribuição estratégica da inovação. Também auxilia a assimilação da cultura de inovação.

6. Inovação requer a definição de políticas específicas:

    Se rejeitamos a inovação reativa e esporádica, não basta criar estrutura e governança permanentes para a inovação: algumas políticas de fomento à inovação são igualmente relevantes. Para começar, a política de investir uma fração percentual do faturamento anual é indispensável. Também é essencial comparar o retorno desse investimento: algumas organizações calculam a fração do faturamento obtido com produtos recentemente lançados. Contudo, esse indicador reflete apenas a inovação em produtos/serviços. É preciso ir além, com indicadores de efetividade dos outros tipos de inovação.

    Há organizações como a Google, que admitem uma fração de tempo dos indivíduos e de investimento da empresa em projetos pessoais, como forma de promover o intraempreendedorismo. Outra política importante refere-se à abrangência e investimento em intraempreendedores e de seu retorno.

Mentalidade de mudança transformacional

Gerir inovação requer, sobretudo, uma mentalidade compatível. A mentalidade da estabilidade preza a hierarquia (chefia; comando-e-controle), planos impositivos, ênfase em melhorias incrementais e na redução permanente de custos. A mentalidade da mudança é quase oposta: em lugar da hierarquia tratamos de adhocracias (gestão por equipes temporárias de projetos); em lugar da chefia, a liderança que "faz acontecer"; em lugar dos planos impositivos, o plano constantemente revisado como orientador da execução; soma a inovação disruptiva e transformacional às melhorias incrementais; troca o foco em redução de custos pelo da maximização de valor agregado.

O maior desafio da gestão da inovação não está nem em sua governança, etapas e processos: está na transformação cultural exigida.

Inovação Aberta e Funil de Inovação

Fechada ou aberta?

Em muitas organizações, o setor de Pesquisa & Desenvolvimento é considerado um ativo estratégico. Afinal, é ele quem gerencia a inovação "fechada", aquela embutida na organização. Contudo, a consolidação da Sociedade do Conhecimento remete a um novo paradigma, o da "inovação aberta". O confronto de paradigmas precisa ser discutido por organizações que desejam incrementar a inovação.

Funil da inovação

Desde o século XX há uma crença de que *"a inovação de sucesso exige controle"*, porque se a inovação diferencia a organização ela se torna vantagem competitiva. Nesse paradigma, as grandes organizações investiam mais em P&D, e buscavam contratar e desenvolver os melhores profissionais para criar e desenvolver internamente novos produtos e serviços, fazendo-os chegar no mercado antes da concorrência. Nesse paradigma, investir mais em P&D era garantia de se tornar líder de mercado; a propriedade intelectual (marcas e patentes) era gerida visando impedir que a concorrência lucrasse com a inovação lançada.

A inovação fechada ainda é vantagem competitiva nos setores oligopolizados, no de reatores nucleares e motores de aviões, por exemplo. Outras indústrias estão em processo de transição: automóveis, biotecnologia, medicamentos, comunicação, finanças e seguros, computadores e softwares. Já existia a inovação aberta por exemplo na indústria do cinema em Hollywood. Nessa transição, o papel dos setores de P&D precisa mudar, e é o que sugere Henry Chesbrough.

No paradigma antigo, o processo de inovação era tratado como "funil da inovação": escaneava oportunidades para gerar ideias, que passavam por um funil ou filtro excluindo as pouco atraentes e pouco viáveis; depois de desenvolver modelos de negócios das ideias mais atraentes, elas passavam por outros funis, filtrando as ideias com menor chance de sucesso e aquelas que não eram alinhadas com as estratégias da organização. Como resultado do processo, algumas ideias ficavam "congeladas", enquanto outras eram convertidas em projetos para que fossem implementadas.

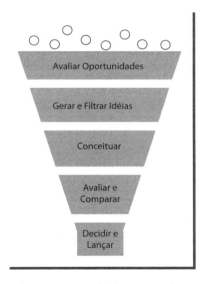

Figura 4.1. Funil da Inovação.

A Figura 4.1 apresenta a visão usual do funil da inovação. Note que o processo pode ser permanente: periodicamente um comitê avalia as ideias em cada um dos *stage gates*, portais de decisão, fazendo avançar o desenvolvimento de projetos de inovação.

Embora exitoso, o paradigma do funil da inovação apresentava anomalias. A principal, segundo o autor, é a tensão entre Pesquisa e Desenvolvimento. O setor de Pesquisa era percebido como centro de custos, cujas descobertas eram difíceis de prever e de acelerar. O setor de desenvolvimento usava como insumo os produtos da Pesquisa: era visto como centro de lucros, focado em objetivos, capaz de mitigar riscos e de realizar projetos com competência.

A separação entre funções tão distintas fez com que boas ideias fossem congeladas até que o desenvolvimento delas fosse priorizado. Pior: em muitos casos o desinteresse da organização que hospedava P&D fazia com que ideias ganhassem vida própria, derivando para fora da organização (*spin-off*). Exemplo eloquente foi o PARC — Palo Alto Research Center criado em 1969 pela Xerox, que criou o mouse e a interface gráfica para computadores, explorada com sucesso pela Apple. O desinteresse da Xerox pelas invenções do PARC permitiu que muitos pesquisadores saíssem da empresa levando seus projetos e criando empresas de sucesso: SynOptics (depois comprada pela Nortel), 3Com (criadora da Ethernet) e Adobe, entre dezenas de outras.

Alguns fatores foram responsáveis pela erosão do funil de inovação fechada. A maior disponibilidade e mobilidade de pesquisadores é um deles. O surgimento das empresas de capital de risco (*venture capital*) financiando empresas nascentes e se tornaram opção para a inovação é outro fator. A desverticalização generalizada, ampliando a capacidade de inovação de fornecedores externos é o terceiro fator. Todos eles remetem, em minha opinião, à consolidação da Sociedade do Conhecimento.

Inovação aberta

Na Sociedade do Conhecimento é muito difícil proteger o conhecimento, ele é acessível a todos. Os EUA não são mais a sede da maior quantidade de patentes, nem as empresas norte-americanas são as que mais investem em P&D. Na nova forma de organização da sociedade ocorre o aumento súbito de profissionais especializados com pós-graduação; ao mesmo tempo em que proliferam as tecnópolis e os centros de pesquisa universitários. Essa sociedade preza os criativos e empreendedores. É mais provável que as inovações prosperem fora das grandes organizações. E se reduz a distinção entre países do primeiro e do terceiro mundo: a inovação pode ser proveniente de qualquer lugar.

Chesbrough propõe o novo paradigma da "inovação aberta". Por inovação aberta entende-se que a inovação é um sistema aberto a interações com o mundo externo à organização. Todas as etapas do funil de inovação são marcadas pela abertura.

A fase de estudo de oportunidades mercadológicas pode ter apoio externo; a fase de geração de ideias pode ser feita em parceria com outras organizações, bem como a organização pode acolher inventores com suas ideias. A fase de pesquisa pode ser feita em parceria (*JDA — Joint Development Agreement*) ou até mesmo realizada fora da organização. A Intel, por exemplo, investe por ano mais de US$ 100 milhões financiando projetos de pesquisa nas universidades. O desenvolvimento também é aberto a fornecedores externos.

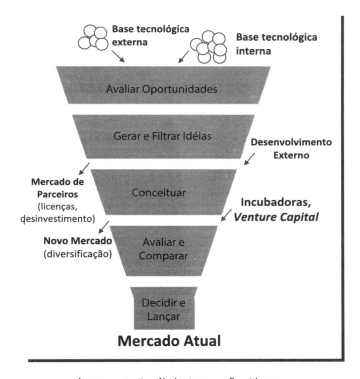

Figura 4.2. Funil da Inovação Aberta.

Por fim, a organização pode investir em *startups* para explorar ideias não alinhadas com a sua estratégia. É um modo de fazer gerar valor as ideias patrocinadas pela organização. A Lucent, por exemplo, criou em 1997 o *NVG — New Ventures Group* com essa finalidade. Do mesmo modo, a gestão de patentes e propriedade intelectual pode ser outro gerador de valor para a organização. O funil passaria a ser representado como na Figura 4.2.

A inovação aberta admite inúmeras fontes, inúmeros envolvidos no processo e pode atingir inúmeros mercados, mas mantém o foco do funil para atender necessidades internas da organização.

Com isso, a inovação aberta acelera a inovação, porque não tem mais a restrição de pessoal ou de prioridades da organização.

Significa que não haveria mais espaço para os setores de P&D existentes nas organizações? O autor sugere que as organizações deixam de temer as *startups* e as empresas de capital de risco, porque as considera parte desse ecossistema da inovação aberta. Deixa de ver as patentes como algo a ser protegido, para gerir os benefícios que essas patentes podem gerar para si ou para outros, capitalizando-as. Deixa de ver seus pesquisadores como os mais aptos para criar inovações verticalmente, o que é raro no contexto contemporâneo.

Dinamismo empresarial e integração ajustada à Sociedade do Conhecimento

A inovação aberta é o elemento que faltava na Sociedade do Conhecimento para ampliar as conexões entre a economia real e as universidades, entre empresas e governos com suas políticas de desenvolvimento econômico. A inovação aberta amplia o dinamismo empresarial, assim como estimula a gestão do conhecimento nas organizações e na sociedade.

FONTES

» BERNARDES, R.; AMATUCCI, M.; BAGBUDARIAN, E. P. Open Capabilities: Criação e gestão de competências para inovação aberta na Natura. *ESPM Marketing*, p. 73–77, Jan/Fev, 2013.

» CHESBROUGH, H. *Inovação aberta: Como criar e lucrar com a tecnologia*. Porto Alegre: Bookman, 2012.

» CRAWFORD, J. K. *The Strategic Project Office: A guide to improving organizational performance*. New York: Marcel Dekker, 2002.

» GAVIRA, M. O.; FERRO, A. F. P.; ROHRICH, S. S. Gestão da inovação tecnológica: Uma análise da aplicação do funil da inovação em uma organização de bens de consumo. *RAM — Revista de Administração Mackenzie*, vol. 8, 1, p. 77–107, 2007.

5

Criatividade e Intuição

Quer ser mais criativo?

Você se considera um indivíduo criativo? Julga importante ser criativo no trabalho que desempenha? Gostaria de compreender melhor a criatividade para tirar mais proveito dela?

Intuição como base da criatividade

Criatividade é um processo obscuro, daí a dificuldade em lidar com ele. Criativos têm um olhar diferente sobre a realidade; criativos têm ideias novas e encontram novos usos para coisas existentes; criativos encontram padrões não lógicos entre coisas; criativos têm representações mentais artísticas sobre o mundo: formam imagens, usam linguagem, figuras e metáforas.

Contudo, a produção criativa ocorre "de estalo", repentinamente e fora da cognição (pensamento racional): têm sacadas, palpites (*hunches*). Daí que muitos acreditam em algum fator externo promovendo a criatividade. Muitos creditam à criatividade a "descoberta acidental" também chamada *serendipitia*.

Platão dizia que um poeta não poderia criar sem que a musa lhe inspire e deseje. Aristóteles, por sua vez, sugeriu que a inspiração tem suas origens no interior do indivíduo, dentro do encadeamento de suas associações mentais. Na mesma linha Freud indicou que a criatividade resulta de uma tensão entre realidade consciente e pulsões inconscientes.

Criatividade envolve perspicácia para perceber coisas e padrões não lógicos; envolve sagacidade para idealizar algo novo, ou um novo uso para coisas que existem; envolve palpites ou sacadas (dizemos "A-há!") como um estalo (ou centelha criativa). Esses momentos são chamados de iluminação, como se de repente tudo ficasse claro em nossa mente. São momentos fugazes, que incluem até mesmo os em que ocorrem "ideias fugidias": temos a certeza de que tivemos uma boa ideia que escapou, não permaneceu na consciência. Essa "iluminação" ocorre tão rapidamente que muitos a confundem com "instinto" ou "inclinação", para não dizer "impulsividade". Outros associam o processo a um "sexto sentido" — sensibilidade é necessária, o que não quer dizer que é um sentido como a visão, tato, olfato, paladar e audição. Os norte-americanos tratam de *gut feelings*, *sentimentos das entranhas*, para se referir aos sinais da intuição.

Criatividade mobiliza mais a sensibilidade e intuição que a razão — dentre as três habilidades intelectuais. A sensibilidade, ou apreensão da realidade pelos sentidos, determina perspicácia. A intuição determina a sagacidade, a arte, a metáfora, a idealização e, portanto, é a essência da criação.

A intuição é a mais antiga e primordial habilidade intelectual. Em todos os animais serve para reconhecer situações de perigo. Nos humanos permite reconhecer fisionomias, padrões e associações. E permite a criação, contudo se você disser "*agora eu terei uma excelente ideia*" é pouco provável que a consiga: não se pode domar a intuição que envolve processos subconscientes.

Defino a intuição como um "*sistema alternativo de pensamento espontâneo, não consciente nem sistemático e que depende de alumbramentos para tornar-se consciente*". Alumbramento ou iluminação é como traduzo o termo *insight* no inglês. O alumbramento é como uma janela que se abre, conectando por instantes a mente subconsciente com a consciente. A ideia fugidia acontece porque a "janela" se fechou antes dela ser entendida pela consciência.

Em que condições ocorrem alumbramentos, indicando que o indivíduo mobilizou sua intuição? Chic Thompson relata os dez momentos mais propícios às ideias, em ordem decrescente:

1. Sentado no banheiro!;
2. Cantarolando no chuveiro ou fazendo a barba, se homem ou maquiando, se mulher;
3. Indo e vindo do trabalho, em meio ao tráfego;
4. Adormecendo ou acordando;

5. Durante uma reunião tediosa;
6. Lendo por prazer, despretensiosamente;
7. Fazendo ginástica;
8. Acordando no meio da noite;
9. Ouvindo um sermão na igreja;
10. Fazendo um trabalho manual.

Essas dez condições têm fatores em comum, o que explica como podemos ampliar o uso da intuição:

- Relaxamento, tanto físico quanto mental;
- Atividade mental consciente atenuada (livre de preocupações);
- Liberdade de pensamento, prontidão para divagar, imaginar e gerar fantasia;
- Consciência passiva e receptiva.

A única exceção para essas condições ocorre em situações apavorantes, em que ficamos perplexos ou paralisados. Nessas condições a razão é atenuada, a consciência é receptiva e há prontidão, só não estamos relaxados. Nessa condição nossa intuição costuma processar muito rapidamente e gerar opções que podem nos livrar do perigo. Acredite em suas intuições!

Comentários: lembra do Arquimedes que ao fazer um banho de imersão gritou *"eureka!"*, que no grego significa "descobri!"? Ocorreu alumbramento. Isaac Newton "descobriu" a lei da gravidade enquanto fazia a siesta à sombra de uma macieira, diz a lenda. Ou então o gênio da química orgânica, Kekulé, que sonhou com uma cobra mordendo o próprio rabo e acordou surpreso, pois havia compreendido como os átomos de carbono se organizam formando um hexágono. Durante a noite o pensamento é atenuado, há espaço para metáforas, como nos nossos sonhos. Em todos esses casos havia condição para alumbramentos.

Indivíduos, grupos e organizações criativos

Lubart aponta uma definição consensual para a criatividade: "*é a capacidade de realizar uma produção que seja ao mesmo tempo nova e adaptada ao contexto na qual ela se manifesta*". Produção nova significa original e distintiva; adaptada porque deve satisfazer diferentes dificuldades em que se está envolvido, ou seja, o produto da criatividade tem alguma utilidade.

Note a diferença entre *criar* e *inovar*. A inovação implica em aplicar conhecimentos e ideias em produtos, serviços e processos, mesmo que essas ideias não sejam novas, apenas elas não eram usadas.

Leonard desfaz mitos sobre a criatividade:

1. Criatividade depende de poucos indivíduos, quase sempre extravagantes;
2. Criatividade é um processo solitário;
3. Inteligência é mais importante que a criatividade;
4. Criatividade não pode ser administrada;
5. Encontram-se grupos criativos apenas nas artes ou nas empresas de tecnologia;
6. Criatividade só é relevante para grandes ideias;
7. Criatividade só envolve a apresentação de novas ideias.

Portanto, há pessoas e grupos criativos, bem como organizações inovadoras. A criatividade pode ser estimulada, mas não controlada. Não vale apenas para grandes ideias, mas precisa ser aplicada para que tenha valor nas organizações.

Criatividade é importante nas organizações contemporâneas. Um sociólogo do trabalho italiano, Domenico de Masi, ao apontar soluções para o desemprego estrutural imposto pela Sociedade do Conhecimento, afirmou que o único trabalho que jamais será eliminado pela automação é o trabalho criativo. Mas como ampliar a criatividade nas organizações?

Em relação ao ambiente, sabe-se que ambientes rígidos e lideranças autoritárias reprimem a criatividade. Idem para culturas reativas, as organizações proativas tendem a ser mais criativas. Onde há diversidade assimilada, há criatividade. Onde há tensão criativa o ambiente é fecundo: em crises, após transformações, onde há rotação de posições e os escritórios mudam de local. Para completar, ambientes onde há maior estimulação sensorial, cores, arte e o inusitado são fecundos para as ideias.

Em relação aos indivíduos e grupos, onde há mais gente com habilidade de intuição (N no inventário MBTI) há criatividade. Onde as pessoas são intrinsecamente motivadas para o trabalho e onde há emoções positivas, há mais criatividade. Onde as pessoas são mais perseverantes ou tenazes, há mais solução criativa de problemas. Onde há flexibilidade mental e desapego a paradigmas, isto é, as pessoas "pensam fora da caixa", há criatividade. Onde há mentes independentes, que não se conformam, há criatividade.

Mihaly nota algumas ambivalências nas pessoas mais criativas: são perspicazes, mas ingênuas; usam pensamento divergente somado ao convergente; mesclam divertimento com disciplina; mesclam imaginação e fantasia com senso de realidade; são apaixonadas, mas objetivas; sustentam emoções positivas com sensibilidade. Para completar, em períodos de maior criatividade vivem experiências de fluxo.

É preciso considerar as diversas etapas do processo criativo nas organizações, como sugerido por Lubart e que podem ser usadas consecutivamente ou não. Primeiro, o uso de perspicácia na identificação do problema, criando representações mentais que serão úteis nas fases seguintes. Depois há uma etapa de codificação seletiva de informação, com uso de imagens e linguagem. Na sequência se pode usar a comparação seletiva, etapas em que as metáforas são poderosas para fazer a livre associação de ideias. Outra etapa é a combinação seletiva, onde ocorre a fusão e síntese de ideias promissoras. É usual a etapa de estímulo ao pensamento divergente, quando se usa por exemplo o toró de palpites (*brainstorming*) e o uso de dilemas e paradoxos. A ela se segue a etapa de pensamento convergente, que visa a seleção de ideias dentre as mais promissoras. Existem tantas armadilhas no julgamento de ideias que o autor recomenda a flexibilidade e o uso de "escada de inferências".

Muitos estudiosos, desde a Antiguidade, sugerem a "incubação de ideias". No Latim, *incubar* significa "*deitar sobre*". Incubar ideias é "conversar com o travesseiro" ou "dar tempo ao tempo". A intuição noturna é sempre útil quando há decisões difíceis de tomar.

Antes criatividade depois inovação

Para que as organizações desfrutem da criatividade de seu pessoal, é preciso enorme cuidado com o ambiente e com a cultura. Também é necessário criar fóruns onde as etapas do processo criativo sejam disciplinadas. Somente a partir daí se pode investir em inovação: **criatividade antecede o investimento em inovação**.

FONTES

» De BONO, E. *Atlas of management thinking*. New York: Penguim, 1983.
» CSIKSZENTMIHALYI, M. *Creativity: Flow and the psychology of discovery and invention*. New York: HarperCollins, 1997.
» LEONARD, D. *Centelhas incandescentes: Estimulando a criatividade em grupos*. Porto Alegre: Bookman, 2003.
» LUBART, T. *Psicologia da criatividade*. Porto Alegre: Artmed, 2007.
» de MASI, D. *O Ócio Criativo*. Rio de Janeiro: Sextante, 2000.
» OSBORN, A. F. *O Poder Criador da Mente*. São Paulo: IBRASA, 4ª. ed., 1975.
» SABBAG, P.Y. *Espirais do Conhecimento: Ativando indivíduos, grupos e organizações*. São Paulo: Saraiva, 2007.
» THOMPSON, C. *Grande ideia*. São Paulo: Saraiva, 1995.

6

Experiências de Fluxo

A verdadeira fonte de satisfação

Você já vivenciou experiências em que estava totalmente concentrado e atento, mobilizando toda a sua energia psíquica, e nem percebeu o tempo passar? Em geral, obtemos satisfação com o resultado superior que alcançamos enquanto estávamos em "fluxo".

Viver com intensidade é viver experiências de fluxo

Um psicólogo e professor da universidade de Chicago, nos EUA, de sobrenome impronunciável, criou o conceito de "fluxo" em um livro premiado. O livro começa com uma epígrafe de W. H. Auden: *"se realmente queremos viver, é melhor que comecemos a tentar imediatamente; se não queremos, não faz mal, mas é melhor começarmos a morrer"*. É nessa vida intensa que o conceito de fluxo se inscreve: vida plena, sem desperdício de tempo, expressando a individualidade, em sintonia com o mundo contemporâneo.

Fluxo absorto e divertido

Sempre que realizamos uma atividade favorita, a experiência envolve tanta atenção, que não há espaço na mente para nenhum outro pensamento ou aborrecimento. Imerso na atividade, conquistamos um nível de concentração que não é usual, e nessa hiperconcentração a intuição e a razão convivem em harmonia. Mihaly Csikszentmihalyi chama a isso de *"experiência de fluxo"*.

Essas experiências geram um feedback imediato: elas deixam claro o desempenho alcançado. Se esse desempenho é superior ao que obtemos no estado comum, é motivo de imensa satisfação — e isso quase sempre acontece. Em fluxo não estamos apenas atentos e concentrados, nossas habilidades estão totalmente envolvidas no processo, no limiar da capacidade de controle delas. A satisfação deriva do enfrentamento de desafios elevados com habilidades também elevadas.

O oposto do fluxo é a apatia, e entre os dois extremos há obrigações que fazemos sem vontade, atividades que fazemos com a mente dispersa, portanto, de modo quase automático, trabalhos tediosos ou em contexto inadequado, trabalhos e obrigações nos quais nos esforçamos, mas não representam desafios, e hobbies/trabalhos que nem parecem trabalho.

Nas experiências de fluxo, o senso de tempo é distorcido: nem percebemos o tempo passar. É o contrário das situações tediosas, em que o tempo parece se arrastar lentamente. No envolvimento pleno do corpo e da mente que ocorre nas experiências de fluxo surge a excelência na vida. Não é a felicidade, tão fugaz, que gera a excelência, é o fluxo.

Para o autor, *"a experiência de fluxo age como um imã para o aprendizado — isto é, para o desenvolvimento de altos níveis de desafios e habilidades"*.

Não é de estranhar que as pessoas criativas sejam especialmente boas na ordenação de suas vidas, de modo a viver experiências de fluxo bastante fecundas. A intuição só se torna consciente nos momentos de alumbramento (*insight*) quando não estamos preocupados, estamos física e mentalmente relaxados (ou não tensionados) e com a consciência aberta. Nessa condição, a atividade de certo modo é lúdica e divertida, não há espaço para sofrimento. Adicione a atenção e concentração e a condição passa a ser similar à do fluxo.

O autor associa as experiências de fluxo a personalidades "autotélicas": do Latim *auto* (indivíduo) e *telos* (finalidade), quem vive experiências porque deseja, não por dever ou obrigação. Um estudo conduzido com estudantes talentosos revelou que os autotélicos gastavam 11% do seu tempo estudando, contra 5% dos não autotélicos. Em hobbies, o primeiro grupo dedicava 6% contra 3,4% do último; em esportes, 2,5% contra 1%. Se a dedicação era maior, talvez explicasse o desempenho superior dos autotélicos. Afirma o autor: *"os jovens autotélicos se concentram mais, se divertem mais, possuem autoestima maior e veem o que fazem como mais relacionado a suas metas futuras"*.

"Raras vezes sentimos a serenidade que surge quando o coração, a vontade e a mente participam do mesmo evento", afirma o autor. É nesse particular que podemos fazer a distinção entre os "viciados no trabalho" (*workaholics*) e os que têm experiências de fluxo. Os viciados manifestam ansiedade, sentem a pressão do tempo e não conseguem se dedicar a nada mais em suas vidas. Os que vivenciam fluxo têm a mesma concentração, porém serena, divertida e causadora de satisfação. Uns têm obrigações e deveres, enquanto os em fluxo têm disciplina com espontaneidade, altas expectativas com emoções positivas. Uns se submetem a distresse, enquanto os em fluxo exploram a possibilidade de gerar eustresse em suas vidas.

Seja um dos que comandam seu "fluxo"

Em síntese, há nove condições observadas em quem vivencia experiências de fluxo:

1. Há propósito em cada passo do processo;
2. Há feedback imediato sobre cada ação;
3. Há um equilíbrio entre habilidades e desafios;
4. Ação e consciência plena se fundem;
5. Distrações são excluídas da consciência;
6. Não se teme o fracasso;
7. Desaparece a autoconsciência;
8. O senso de tempo consumido é distorcido;
9. A atividade torna-se autotélica, para realização pessoal.

Seria o fluxo um fenômeno raro em humanos? O autor relata que uma enquete com 6500 alemães indicou as frequências: "muitas vezes", 23%; "às vezes", 40%; "raramente", 25% e "nunca" e "não sabe", 12%. São frações similares à de norte-americanos: ao responder à pergunta "você se envolve em algo tão profundamente que nada mais parece importar, a ponto de perder a noção de tempo?", 20% responderam "com muita frequência" e 15% responderam "não, isso nunca acontece".

Há uma questão de propósito ligada à experiência de fluxo. O autor afirma: *"não é possível que uma pessoa leve uma vida realmente excelente sem sentir que pertence a algo maior e mais permanente que ela mesma"*. Como fonte de energia psíquica, a experiência de fluxo nos conecta com a transcendência, o mais poderoso impulsionador da nossa existência.

Você é um dos 20% que sabem controlar suas experiências de fluxo? Então desfrute: para você a vida é fecunda.

FONTES

» CSIKSZENTMIHALYI, M. *A Descoberta do Fluxo: A psicologia do envolvimento com a vida cotidiana*. Rio de Janeiro: Rocco, 1999.

Sagacidade e Serendipitia

Alumbramento

Você já teve alguma ideia "de estalo"? São aqueles momentos em que excitados dizemos "A-ha!", "descobri!", "caiu a ficha!" ou para os jovens: "fiz a conexão!" Chamo a isso de alumbramento, ou no inglês, *insight*. São momentos sublimes em que exploramos nosso potencial criativo. Julga isso importante? Compreenda o processo para tirar mais partido da serendipitia.

Acidental?

Há uma diferença entre descoberta e invenção: descobre-se algo que já existe, enquanto inventa-se algo novo, que não existia. Nessa separação, a descoberta requer investigação cuidadosa; a invenção requer criatividade. Como fica a descoberta acidental? Será mesmo acidental?

O conto a seguir se passa no Sri Lanka, antes chamada de Ceilão, e há mil anos chamada de Serendip pelos árabes que lá comerciavam. Escrita por persas ou turcos, esse conto foi muito popular em Veneza na Idade Média e pertence à tradição sufi.

Os três príncipes de Serendip

O rei de Serendip amava muito seus três filhos e deu a eles os melhores tutores para educá-los em artes e ciência. Mas duvidava da inteligência dos príncipes. Quando ficaram adultos, tentou repassar o trono ao filho mais velho, que recusou pedindo que o pai reinasse até morrer. O rei então mandou que os príncipes viajassem a outros reinos, onde aplicariam o que aprenderam estudando.

No caminho, os príncipes encontraram um condutor de camelos que procurava desesperadamente um de seus animais. Os príncipes perguntaram a ele: "seu camelo é cego de um olho?", "seu camelo perdeu um dente?" e "ele era manco?" Impressionado com a descrição, o dono do camelo correu a procurar seu camelo. Sem encontrá-lo, voltou aos príncipes que completaram as informações: "seu camelo carregava um cesto com manteiga de um lado e outro de mel no outro lado, e era conduzido por uma mulher grávida".

Julgando que os príncipes haviam roubado seu camelo, o condutor fez com que eles fossem presos. Depois de algum tempo um vizinho encontrou o camelo e o devolveu. Os três príncipes foram levados ao imperador Beramo, que perguntou a eles como tinham dado uma descrição tão precisa sem ter visto o camelo.

Como havia marcas de que a grama foi comida só de um lado da estrada, um dos príncipes percebeu que o camelo era cego de um olho. Como havia falhas da largura de um dente na grama aparada, o outro percebeu que faltava um dente ao camelo. Outro príncipe percebeu que só haviam três pegadas na estrada, percebendo que o camelo era manco. Como havia formigas de um dos lados da estrada, atraídas pelo mel e moscas do outro lado, atraídas pelos restos de manteiga, os príncipes perceberam o que o camelo carregava. Um dos príncipes viu uma poça de urina e a cheirou, sentindo um odor de sexo, daí percebeu que era a urina de uma mulher. Outro príncipe emendou sugerindo que era gestante, pois apoiou as mãos no chão para ficar de cócoras.

O imperador perguntou por que eles não haviam pedido para serem ouvidos pelo juiz afim de evitar que fossem julgados e presos, cada um deles respondeu: "*porque achamos que o cameleiro continuaria procurando e não tardaria a encontrar o animal*"; "*também contamos com a curiosidade do juiz que o levaria a investigar*", disse o outro; "*descobrir a verdade por seus próprios meios seria melhor para todos nós, em vez de insistirmos que nos haviam julgado apressadamente*", completou o terceiro.

Impressionado com os dons dos príncipes, o imperador os acolheu e deu a eles novos desafios. Anos depois eles voltaram a Serendip onde se tornaram juízes e um deles ascendeu ao trono.

Serendipitia

Em 1754, essa história foi mencionada na Inglaterra por Horace Walpole, um aristocrata intelectual, ao cunhar o termo *serendipitia* (*serendipity*) para explicar uma descoberta: *"certa vez eu li um conto de fadas bobo chamado Os Três Príncipes de Serendip, que relatava como suas altezas viajavam e estavam sempre fazendo descobertas, por acidente e sagacidade, de coisas que não estavam em busca"*. Em outra correspondência, Walpole afirmava: *"também não há nenhum dano em começar um novo jogo de invenção; muitas descobertas foram feitas por homens que estavam 'a la chasse' de algo muito diferente"*.

Muitos passaram a considerar a *serendipitia* como um "feliz acidente", deixando de lado a questão da *sagacidade*, que significa exatamente *a agudeza da inteligência*. O fato de não ser um esforço intencional não significa crer na sorte ou no resultado fortuito. Pelo contrário, se não foi por esforço ou necessidade, o que os príncipes perceberam revela um extraordinário uso da *intuição*, desse sistema alternativo de pensamento responsável pela imaginação e por encontrar conexões e padrões entre coisas díspares.

Não depende apenas de intuição, a capacidade de deduzir e filtrar coisas a partir do que foi percebido completa a noção de sagacidade. Vamos diferenciar os conceitos: perspicácia é a capacidade de perceber e considerar detalhes; sagacidade é o uso intuitivo dos detalhes percebidos para inferir coisas. Ambos ocorrem rapidamente e sem esforço, o que denota o uso de sensibilidade e intuição, mais que razão. Sagacidade e perspicácia são coisas de "sabidos", não de gente culta ou de muito estudo. Acredito que todos podemos nos tornar sabidos.

Walpole percebeu a importância da serendipitia na ciência, em uma época em que imperava a racionalidade e a criatividade não era percebida como relevante na pesquisa. Nessa visão, a descoberta seria fruto de investigação cuidadosa e racional, enquanto a invenção seria creditada à criatividade. Contudo, se há descoberta "acidental", melhor dizendo, "não intencional", significa que também na descoberta a criatividade conta — então descobrir e inventar passariam a ser sinônimos.

Em 1889 dois médicos alemães faziam experimentos com cachorros. Alguns dias depois de remover o pâncreas de um dos cães, eles notaram que havia moscas sobre a urina do cão. Ao estudar a urina perceberam que havia açúcar, indicando que havia relação entre a diabetes e o pâncreas. Passaram a estudar qual substância era produzida pelo pâncreas sem sucesso. É exemplo de serendipitia. Outros pesquisadores receberam o Nobel em 1923 pela descoberta da insulina para o tratamento de diabetes.

Dentre exemplos de serendipitia na ciência, o mais citado teve Alexander Fleming como personagem. Fleming estudava algo que pudesse combater as bactérias. Em 1927 ele fazia culturas de estafilococos; ao sair de férias empilhou potes de culturas em seu armário, negligentemente. Ao retornar um mês depois, ele decidiu limpar muitos dos potes, já que não tinham mais serventia. Fleming apanhou uma das culturas que iria descartar e notou a formação de fungos, normal nessas condições e disse: "*é engraçado*". Algumas colônias de estafilococus haviam sido destruídas pelos fungos.

Ninguém se interessou pelo fenômeno, mas Fleming tentou várias vezes "redescobrir" o fungo que viria a ser a penicilina. Seu colega Ronald Hare percebeu a cadeia de eventos que levou ao resultado: Fleming havia misturado velhas culturas e as deixou sobre a mesa; estudavam cepas do fungo penicillium no laboratório do andar inferior — pelas escadas ocorreu a contaminação; uma onda de frio atípica fez com que a cultura e o fungo se desenvolvessem lentamente, produzindo lise. Apenas uma cepa particular desse fungo produziria tal resultado, e isso ocorreu por puro acidente. Somente em 1940 a penicilina tornou-se operacional.

Em 1993, 12 voluntários de pesquisa da Pfizer reportaram ereções frequentes e duradouras quando tomavam o medicamento para angina que estava em testes. David Brown conseguiu mais recursos para aprofundar essa pesquisa por saber que tinha algo grande nas mãos, mas não imaginava que dessa pesquisa nasceria o Viagra. Não se pode afirmar que a descoberta foi acidental: anos antes o dr. Brown havia pesquisado a disfunção erétil e acreditava que uma droga agindo sobre o cérebro pudesse promover a excitação sexual. Outra pista: em conversas nos corredores, dr. Brown soube que gases de óxidos nítricos causavam dilatação de *corpus cavernosum*, causando ereção. O Viagra potenciava a ação desse óxido. Foi acidental essa inovação?

Mentes preparadas: Sagacidade

Louis Pasteur afirmava: "***no campo da observação, o acaso favorece apenas as mentes preparadas***". Somente mentes perspicazes e sagazes estão preparadas para aproveitar tudo o que se pode observar. O que não significa ficar conscientemente atento a todos os detalhes. Mais que isso, a sagacidade "*é engraçada*", ocorre sem esforço, espontaneamente. Naqueles que somam a sensibilidade e a intuição à razão.

FONTES

» BEVERIDGE, W.I.B. *Sementes da Descoberta Científica*. São Paulo: EDUSP, 1981.
» *Histórias da Tradição Sufi*. Rio de Janeiro: Dervish, 1993.
» KINGDOM, M. The Science of serendipity. Nova York: Wiley, 2012.
» REICH, Robert. *O Futuro do Sucesso: O equilíbrio entre trabalho e qualidade de vida*. Barueri: Manole, 2002.

8

Destruição Criativa

Pode haver novidade sem abandonar algo?

É possível implantar o novo sem eliminar o antigo? Toda inovação implica em algum grau de "destruição". Para Pablo Picasso, *"todo ato de criação é, antes de tudo, um ato de destruição"*. O termo *destruição* é forte, mas sem eufemismos, é disso que se trata.

Não se aprende sem desaprender, não se substituem paradigmas sem romper com o velho paradigma e assim por diante. Veja como a destruição criativa está na base do mercado e do capitalismo, em uma era de descontinuidades.

Conflito criativo e destruição criativa

No auge da difusão das ideias de Frederick Taylor nos EUA, em 1925 Mary Parker Follet sugeria acolher o "conflito criativo" nas organizações. Para ela, as divergências cedo ou tarde viriam a se manifestar e precisavam ser enfrentadas. Uma forma de enfrentar conflitos era a dominação ou imposição, que apenas sufocaria o conflito; outra solução seria a conciliação com concessão de ambos os lados, o que para ela era igualmente nociva. A solução aceitável estava em buscar criativa e cooperativamente uma solução. Nessa condição, a existência de conflito era percebida como positiva, promovendo a evolução da organização.

Nessa época, Joseph Alois Schumpeter, economista austríaco, migrou para os EUA e para Harvard onde se tornou o grande difusor do capitalismo. Para ele, a economia sai do estado de equilíbrio toda vez que ocorre uma inovação que altere consideravelmente as condições de um setor. A introdução de inovação era para ele um "ato empreendedor". Ele não foi o primeiro a atribuir ao empreendedor um papel relevante na promoção da riqueza econômica de uma sociedade, contudo revelou os atributos de quem se lança a criar algo novo.

Antes de Schumpeter, o economista Adam Smith tratava de uma "mão invisível" que alterava as condições econômicas permanentemente. Schumpeter chamou o processo de *"ventos da **destruição criativa**": "o processo de mutação industrial [...] revoluciona incessantemente a estrutura da economia de dentro para fora, destruindo incessantemente a antiga, criando incessantemente uma nova. Esse processo de destruição criativa é o fato essencial do capitalismo. É nisso que o capitalismo consiste e no que cada preocupação capitalista deve se concentrar".*

Em comum, Follet, representante da escola de Relações Humanas na Administração, e Schumpeter, irradiador da doutrina do capitalismo, percebiam um motor a determinar a evolução das organizações e da economia, motor que abria espaço para a criatividade e inovação.

O paradoxo das organizações: Feitas para durar ou para inovar?

Foster e Kaplan, apoiados por colegas consultores da McKinsey, conduziram pesquisa por mais de uma década, coletando informação de desempenho corporativo de mil grandes empresas norte-americanas de 1962 a 1998, período de transição da sociedade industrial para a do conhecimento. Estudando setor por setor, os autores notaram que poucas empresas de fato *"eram feitas para durar"* e permaneciam nas listas de maiores e melhores empresas. Afirmam que *"em 2020, o índice das 500 maiores empresas será formado por mais de 75% de empresas que não existiam em 2000"*.

Na música Sol de Primavera, Beto Guedes afirma: *"a lição sabemos de cor, só nos resta aprender"*. Por que é tão difícil aprender, nesse caso das empresas em mercados? Por que as empresas sustentam o paradigma de perenidade em um mundo em constante transformação?

As organizações da sociedade civil (terceiro setor) que constituem fundos patrimoniais precisam decidir se pretendem ser perenes, o que implica em investir apenas o rendimento do fundo, ou se pretendem atuar enquanto houver fundos, portanto, admitindo a descontinuidade futura da organização. Mas as empresas dificilmente seguiriam esse caminho com facilidade. A mentalidade é outra.

Para Foster e Kaplan, mercado é um agrupamento informal de compradores, vendedores e intermediários que se reúnem para realizar o intercâmbio econômico. Mas é o consumidor que toma as decisões de compra ou busca alternativas. Isso cria uma dinâmica diferente das empresas.

As empresas, na visão dos autores, *"possuem uma superestrutura cognitiva"*: planejam e controlam, tomam decisões racionais e evoluem definindo onde e como querem atuar. Controle significa *"manter as coisas no rumo"* e é função crítica nas organizações. Mas note o papel primordial do controle: detectar erros e deficiências — desvios negativos — portanto, é um sistema de feedback negativo!

Sem controle, os mercados expurgam as empresas com desempenho inadequado, premiando com riqueza as de melhor desempenho. Para se proteger da competição, a inovação desempenha um papel crucial: empresas nascentes rivalizam com empresas consagradas, e se a inovação for aceita pelo consumidor, o mercado logo premia a empresa inovadora — criação e destruição.

Para os autores, *"as empresas são criadas com base no pressuposto da continuidade; seu foco está nas operações. Os mercados de capitais são criados com base no pressuposto da descontinuidade, seu foco está na criação e destruição"*. O foco em processos contínuos, que existe desde o taylorismo, dita o pressuposto de continuidade das empresas. O mercado funciona de maneira oposta.

Contudo, os mercados e a concorrência não são perfeitos, ainda mais no Terceiro Mundo e no Brasil, onde há setores oligopolizados e outros afetados pela corrupção. Imaginar que a inovação por si desempenharia papel crucial nesses países induz a erro. Se não for pela concorrência, é pela descontinuidade que a destruição criativa se justifica.

Em 1969, Peter Drucker havia percebido esse dilema quando escreveu "A Era da Descontinuidade", mas ainda assim as empresas continuaram apegadas ao paradigma da continuidade. Foster e Kaplan alegam que a descontinuidade na dimensão macroeconômica se deve à: crescente eficiência dos negócios devido a quedas nos custos de capital; eficiência dos mercados de capitais; aumento da liquidez diante da maior rentabilidade das empresas; melhor gestão fiscal. Na dimensão microeconômica, a descontinuidade se deve à: mudança tecnológica (conhecimento), mudança na concorrência internacional (globalização), mudanças de atitude e de políticas governamentais e mudanças do consumidor.

A descontinuidade impera. Schumpeter disse: *"o problema que normalmente está sendo considerado é como o capitalismo administra as estruturas existentes, enquanto o problema relevante é como ele as cria e destrói"*. Ou seja, as empresas esperam administrar a continuidade, ao invés de pensar em como se ajustar à descontinuidade do mercado. Essa orientação condena as empresas à fossilização.

A única solução para as empresas é *"aumentar a taxa de destruição criativa ao nível da do mercado em si, sem perder o controle das operações atuais"*, afirmam Foster e Kaplan, enquanto defendem que são os mercados que estabelecem o padrão para o ritmo e escala da mudança.

A incapacidade de mudar a cultura corporativa mesmo diante de ameaças de mercado evidentes se explica pelo *"impasse cultural"*, afirmam os autores. Ocorre um enrijecimento gradual das empresas devido a três temores: o temor de canibalizar uma importante linha de produtos impede a inovação; o temor do conflito de canais com clientes importantes, e o temor da diluição de rendimentos que pode resultar da estratégia de diversificação.

Nos primeiros anos de uma empresa a principal emoção é a paixão, a energia que faz as coisas acontecerem. Seus paradigmas ainda estão fluidos, as decisões são caso a caso (*ad hoc*). À medida que a empresa amadurece, as paixões perdem o ímpeto e são substituídas por "tomadas de decisão racionais". Sistemas de treinamento e endoutrinação são implementados; as decisões descentralizadas, com um sistema de metas mensuráveis e estímulos ao desempenho. Mais tarde, no império do "domínio", reina a burocracia: tudo e todos funcionam com regularidade e precisão. A organização cria rotinas defensivas para proteger a empresa contra seu destino. É quando se estabelece o impasse cultural.

Os sistemas de controle, enfatizados desde a juventude da empresa, limitam a criatividade dela devido à sua dependência do *pensamento convergente*: análise de problemas e soluções corretivas. A descontinuidade, contudo, prospera no ambiente do *pensamento divergente*, que amplia o contexto das decisões e remete à inovação.

O novo e a novidade só prosperam se a empresa destruir o que existia, mesmo que seja algo de sucesso no passado. O sucesso no passado não garante o sucesso em um futuro de descontinuidade. Os autores sugerem três caminhos possíveis: a empresa pode se revitalizar com o reinício do negócio; pode se capitalizar, com a criação e destruição simultâneas; ou com a criação e destruição disruptivas simultâneas. Contudo, alertam os autores que esse equilíbrio difícil entre continuidade e mudança é responsabilidade do conselho de administração e do CEO, que inserem e dão peso à destruição criativa em meio a agenda rotineira. O divergente em meio ao convergente, em termos de modelos de pensamento.

Sugerem cinco requisitos da organização que enfatiza o pensamento divergente: reunir as pessoas certas; permitir o tempo de incubação adequado; estabelecer altas aspirações; fornecer recursos, flexibilidade e prazos; e garantir o apoio da alta gerência.

Equilibrar controle e permissão

"O direito de existência de qualquer empresa não é perpétuo, mas precisa ser continuamente conquistado", afirma Robert Simons. Foster e Kaplan afirmam: *"controle o que for necessário, não o que for possível; controle quando for necessário, e não quando puder. Se um controle não for essencial, elimine-o. Mensure menos; encurte o tempo e reduza os intermediários entre a mensuração e a ação, e aumente a velocidade com a qual recebe feedback. Suspeite dos mecanismos de controle — eles enrijecem mais que controlam."*

É preciso equilibrar o controle e a permissão. O objetivo do controle é eliminar a surpresa; o objetivo da permissão é surpreender. O controle gera estabilidade; a permissão gera descontinuidade, portanto, dinamismo.

FONTES

» de BONO, E. *Novas Estratégias de Pensamento*. São Paulo: Nobel, 2000.

» DRUCKER, P.F. *Uma Era de Descontinuidade*. Rio de Janeiro: Zahar, 1974.

» FOSTER, R.N.; KAPLAN, S. *Por que Empresas Feitas para Durar Não São Bem-sucedidas*. Rio de Janeiro: Campus, 2002.

» GRAHAM, P. Mary Parker Follet. *Prophet of Management: A celebration of writings from 1920s*. Boston: Harvard Business School Press, 1994.

» McCRAW, T.K. *O Profeta da Inovação*. Rio de Janeiro: Record, 2012.

» McKINLEY, W.; LATHAM, S.; BRAUN, M. Organizational Decline and Innovation: Turnarounds and downward spirals. *Academy of Management Review*, vol. 39, 1, p-88-110, 2014.

» SCHUMPETER, J. A. *Teoria do Desenvolvimento Econômico: Uma investigação sobre lucros, capital, crédito, juro e o ciclo econômico*, 2ª ed. São Paulo: Nova Cultural, 1985.

Design Thinking: Quebra de Paradigmas

Novidade em gestão

Certas novidades em gestão aparentemente surgem do nada e se impõem pela força de suas ideias. Depois percebemos que essas ideias que resistem ao tempo na verdade forçaram quebras de paradigmas. É o que acontece com a *Mentalidade do Designer*: *Design Thinking*.

Mundo corporativo

É raro encontrar no mundo corporativo pessoas muito criativas, com mentalidade artística. Possivelmente esse tipo de perfil seja mais frequente em organizações ligadas às artes e publicidade. Nas demais prevalece o perfil técnico, analítico e que zela pela objetividade nas decisões.

A educação remete a esse perfil, como não poderia deixar de ser: a educação infantil é marcada pela s, mas depois da alfabetização ano a ano a arte vai sendo deixada de lado. No final do ensino fundamental já não há espaço para ela, muito menos no ensino superior. Se alguém quer desenvolver habilidades artísticas, precisa procurar algo fora da educação formal.

Isso não quer dizer que a arte não seja importante no mundo corporativo: quanto mais arte se soma ao trabalho, maior o uso de sensibilidade e intuição. A subjetividade se soma à objetividade; a interpretação do mundo "artística" enriquece a interpretação puramente racional. A humanidade, e o que temos de melhor, aflora e se torna determinante. A arte é necessária em todos os aspectos da vida.

Teorias da administração

Foi denominada "administração científica" aquela apregoada por Frederick Taylor no início do século XX. Era caracterizada pela divisão do trabalho, estudo de tempos e métodos, planejamento antes da produção e separação das funções intelectuais reservadas ao supervisor, das funções operacionais nas mãos dos operários. Essa doutrina logo mostrou o seu vigor, com ganhos de produtividade estupendos nos EUA, Europa e União Soviética.

Ao mesmo tempo em que ela permitia incorporar às fábricas pessoal desqualificado, as manufaturas tornavam o ambiente repetitivo, impessoal e desprovido de arte e criação. Pessoas passaram a ser tratadas como "recursos humanos", com igual tratamento dado a recursos financeiros e a equipamentos. Outro engenheiro, Henri Fayol, radicado na França, elevou o status da função gerencial sobre a base de funcionários. Para ele, gerenciar era: organizar, planejar, comandar, coordenar e controlar — clássico.

Essa "escola" representa a antítese da mentalidade de designer. A produtividade e a eficiência dominavam a produção; a funcionalidade e eficiência dominavam o design de produtos e serviços; a padronização era tão valorizada que praticamente eliminava a liberdade de ação e a engenhosidade tão caras ao humano. Todavia, essa escola ainda perdura em certos segmentos da indústria de extração e manufaturas. Nos anos 1950 ela foi reforçada com as teses da "administração por objetivos" e mais tarde com a abordagem burocrática da "organização e métodos".

A partir dos anos 1930, o sociólogo Elton Mayo percebeu a influência das relações sociais sobre a produtividade, inaugurando a escola das "relações humanas". Mais tarde o psicólogo Kurt Lewin estudou os grupos, forjando a teoria que desembocaria na tese do "trabalho em equipes". Em seguida o Tavistock Institute no Reino Unido consolidaria o "enfoque sociotécnico", a dualidade entre a estrutura técnica e a psíquica afetando as relações de trabalho. Essa escola do "comportamento organizacional" perdura até hoje, muitas vezes ajustada à visão taylorista. Por enfatizar o humano, essa escola pode ser considerada caudatária do *design thinking*.

Nos anos 1950 foram forjadas duas escolas que perduram e provocaram grandes transformações. O biólogo Ludwig von Bertallanfy criava a "teoria geral dos sistemas": as partes são interdependentes, o sistema aberto busca equilíbrio dinâmico, a equifinalidade e a entropia interna precisam ser compensadas com entropia negativa. A noção de sistema aberto propiciou o entendimento da relação entre a organização e seu ecossistema.

Contrariando a visão mecanicista clássica, a visão sistêmica abriu espaço para o entendimento da evolução histórica, cultural e sociológica das organizações. Mais tarde essa teoria seria ampliada com a visão holística, a de que o todo está em cada parte, essa sim, caudatária da mentalidade do designer.

A outra escola criada nos anos 1950 foi a cibernética, criada pelo matemático Norbert Wiener nos EUA. Essa teoria indicava que certos insumos (*inputs*) alimentavam uma caixa-preta (*black box*) para gerar resultados (*outputs*). Mas o sistema para funcionar a contento precisava da retroalimentação (*feedback*) de informação. A cibernética foi a base para a informática.

O desenvolvimento de sistemas dependia de algoritmos, e para produzi-los foi criada a popular técnica do fluxograma. Caudatário da evolução das tecnologias de informação e comunicação, a "gestão por processos" passou a advogar o mapeamento e otimização dos processos de negócio, com o uso intenso de fluxogramas de processos. O fluxograma é a antítese da mentalidade do designer, ele mostra o fluxo de informações e decisões, reservando à relação com cliente ou usuário um papel periférico: o processo interno domina a relação externa.

Teorias da qualidade

Nos anos 1920 na indústria de alta tecnologia forjou-se a preocupação com a qualidade do produto industrial, que era até então muito pior que a obtida pela artesania. O matemático Walter Shewart, nos Laboratórios Bell criou o controle por amostragem, o controle estatístico de processos e a melhoria cíclica da qualidade: o ciclo *PDCA — Plan, Do, Check and Action*. A ênfase na qualidade do produto requalificava a mentalidade clássica taylorista e como tal, perdura até hoje.

A partir dos anos 1950, por influência do norte-americano William Deming, o Japão cria sua própria escola da qualidade. Kaoru Ishikawa criava os "círculos de controle da qualidade" e denominava *Kaizen* a noção de melhoria contínua. Essa escola domina não apenas o chão de fábrica, mas contagia toda a organização com a noção de "qualidade total". Mais tarde Taiichi Ohno criava o *"lean management"* ou Sistema Toyota de Produção, baseado na permanente redução de desperdícios e obtenção de ganhos de produtividade. Embora afinado com a escola clássica, esse enfoque foi revitalizado há poucos anos com as noções de "*lean startup*", estratégia para empresas nascentes e com as metodologias ágeis de gerenciamento de projetos.

Essa escola da qualidade total foi reforçada quando os britânicos da *ISO — International Organization for Standartization* criaram a certificação ISO-9000: somava a preocupação com a qualidade de processos à qualidade de produtos. Assim como no enfoque clássico, a padronização inibe a mentalidade do designer, que admite diferentes graus de liberdade para quem está na linha de frente (*front-office*) dos serviços.

A revolução na qualidade ocorreu a partir das iniciativas de Jan Carlzon enquanto dirigia a Scandinavian Airlines nos anos 1980. Ele criou o conceito de "momentos da verdade" reforçando a ideia de que os serviços são perecíveis, e defendeu o empoderamento (*empowerment*) do pessoal, visando a satisfação e retenção do cliente. Por colocar o cliente no centro das atenções, esse enfoque é o precursor do *design thinking*, que muito prosperou na Escandinávia. Toda a ênfase na qualidade percebida deriva desse impulso inicial.

Teorias de marketing

Embora o comércio e suas noções tenham nascido desde os primórdios da civilização, os estudos sobre mercadologia começaram nos anos 1940 com o uso da psicologia na propaganda por Walter Scott e com as leis do varejo por William Reilly. Muitos consideravam que o marketing jamais seria uma ciência, aproximando-se mais da arte — prenúncio da mentalidade do designer?

Nos anos 1950 Peter Drucker estruturava o conhecimento em mercadologia nas "práticas de administração". Nos anos 1960 Theodore Levitt, de Harvard, causou polêmica com seu artigo sobre a "miopia em marketing". Mas foi Philip Kotler que criou o cânone do marketing nos anos 1970. Nos anos 1980 aqueles que estudavam o que hoje denominamos governança da organização passaram a constituir teorias de marketing, enfatizando estratégias mercadológicas.

Nos anos 1990, com o avanço das tecnologias de informação, criou-se a escola do marketing de relacionamento, que é outra precursora do *design thinking*. Todavia, a ênfase em análises quantitativas e segmentação de mercados permanece afastada da mentalidade do designer, que prega a cocriação como único modo de realmente centralizar o design na figura do cliente.

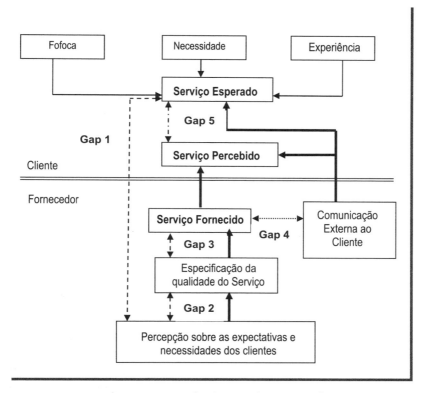

Figura 9.1. Teoria dos Gap's em Serviços.

Valarie Zeithaml criou a *"teoria dos gaps"* para a qualidade de serviços, outra precursora do *design thinking*. Os serviços são afetados, afirma a autora, por quatro defasagens (*gaps*) que somadas produzem a defasagem entre o serviço percebido e o serviço esperado (Gap 5, na Figura 9.1).

As expectativas do cliente são formadas por: experiências passadas, necessidades pessoais e fofoca ou comunicação informal. Mas também são afetadas pela comunicação feita por provedores de serviços (propaganda).

A primeira defasagem ocorre entre a expectativa do cliente e a percepção do fornecedor sobre o cliente (Gap 1). A segunda é a defasagem entre essa percepção e a especificação produzida pelo fornecedor (Gap 2). Ainda há a defasagem entre o serviço especificado e o serviço fornecido (Gap 3). Ainda há uma defasagem entre o que a comunicação do fornecedor promete e o que de fato foi fornecido (Gap 4).

Tratando cada uma das quatro defasagens visando mitiga-las, essa teoria consegue obter a mitigação da defasagem que ocorre nos recônditos da mente do cliente. A cocriação mitiga o Gap 1, enquanto a criação usando o *design thinking* mitiga o Gap 2 e o treinamento dos prestadores de serviço como proposto no *design thinking* mitiga o Gap 3. Resta apenas o cuidado ético com a propaganda, para mitigar o Gap 4.

Enfim, mentalidade do designer

Cada escola e enfoque só prosperou e ganhou visibilidade porque propiciou ganhos incomensuráveis no valor das organizações, de seus produtos e processos. Mas como vimos anteriormente, uma quebra de paradigmas apontava no horizonte há décadas.

O design gráfico desenvolveu-se a ponto de formar a base do valor de marcas (*branding*). O design de produtos incorporou inúmeros elementos intangíveis de valor para produtos e serviços. O design de serviços de fato rompeu com os paradigmas clássicos, tayloristas e da gestão por processos.

No marketing já havia um conflito entre os adeptos do enfoque "*market-in*" — o mercado dita a organização — em contraposição ao enfoque "*product-out*", em que o produto é "empurrado" ao mercado, como exemplificava a fala de Henry Ford, apóstolo de Taylor: "*todo americano poderá adquirir um veículo Ford de qualquer cor, desde que seja preto.*"

A mentalidade designer é a melhor expressão dessa quebra de paradigma: o cliente é o foco e participa da cocriação, o serviço precisa ser holístico, a relação da linha de frente com o cliente é marcada por pontos de contato (*touchpoints*) e evidências de serviço para tangibilizar as partes ocultas do serviço. E substitui o fluxograma por uma técnica mais fecunda: o "*blueprint* de serviços". Desenhistas tornam-se o paradigma de quem concebe produtos e serviços.

Nessa linha histórica, começa o design social, a aplicação da mentalidade do designer para os serviços públicos e para as relações do governo com a cidadania. É extraordinário o potencial dessa escola.

FONTES

» von BERTALANFFY, L. et al. *Teoria dos Sistemas*. Rio de Janeiro, Fundação Getulio Vargas, 1976.

» CHIAVENATO, I. *Introdução à Teoria Geral da Administração*. São Paulo: Makron, 4ª ed., 1993.

» SORDI, J.O. *Gestão de Processos, uma abordagem da moderna Administração*. São Paulo: Saraiva, 2005.

» STICKDORN, M. *Isso é Design Thinking de serviços*. Porto Alegre: Bookman, 2014.

» ZEITHAML, V. A. *Delivering Quality Sservice: Balancing customer perceptions and expectations*. New York: Free Press, 1990.

» WIENER, N. *Cibernética e Sociedade*. Rio de Janeiro: Cultrix, 1954.

10

Conceito de Design Thinking

Mais arte no desenho de produtos e serviços

No campo técnico, nós nos habituamos a conceber produtos e serviços usando a melhor técnica, o melhor racional e a objetividade. Esse modo de pensar faz o *pensar* se colocar muito acima do *sentir* e do *intuir*, o que restringe a criatividade. Que tal pensar como um *designer*?

Enfoque novo, interdisciplinar e holístico

Ao longo do século XX o marketing apresentou notável desenvolvimento, e agora esse saber se espalha por todos os setores da organização. A primeira revolução disruptiva do marketing foi alterar o enfoque de criação de produtos e serviços.

"Use seu conhecimento e tecnologia para criar o melhor produto/serviço, eventualmente aferindo antes a aceitação da clientela, depois o lance ou 'empurre' ao mercado" — é o enfoque *Product-out*. "Use seu convívio e conhecimento sobre o mercado e clientes para selecionar o produto/serviço que eles desejam, esperam ou necessitam, depois vá buscar conhecimento e tecnologia para desenvolvê-lo" — esse é o enfoque *Market-in*, hoje adotado.

Esse novo enfoque contagiou os designers, que passaram a estruturar seus processos e técnicas com "abordagem centrada no usuário". É preciso perceber o serviço através do olhar do usuário, para depois criar um design de maneira que ele possa obter experiências consistentes ao longo do tempo.

O design de serviço é abordagem realmente interdisciplinar, amparada em uma nova mentalidade ou maneira de pensar. Para diferenciar: o design de serviços é focado em pessoas, enquanto o marketing é focado na organização e seus relacionamentos com clientes.

Design Thinking pode ser traduzido por *"o modo de pensar como designer"* ou em definições mais consistentes para serviços sugeridas por Marc Stickdorn: *"abordagem focada na criação de experiências cuidadosamente planejadas, por meio da combinação de tangíveis e intangíveis para oferecer ao usuário um serviço holístico"*; *"o design de serviços ajuda a criar/melhorar serviços, visando torná-los mais úteis, utilizáveis e desejáveis para os clientes, bem como eficientes e eficazes às organizações"*. É também uma abordagem dinâmica, implantada com aprimoramento progressivo: diferentemente dos produtos, os serviços evoluem dinamicamente.

Esse termo nasceu em 1992 em artigo escrito por Richard Buchanan da Universidade Carnegie-Mellon. Em 2006 o tema foi protagonista do Fórum Econômico de Davos em 22 sessões de discussão. Na última década o campo do design se desdobrou em várias correntes:

- **Design de produtos (desenho industrial)**: abordagem tradicional que cuida da função e da forma, da ergonomia e da interface com a tecnologia;
- **Design gráfico**: envolve todas as formas de comunicação: marca (*branding*), informação gráfica e sinalização. Esse designer mobiliza e influencia as representações cognitivas de significados. Uma cautela: os elementos gráficos nunca estão isolados, eles dependem do ambiente físico e emocional onde estão inseridos;
- **Design de interação**: autosserviço, coprodução e redes sociais são serviços que requerem um design voltado às interações digitais;
- **Design de serviços**: abordagem mais ampla que considera o produto/serviço, processos e pessoas em interação;
- **Design social**: abordagem definitivamente integrada à consciência social visando produzir impacto social positivo. Envolve o quê, o porquê e o como o design aborda as necessidades da sociedade em constante mudança.

Stickdorn acolhe outra corrente: o **design etnográfico**, processo para estudar em profundidade a vida cotidiana e as experiências do público considerado. *Etnografia* significa descrição de pessoas, processo usado por antropólogos e sociólogos. Esse design é usado quando é preciso envolver os "corações e mentes" das pessoas. Envolve imersão na vida cotidiana, conversas empáticas, análise do material coletado para gerar alumbramentos (*insights*) relevantes e inspiradores. Depois segue o processo e técnicas para gerar ideias, desenvolver conceitos, cocriar, prototipar e validar o design.

Essas correntes usam a mesma "caixa de ferramentas", técnicas e processos, com pequenas variações. Como se trata de um modo de pensar, é a capacidade intelectual que as diferencia. Por isso os princípios (ou premissas) estabelecem a verdadeira novidade.

Princípios e Técnicas de *Design Thinking*

Lidar com serviços é mais desafiador que lidar com produtos puros. Serviços são intangíveis, difíceis de padronizar porque dependem de estilo, são coproduzidos na medida que o usuário é corresponsável, ao mesmo tempo em que são entregues ou consumidos. Mas não há mais produtos puros, a maioria são híbridos, em que a carga de serviço é determinante. Por isso aqui enfoco o design de serviços.

A abordagem de design de serviços serve para serviços especializados (baixo volume e alta variedade), como também para serviços massivos (altos volumes e baixa variedade). No primeiro o design é complexo, no último se assemelha à abordagem tradicional de desenho de processos, com a diferença de que inclui intangíveis, experiência do cliente formando jornadas.

O design de serviços adota cinco princípios, segundo Stickdorn:

- **CENTRADO NO USUÁRIO**: requer genuíno entendimento do usuário, para além das estatísticas, visando despertar alumbramentos autênticos — criando uma linguagem comum de serviço;

- **COCRIATIVO**: não se lida com intangíveis e expectativas sem o envolvimento do usuário e de outros interessados, na exploração e proposição de serviços. Quanto maior o envolvimento de outros, mais eficaz é o design e menor a resistência a mudanças. O usuário pode ter desde o papel quase passivo (designer o interpreta) até papéis proativos e de participação no design;

- **SEQUENCIAL**: é fundamental considerar a linha do tempo do serviço, porque o ritmo do serviço afeta o estado de ânimo dos usuários. Na sequência de pontos de contato o ânimo progride ao máximo e a mensagem do conceito de marca é transmitida. Sequencial inclui o dinâmico: protótipos do serviço são testados e avaliados de forma iterativa;

- **EVIDENTE**: muitas vezes o serviço é "invisível", em outras ele é visível, mas carregado de intangíveis — em todos os casos é preciso criar evidências de serviço, como se fossem "souvenirs" que prolongam a experiência de serviço. As evidências tornam tangível o serviço e revelam os serviços que ocorrem nos bastidores;

- **HOLÍSTICO**: por menor e mais específico que seja o serviço, ele é holístico porque carrega a marca e o conceito do negócio por completo; além do mais, ele é holístico no sentido de que o ambiente no qual ocorre a jornada da experiência do usuário é percebido com todos os sentidos, de forma holística. O ambiente, a tecnologia e as pessoas se integram para propiciar a experiência do serviço.

Outra dedução: o papel do designer gráfico não é apenas o de "colar" o logo em toda e qualquer superfície: ele precisa conhecer os pontos de contato da jornada do usuário para estimular emoções e explicar a informação e reforçar a marca.

Nos pontos de contato as interações ocorrem entre o usuário e funcionários, geralmente. Mas no autosserviço, no serviço compartilhado e nas redes sociais as interações são digitais. Em ambos os casos, o propósito é a **desejabilidade**. O desejo do cliente gera satisfação, retenção e repercussão positiva. Elevada desejabilidade é algo raro: requer um forte alinhamento interno, uma marca forte e uma boa gestão do design. A desejabilidade é composta por três elementos: utilidade, usabilidade e agradabilidade (terminologia oriunda da tecnologia de informação).

A **utilidade** significa que o serviço precisa "funcionar" e "dar certo". É preciso refrear a tendência usual de "entupir" o serviço com funcionalidades que o desviam de sua utilidade para o usuário. Note que há serviços de sucesso com oferta "sem frescuras".

Enquanto a utilidade determina "o quê", a **usabilidade** determina o "como", a interação e diálogo entre o serviço e o usuário. É preciso avaliar a frequência de uso, a sequência e a importância de certos aspectos e informações.

A **agradabilidade** diz respeito a como a solução adotada faz o usuário se sentir, no todo, o quanto é prazerosa a interação no nível emocional. Tem a ver com estilo, com aparência, mas também com a coerência da marca em ação no serviço.

O processo de *Design Thinking* de serviços segue algumas etapas. Cada autor o define de forma análoga. Para o *British Design Council* é composto pelo "duplo diamante": *descobrir, definir, desenvolver e entregar* — alternando pensamento divergente e convergente. Essas etapas são similares à: *alumbramentos, ideia, protótipo e execução*, adotada por live|Work. Ambrose prefere: *definir, pesquisar, idealizar, testar protótipos, selecionar, implementar e aprender*. Mais comum é:

imersão, análise e síntese, ideação e prototipação. Stickdorn prefere: *exploração, criação, reflexão e implementação*. Seguirei esta última classificação para indicar as 19 técnicas sugeridas ou mencionadas pelo autor, além de uma que adiciono.

Stickdorn menciona na etapa de exploração a necessidade de entender a cultura e as metas (prefiro estratégias) da empresa, para depois definir o problema real de cada serviço. Os alumbramentos são necessários, não apenas dados estatísticos. Na criação, o autor alerta que *"o Design Thinking não pretende evitar erros, e sim explorar o maior número possível de erros"*, para isso necessita da jornada do cliente e identificação dos pontos de contato. Na reflexão o propósito é criar uma visão do conceito do serviço na mente dos usuários, daí o uso de protótipos, narrativas e dramatizações. Na implementação, o autor alerta que *"a gestão de mudança é, por si só, uma arte"*, de modo que a participação precoce dos funcionários é salutar, recomendando usar *"blueprints de serviço"*.

Na etapa de exploração, são usadas as seguintes técnicas:

- **Mapa de Interessados** (*Stakeholders*): colocando o usuário no centro para revelar proximidade e pessoal de retaguarda;

- **Safári de Serviços**: explora o habitat, colocando-se "na pele" do usuário;

- *Shadowing* **ou acompanhamento**: imersão na vida do usuário para observar suas experiências e momentos em que ocorrem problemas;

- **Jornada do usuário**: panorama de alto nível que visa identificar pontos de contato e fatores que influenciam a experiência do usuário, construído a partir de sua perspectiva;

- **Entrevistas contextuais**: conduzidas no ambiente e contexto em que o serviço ocorre para permitir o entendimento social e físico; pode incluir os tradicionais grupos focais;

- **Sondagem cultural**: método de coleta de informação de forma remota e interativa;

- **"Um dia na vida"**: serve-se de "personas" ou personagens para criar o passo a passo típico;

- **Personas**: perfis fictícios criados com bastante veracidade para "dar vida" a usuários, tirando o foco de dados demográficos;

- **Quadro de comportamento motivado**: identifica para cada grau de motivação do usuário uma resposta sintetizada. Para o desmotivado, atenção; para o externamente regulado, investir na relevância; para um grau relaxado de regulação, a resposta é confiança; e para os intrinsecamente motivados, a resposta é buscar satisfação.

As etapas de criação e reflexão servem-se das seguintes técnicas:

- **Geração de ideias:** envolve toró de palpites (*brainstorming*), técnica de livre associação em grupos; mapas mentais; análise SWOT e 6 chapéus do pensamento;
- **Criação de cenários; "e se...":** técnicas para criar narrativas hipotéticas, visando detalhar como se daria o serviço;
- **Proposição de valor para o cliente:** acrescento a técnica que permite decidir onde e como introduzir intangíveis na jornada do usuário, seja no ambiente, experiência, relacionamento, processos, entregáveis e finanças;
- *Storyboards:* série de desenhos ou imagens que permite visualizar uma sequência de eventos para formar a jornada do usuário;
- **Maquete de mesa:** réplica do ambiente físico em miniatura, na qual são usados bonecos encenando cenários comuns para permitir o desenvolvimento de protótipos;
- **Protótipo do serviço:** simulação da experiência do serviço variando desde narrativas até dramatizações na maquete de mesa ou ambiente real;
- **Encenação do serviço:** ato de encenar cenários e protótipos usando designers, funcionários e até mesmo os próprios usuários — acrescenta aprendizado cinestésico e emocional ao design, evidenciando subtextos, vocal e linguagem corporal.

Na etapa de implementação, as técnicas usadas são:

- **Narrativas** (*Storytelling*): compartilhamento do conceito do serviço por meio de narrativas, tornando mais envolvente a proposição;
- *Blueprint* **de serviços:** derivado dos fluxogramas de processo, faz a radiografia do serviço como um todo somando o funcional com o "*look and feel*". Nesse formato, revela: a "jornada do usuário"; as "evidências físicas"; a "linha de interação" com a linha de frente do serviço, a "linha de visibilidade" a partir da qual é disposta a retaguarda e a "interação interna" que evidencia relação com outros setores da organização;
- **Dramatização** (*role play*): ensaios teatrais usados em treinamento visando internalizar os novos comportamentos;
- *Canvas:* esquema que define as principais questões envolvendo o serviço, bem como as "condições de contorno" delineadas para a sua execução.

Para incorporar *design thinking* às organizações, Tim Brown sugere:

- Envolva os designers o quanto antes: eles exploram mais ideias e mais rapidamente;
- Adote abordagem centrada no humano;
- Crie expectativa de rápida experimentação e prototipação;
- Busque apoio externo, ampliando o ecossistema de inovação;
- Equilibre projetos grandes e pequenos, do incremental ao revolucionário;
- Esteja preparado para rever orçamentos à medida em que as equipes progridem;
- Busque talentosos em equipes multidisciplinares;
- Considere que projetos inovadores podem consumir muito mais que o ciclo anual de projetos.

Valor dos serviços

O *Design Thinking* é uma abordagem artística e social, portanto, requer a integração do sentir e do intuir ao pensar, fazendo uso mais profundo e fecundo de nossas habilidades intelectuais. Enfoca as pessoas em sua individualidade e as sutilezas dos serviços, considera os intangíveis que formam a experiência do cliente. É uma abordagem ajustada à sociedade do conhecimento.

O *design de serviços,* em síntese, busca oportunidades de criar pontos de contato potencialmente novos e mais eficazes, eliminando os frágeis e coordenando a experiência do usuário para que seja compatível com a marca e responda às necessidades dos usuários.

FONTES

» AMBROSE, G. *Design Thinking.* Porto Alegre: Bookman, 2011.
» STICKDORN, M. *Isso É Design Thinking de Serviços.* Porto Alegre: Bookman, 2014.
» BROWN, T. Design Thinking. *Harvard Business Review,* p. 84–95, Junho 2008.
» REICH, Robert. *O Futuro do Sucesso: O equilíbrio entre trabalho e qualidade de vida.* Barueri: Manole. 2002.

11

Blueprint de Serviços

Centrado no usuário

Você deseja mapear processos realmente centrados no usuário ou cliente? Então não faça um fluxograma: você precisa de um *blueprint de serviços*. Essa ferramenta permite aplicar todos os princípios do *design thinking* de serviços. E estabelece um novo paradigma para conceber e melhorar processos.

No fluxograma a informação transita

O fluxograma é a ferramenta usada desde o século passado para mapear processos. Nos anos 1950, a teoria da cibernética gerou o paradigma ainda hoje usado pelo pessoal de tecnologia de informação para definir algoritmos de sistemas.

Um bom fluxograma apresenta insumos (*inputs*), produtos (*outputs*) e detalha o processo passo a passo sobretudo explorando como a informação avança e como as decisões são tomadas — representadas no fluxograma por losangos que definem bifurcações: se "sim" segue um ramo, se "não" segue outro caminho. Formam-se ciclos ou loops, enrodilhando os processos. Ainda decorre da teoria da cibernética a necessidade de haver retroalimentação da informação para que o sistema assim formado se regule: são os ciclos de *feedback*.

É uma ferramenta poderosa para mapear fluxo de informação e decisão, mas em geral negligencia o cliente: é costume apresentar o cliente apenas no início e no final do fluxograma — e ele quase sempre é apresentado passivamente. Fluxograma é voltado para dentro do processo e não da relação.

Contudo, o modo de pensar de designers — *design thinking* de serviços — adota princípios que tornam obsoleto o fluxograma. O primeiro princípio é que o design é centrado no usuário de "carne e osso", e não na informação que transita no processo. O segundo princípio é a cocriação: o usuário não é passivo, é parte integrante e inseparável da execução do processo. Decorre daí a necessidade de ampliar os pontos de contato (*touchpoints*) entre cliente e prestador de serviços ao longo do processo, o que tornaria o fluxograma tão complexo quanto ilegível.

O terceiro princípio é o da elaboração sequencial: o desenho de serviços passa por etapas de pensamento divergente alternadas por pensamento convergente — criam-se opções para depois selecionar a opção apropriada. Pelo grau de detalhe do fluxograma ele não se presta a esse processo sequencial. O quarto princípio é o da evidência: na perspectiva do usuário, a maior parte do processo fica invisível a ele, portanto, para ampliar os pontos de contato é preciso criar "evidências de serviço", ou seja, entregáveis que tornam tangíveis cada etapa do processo. Raras vezes se observa em um fluxograma essas evidências, embora isso fosse possível.

Por fim, o quinto princípio do design de serviços é que ele é holístico: o todo da organização que hospeda o serviço está em cada contato com o usuário, e além disso, vários setores são mobilizados para o serviço. É holístico sobretudo porque a jornada e interações ocorrem em um cenário e em um ambiente onde ocorre a experiência do usuário. Existe, portanto, uma retaguarda (*back office*) que se soma à linha de frente (*front office*) na execução do processo. Essa retaguarda tornaria o fluxograma tão complexo que costuma ser negligenciada.

Diante dessas considerações, o design de serviços requer uma outra técnica para registro do processo: o *blueprint de serviços*.

No Blueprint de Serviço a relação se multiplica

Blueprint é como os norte-americanos denominavam as cópias heliográficas azuladas de desenhos técnicos. Por nostalgia designers usaram o termo para denominar essa técnica de elaborar modelos de serviços. A técnica *blueprint de serviços* foi explorada pela primeira vez em 1984 em artigo de Shostack na *Harvard Business Review*. Mas foi uma consultora de Marketing, Valarie Zeithaml que difundiu seu uso no marketing de serviços.

O Blueprint é composto de várias partes, cada qual correspondendo a uma fatia horizontal do desenho. De cima para baixo, o blueprint é composto de:

- **Evidências** (Entregáveis): elementos tangíveis associados a pontos de contato (*touchpoints*);
- **Jornada do usuário**: lista sequência de passos seguidos pelo usuário na realização do serviço — inclui o autosserviço hoje usual;
- **Linha de frente**: relações face a face e digitais entre o prestador de serviço e usuário em cada momento da jornada;
- **Retaguarda**: ambiente e etapas do processo invisíveis ao usuário, realizadas à distância ou por meio digital, mas necessárias para o avanço da jornada;
- **Processos de apoio**: processos complementares executados por diversas áreas, mas necessários ao avanço da jornada.

Na Figura 11.1, note que entre a Jornada do Usuário e a Linha de Frente existe a **Linha de Relacionamento**. Entre a Linha de Frente e a Retaguarda existe a **Linha de Visibilidade**, além da qual nada mais é visível ao usuário. Entre a Retaguarda e os Processos de Apoio está a **Linha de Interação Interna**. Nessa separação hierárquica o mais tangível está no topo, seguido da jornada realizada pelo cliente e depois listando o que é invisível. Este é o principal atributo dessa ferramenta.

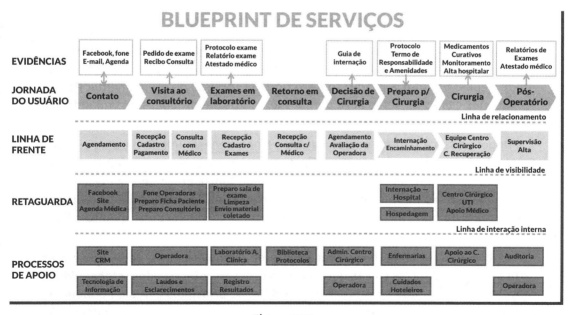

Figura 11.1

Com o uso do *blueprint de serviços* há quem adicione outros elementos ao desenho. Dentre as adições principais recomendo duas: a explicitação dos tempos em cada etapa da jornada; o alerta para os gargalos do processo, situação em que o acúmulo de usuários degrada a jornada.

Para criar o *blueprint*, comece pela Jornada do Usuário: é a forma de se colocar "na pele" dele, observando o processo pela sua perspectiva. É uma "jornada" no sentido de que reflete a experiência do usuário em todos os pontos de contato. A primeira questão é onde a jornada começa, pela prospecção, pelo primeiro contato com o prestador de serviços ou quando a ação desencadeia? Onde termina a jornada: quando o usuário termina sua ação ou quando recebe o derradeiro entregável e avalia o serviço? Não se costuma detalhar em demasia a jornada: inicie pela macrovisão e só detalhe depois onde necessário desdobrar uma etapa do processo. Como é uma sequência de passos usamos a figura de setas que indicam a sequência. Use cor para destacar a jornada: é a parte central e essencial do blueprint.

Depois indique em cada parte da jornada quais são as Evidências de Serviço: documentos, eventos, confirmações e até elementos tangíveis fornecidos ao usuário. Como as evidências estão associadas a Pontos de Contato, crie pontos de "contato" e evidências em todas as etapas e ao longo da jornada: nada é pior que o usuário aguardar a execução das partes invisíveis do processo. Elimine as evidências frágeis ou desinteressantes para o usuário. Note que a seta revela quando o usuário é proativo, quando é reativo ou quando há relacionamento (seta dupla).

Demarque a Linha de Relacionamento e depois adicione as interações da Linha de Frente com o usuário. Note que as setas definem o protagonismo do usuário e do fornecedor de serviços. O verdadeiro contato é aqui definido, o que pode depois orientar a produção de *scripts* ou roteiros de atendimento. Podem ser usadas caixas ou setas para definir momentos da jornada: setas quando são encadeadas, ditando o ritmo da jornada.

Depois disso é natural que se defina a Linha de Visibilidade para adicionar a Retaguarda. Tome o cuidado de definir aqui a preparação do ambiente onde se dá a experiência do usuário. Lembre que a experiência do usuário é mais importante que o fluxo de informação. Toda a automação do processo é evidenciada nessa faixa do *blueprint*. Note que a retaguarda é tão importante quanto a linha de frente: uma não subsiste sem a outra.

Então defina a Linha de Interação Interna, completando o desenho com os Processos de Apoio: as caixas que definem todos os interessados (*stakeholders*) envolvidos na jornada e no processo. Cautela: os principais gargalos podem estar aqui e não na retaguarda, por isso precisam ser definidos com cuidado: são a principal fonte de otimização de processos. Nessa etapa podem ser definidos os repositórios ou inventários que precisam estar supridos para a realização da jornada.

Depois de desenhado o blueprint, vale a pena estabelecer os gargalos, os pontos de falha e os tempos de processo. Também é preciso fazer uma avaliação de **complexidade** e **divergência**. Complexidade refere-se ao número de etapas finais do processo. Divergência é o grau de amplitude, liberdade, julgamento e variabilidade das etapas da jornada. O número de chamadas do usuário revela o grau de divergência. Aumentar complexidade e divergência faz sentido em serviços de baixo volume e elevada variedade; reduzir a complexidade e divergência faz sentido em serviços de alto volume e baixa variedade.

Reduzir a complexidade significa simplificar e otimizar tempos e custos, pela eliminação de atividades supérfluas, redundantes ou de baixo valor agregado. Ampliar a divergência significa contar mais com o julgamento e estilo dos envolvidos, permitindo um tratamento individualizado (ou "customizado") ao usuário.

Outra análise requerida do blueprint de serviços existentes é listar os **incidentes críticos**: esses erros de processo são usados para aprimorar o design de serviços.

Para finalizar, sugiro testar as diferentes *personas* (personagens fictícios) criadas para o serviço, se existirem, testando como elas se comportam e reagem ao *blueprint* desenhado.

Experiência do usuário

O principal benefício do uso de *blueprint* de serviços é o registro da experiência do cliente, que inclui a jornada do usuário, os pontos de contato e suas evidências, o ambiente onde se dá o relacionamento, e os processos de apoio invisíveis ao cliente. Nenhuma ferramenta os evidencia com tal simplicidade e consistência.

O *Blueprint* de Serviços é uma técnica apropriada para a criação coletiva. Para isso, sugiro usar post-its sobre uma superfície vertical, produzindo faixa por faixa o desenho. O grupo depois analisa o desenho para fazer as otimizações apropriadas. Depois o desenho é formatado em meio digital.

Como modelo de representação do serviço, o *blueprint* é uma excelente ferramenta visual de leitura intuitiva. É uma ferramenta de criação, de reflexão e de implementação, quando usado no treinamento do pessoal envolvido.

FONTES

» STICKDORN, M. *Isso É Design Thinking de Serviços*. Porto Alegre: Bookman, 2014.

» ZEITHAML, V.A.: BITNER, M. J. e GREMLER, D. D. *Marketing de Serviços: Empresa com foco no cliente*. Porto Alegre: Bookman, 2008.

12

Storyboard

Você planeja suas narrativas?

Como você compartilha informação? Você compila informação e simplesmente fala ou escreve? Então aprenda a fazer *storyboards* — narrativas gráficas — para comunicar de fato o que deseja.

Mensagem não é informação

Informação não é mensagem — é apenas a matéria-prima para produzir mensagens. Assim como a mensagem não é informação, embora carregue consigo informações. A mensagem, a depender do modo como é formatada, contém vários outros elementos não formais (formal é a informação, por definição). E esses elementos evocam questões tão importantes quanto o conteúdo da informação no público atingido pela mensagem.

Por exemplo, o contador de histórias agrega diversos elementos à narrativa: sons e onomatopeias, gestos e mímicas. As expressões faciais acompanhadas de variações no tom de voz, na intensidade e andamento da fala permitem capturar a atenção do público, sincronizando a sensibilidade e as emoções do contador e do seu público. Nenhum desses elementos fazia parte da informação explicitada pela história, mas sem eles contar histórias não teria se tornado o principal veículo de compartilhamento de conhecimentos na história da humanidade.

Ao contrário do adágio popular, *fatos não falam por si mesmos* — eles precisam de *mensagens*. A mensagem aprofunda a compreensão da informação, desenvolve interesse e economiza tempo de explicações adicionais.

Preparar mensagens envolve três fases: *analisar, organizar* e *comunicar*. Ao preparar um relatório ou uma apresentação audiovisual, primeiro analisamos a informação, para depois criar a hierarquia de ideias e a argumentação, para enfim comunicar. Contudo, para comunicar nesses casos podemos usar outras formas que não apenas as palavras. Podemos criar narrativas gráficas — *storyboards*.

Narrativas gráficas

Desde o início do cinema — narrativa visual em movimento — o planejamento da narrativa era feito na forma de *storyboards*: desenhistas especializados registravam os momentos essenciais de cada "cena", indicando personagens, cenário e objetos de cena relevantes. Cada desenho mostrava o ponto de vista em que a cena seria gravada, e podia incluir a definição de iluminação (luz e sombras). Uma sequência de cenas revelava o argumento do filme. Junto a cada quadro havia informação de apoio para planejar a execução da filmagem.

Storyboards, como o usamos hoje, foram desenvolvidos na Disney no mundo da animação. Ainda hoje são chamados de *rafe* (*rough*) pelos desenhistas, porque se tratava de um esboço sem qualidade artística. Essa técnica de planejamento podia ser produzida a lápis, bem como a nanquim ou ainda colorida. A produção de um *storyboard* é coletiva, o que exige simplicidade e rapidez.

A narrativa gráfica apresenta três características: revela a cena do início ao final, e somando cenas forma a "jornada"; cada quadro mostra ação ou movimento; contudo a cena pode conter esperas, interrupções ou reviravoltas. Em certos casos, usavam-se setas nos quadros para ressaltar algum aspecto ou indicar o movimento do personagem.

Um *storyboard* apresenta apenas cenas-chave pouco detalhadas, contudo legíveis para qualquer público — do contrário ele não serviria como veículo de comunicação. Note que as histórias em quadrinhos derivaram das narrativas gráficas usadas no cinema.

Como se trata de um esboço, não é preciso saber desenhar para produzir *storyboards*: mesmo usando bonecos de palitos, a finalidade do desenho transparece. Mas um desenho artístico, sobretudo colorido, comunica muito mais. Hoje em dia, a produção digital de *storyboards* é favorecida com a colagem de imagens, aos quais se pode somar personagens, rabiscos etc.

Alguns cuidados devem ser tomados ao desenhar: adicionar expressões faciais nos personagens de modo a evidenciar emoções é a preocupação primordial. Todo gestual que indique movimento ajuda a compreender a evolução da cena. Mesmo quando se desenham bonecos de palitos, é útil registrá-los em perspectiva, um no primeiro plano, outro depois, para separar figura e fundo.

A narrativa não pode pular de um quadro a outro, por isso é conveniente criar "motivações" para o corte, isto é, pistas que criam tensão e conectam uma cena à outra.

Junto a cada desenho o uso no cinema costuma registrar: tomada e ângulo da câmara, áudio e tempo de duração de cada cena. Pela tomada e ângulo se ressalta a face do personagem (*close-up*) ou ele se apequena evidenciando o fundo; alguma parte do corpo pode ser evidenciada, bem como o fundo.

Mas há refinamentos, também usuais no cinema: a separação entre planos (primeiro plano, plano de fundo), a iluminação (ditando luzes e sombras) e a paleta de cores, os adereços (objetos de cena) posicionados cuidadosamente.

Imagine o *storyboard* usado por Alfred Hitchcock em 1963 na cena crucial do filme "*Os Pássaros*". O primeiro quadro mostra um corvo apoiado em um "trepa-trepa". O segundo quadro mostra outros pássaros se aproximando, até preencher a cena. Enquanto isso a atriz é mostrada distraidamente fumando. O tempo passa enquanto mais pássaros se aproximam. Uma seta indica que a atriz vira o rosto. A cena seguinte mostra a sua surpresa, depois temor. Assim o suspense vai sendo construído. Não há cores nos desenhos, mas a atmosfera é facilmente interpretada pelo leitor, por qualquer um.

O ritmo de evolução precisa ser evidenciado no *storyboard*, por isso o tempo de cada cena é informação relevante.

Há outros usos do *storyboard,* além do cinema. Nas organizações, as **apresentações** podem ser planejadas usando *storyboards*, onde cada desenho corresponde a um slide. O pessoal de *design thinking* usa o *storyboard* para descrever a **jornada do usuário** ao planejar serviços. Até mesmo os manuais contendo **instruções de montagem** de produtos complexos costumam usar *storyboards* para mostrar passo a passo como montar os produtos. Nesses casos, a informação que acompanha cada desenho pode variar, ou seja, fazemos adaptações.

Na narrativa gráfica de uma apresentação, o uso de gráficos, esquemas ou "artes" mostra a informação visualmente. A hierarquia das informações é evidenciada pela posição, tamanho e cores das fontes, deixando a informação de apoio minimizada. Quanto mais simples a imagem e menor o uso de textos, melhor. Cuidado com as imagens ou ilustrações, para que elas não tirem a atenção da informação mas a complementem ou ressignifiquem.

No caso da jornada do usuário, ele é o personagem principal, e os desenhos revelam o seu protagonismo, as suas esperas, as suas emoções a cada momento, e os movimentos dele. Mas não existe serviço desprovido de um cenário ou ambiente, portanto ele é igualmente enfocado nos desenhos. O clima ou atmosfera precisam ser sugeridos. Há quem use "balões com diálogos" no próprio desenho, embora eu prefira registrar isso ao lado de cada desenho. Como se trata de evidenciar a experiência do usuário, depois de desenhadas as cenas, registramos ao lado como ele vivencia a cena. No desenho de serviços, estudar os incidentes críticos, os tempos de espera, os gargalos de atendimento, é mais fácil quando se dispõe de um *storyboard*.

Em instruções para montagem, a figura do usuário deve ser apresentada, ou pelo menos as suas mãos. É a maneira de humanizar o processo, que costuma ser muito técnico. O desenho precisa ser uma representação fiel dos objetos, para maior clareza. O número de desenhos pode ser maior que o número de operações, para maior compreensão.

Storyboard: Arte da comunicação

Para uso no cinema, a narrativa visual define a abordagem e permite planejar a técnica de produção; no uso em serviços, ela define a jornada e permite planejar os roteiros de atendimento. No cinema, cada quadro visualiza a tomada, incluindo personagens, cenário, atmosfera e movimentos; nos serviços cada quadro visualiza um momento essencial da experiência, incluindo personas, cenário, atmosfera e processos. No cinema a narrativa cria ritmo e congruência entre quadros e cenas; nos serviços estuda os tempos (sobretudo as esperas) e congruência dos processos, subentendendo os processos de apoio.

Qualquer que seja o uso da narrativa visual e gráfica, ela serve a idênticos propósitos.

Do mesmo modo que imagens evocam muita sensibilidade e intuição no leitor de qualquer comunicação, o uso de imagens para produzir narrativas evoca em quem a produz sensibilidade e intuição. A intuição promove a criatividade: *storyboards* costumam ser mais criativos que simples fluxogramas ou descrições passo a passo.

A sensibilidade desperta empatia, que nos permite tomar consciência dos sentimentos envolvidos, dos gestos que constituem a linguagem corporal e dos códigos culturais. Os *storyboards* são mais profundos e consequentes que as outras formas de planejamento da comunicação.

FONTES

» DUNAND, M.; CHOUN, K. *The Storyboard Approach: Advanced techniques for preparing effective visual presentations.* Lauzanne: BCD Business Communications Design, 1996.

» ROUSSEAU, D.H.; PHILLIPS, B.R. *Storyboarding Essentials: How to translate your story to the screen for film, tv and other media.* New York: Watson-Guptill e SCAD — Savannah College of Art and Design, 2013.

13

Personas

Centrado no usuário

Você trabalha com foco no cliente ou usuário? Então, todas as ferramentas de análise e planejamento que você usa são centradas no cliente ou usuário, certo? Em particular, se você desenha produtos ou serviços, o uso de *personas* de fato coloca o usuário ou cliente no centro de seu design.

Você não conhece o cliente

Deixe seu orgulho de lado e admita que você não conhece seu cliente.

Se você está empreendendo, você conhece o cliente abstrato que espera obter em seu novo negócio, não o cliente real. Se é um vendedor, você conhece muitos clientes, cada qual único e especial, portanto, não generaliza o entendimento deles. Se está desenhando melhorias de processo, você não conhece seu cliente mais que conhece o processo e o fluxo de informação.

Se você é de marketing então conhece a clientela, no todo e nos segmentos, na demografia, mas não conhece o seu cliente a ponto de compreender sua jornada até a decisão de compra. Por exemplo, suponha que o marketing chega a um recorte do público que envolve homens, com 50 anos de idade, ricos e famosos, vivem no sudeste do Brasil e promovem investimento social com seu próprio patrimônio — esse recorte tão preciso inclui pessoas muito diferentes: Padre Marcelo e Fernandinho Beira-mar, por exemplo.

Mas se você adota a perspectiva do *design thinking*, você dispõe de técnicas para conhecer o seu cliente: uso de *personas*. Adele Revella define *personas como exemplos ou arquétipos de pessoas reais que permitem desenhar estratégias para promover produtos e serviços a quem poderia comprá-los*. Uma persona criada sob medida revela alumbramentos (*insights*) sobre suas expectativas e preocupações.

Personas não são perfis, confusão usual em marketing. Um perfil resulta de estudos demográficos, confiando em informação tangível que é analisada. *"Cuidado com a demografia"*, alerta Stickdorn. A demografia reúne *personas* muito diferentes: estilos de vida, hábitos de consumo, processo de decisão e julgamento sobre fornecedores.

Alan Cooper, enquanto gerenciava um projeto de desenvolvimento de sistemas em 1998 foi o criador da técnica, segundo Revella. Ele nomeou diferentes tipos de usuários com nomes fictícios: Chuck, Cynthia e Rob. E notou que os programadores compreenderam facilmente o desafio de satisfazer essas personas, passando a usar os nomes fictícios para referir-se a esses clientes potenciais. Para Cooper, personas não eram reais; embora imaginárias, elas tinham que ser definidas com significativo rigor e precisão.

Se pretendemos usar personas no design e no planejamento de serviços, seria uma alucinação basear-se em personas totalmente fictícias. Daí a necessidade de método para criar personas.

Como construir *personas*

O método pode ser usado para personas antes de comprar — interesse de marketing — ou personas depois da compra — interesse de designers de serviços e da melhoria de processos e projetos. Revella sugere que as personas despertam cinco alumbramentos:

1. Iniciativa e prioridade: circunstâncias pessoais e organizacionais que levam compradores a gastarem tempo, orçamento e capital social para comprar o que alguém oferece. Com esse alumbramento se pode definir, defender e executar estratégias mercadológicas para atrair potenciais clientes;

2. Fatores de sucesso: são resultados operacionais e pessoais que o comprador espera daquilo que alguém oferece; envolve também os benefícios. Esse alumbramento permite identificar e responder a riscos severos;

3. Barreiras percebidas: refletem as resistências internas dos demais envolvidos na decisão de compra; podem refletir experiências passadas insatisfatórias em coisas similares. Esse alumbramento permite direcionar sua comunicação com o mercado para maior efetividade;

4. Jornada de decisão: são as histórias dos bastidores do processo decisório para avaliar soluções, eliminar concorrentes e tomar a decisão final. Esse alumbramento revela formadores de opinião e a governança, permitindo alinhar os esforços de venda;

5. Critério de decisão: atributos específicos da solução usada para avaliar e comparar ofertas. Esse alumbramento revela de fato quais atributos são essenciais e impactam a decisão.

Como se deseja construir personas para obter esses alumbramentos, eles são estruturadores do design de personas. Caso se trate de personas pós-compra, eu sugiro fazer a analogia com esses cinco, agora voltados para o julgamento de satisfação com a compra realizada.

Revella ampara seu método na fenomenologia, estudo sistemático de experiências subjetivas, que incluem julgamentos, emoções e percepções. Reside aí a dificuldade de entrevistar pessoas: elas não pensam como se sentem, não dizem o que pensam e não fazem o que dizem! Ela nunca pergunta "*por quê*" em suas entrevistas, dado que assim só coletaria justificações e não explicações. Também evita o "viés de confirmação", que ocorre quando os entrevistados inconscientemente fornecem as respostas que pensam que o entrevistador quer ouvir. Apesar dessas armadilhas, não há outra forma de coletar informação para construir personas.

Não se trata de fazer entrevistas do modo como é usual fazer em pesquisas qualitativas de marketing: para criar personas as entrevistas são de fato abertas e exigem escuta ativa do entrevistador. Não há tanta preocupação com a precisão analítica. Não se deve usar pessoal de vendas para conduzir entrevistas: eles não reconhecem padrões entre entrevistados e atuam somente numa parcela da jornada de decisão. Igualmente, fazer enquetes ou usar "*big data*" não fornecem alumbramentos sobre os cinco fatores mencionados anteriormente, limitando-se a questões objetivas e tangíveis. Também não se usam grupos focais: o pensamento em grupo fica distorcido e tende à conformidade, exatamente quando desejamos coletar sutilezas na fala autêntica dos entrevistados. Já as mídias sociais são um coadjuvante importante, sobretudo para conhecer previamente os dados demográficos e históricos sobre os entrevistados.

Para criar personas, faça como um jornalista faria, sugere Revella. Por sua experiência, a autora sugere realizar de 8 a 10 entrevistas, usando a base de dados para selecionar os entrevistados, classificando-os por dados demográficos. Se é persona antes da compra, Revella sugere cinco categorias de entrevistados:

1. Clientes: quem considerou sua solução e a escolheram;
2. Quem o considerou, mas não o escolheu;
3. Quem o considerou, mas decidiu manter o status quo sem nada escolher;
4. Quem não o considerou e escolheu outro concorrente ou outra solução;
5. Quem está considerando a sua solução, mas ainda não decidiu.

Se é persona depois da compra, sugiro critérios análogos: quem experienciou a solução e está satisfeito; quem a experienciou, mas ficou insatisfeito; quem poderia usar a solução, mas não o fez; quem não conhece a solução.

Um cuidado essencial para realizar entrevistas: elas nunca devem ser conduzidas por pessoas envolvidas com o entrevistado, para não distorcer a coleta de informação. Leve um bloco de anotações, não para registrar o *verbatim* que necessita, mas para pontuar questões que merecem ser retomadas. Nada substitui a gravação, mas é preciso pedir licença para gravar a entrevista. Revise os alumbramentos que tentativamente listou para tê-los em mente durante a entrevista. E elimine todas as fontes de distração antes de iniciar a entrevista: seu foco e atenção devem ser exclusivamente para o entrevistado.

Não há escuta ativa falando, tomando notas e planejando o que perguntará depois. É preciso uma atitude neutra e serena, apenas indicando na linguagem corporal o interesse em ouvir a narrativa do entrevistado. Se puder, leve um "ego auxiliar" que, mudo, assiste a entrevista e poderá depois ajudar a construir a síntese dela.

Revella sugere iniciar por uma única questão: "*vamos retornar ao dia em que...*" Em geral, é suficiente para incentivar a narrativa. Vá devagar até completar o entendimento sobre a narrativa: será necessária uma enorme concentração para explorar detalhes que aprofundam o entendimento do entrevistador. Às vezes, a autora deixa a narrativa continuar para não quebrar o fluxo, depois retoma algo que deseja aprofundar. Ela também usa as frases de efeito ou jargões ditos pelo entrevistado para pedir a ele que os explique. Revella sugere evitar questões que causem desconforto, e porquês, dado que evocam certa confrontação. Nunca retruque, explique ou justifique algo: no momento da entrevista não é seu papel defender a organização.

Se a decisão envolveu outros, note como o entrevistado fala sobre elas. Use de empatia desde o início da entrevista, para criar uma narrativa fácil e amistosa.

Use o silêncio a seu favor, como um estímulo para que o entrevistado retome sua narrativa. **Nunca assuma que sabe o que será coletado: os alumbramentos só ocorrem para as mentes abertas e receptivas**.

Para produzir personas, Revella faz uma analogia com inquéritos policiais: para solucionar o mistério, o investigador usa fotos, mapas e quaisquer detalhes ou pistas existentes, além do depoimento. É preciso combinar as diferentes narrativas para criar uma narrativa única que represente a mentalidade de um grupo de usuários ou clientes. Essa narrativa única fornecerá os elementos da descrição da persona.

As entrevistas são degravadas, para depois grifar as frases significativas, ao lado das quais Revella anota comentários referindo-se aos cinco fatores de alumbramentos. Depois ela cola em uma planilha todas as citações, as fontes e os alumbramentos. É fácil remover duplicatas e adicionar frases de outras fontes para certos alumbramentos.

Como não se trata de criar perfis, é preciso cuidado para gerar o mínimo de personas, avaliando se de fato há necessidade de segmentar sua abordagem mercadológica. Evite qualquer definição prematura sobre a quantidade de personas que necessitará, deixe que os alumbramentos indiquem se há uniformidade ou não. Não "humanize" as personas que serão criadas, adicionando ideias fantasiosas.

Revella apresenta as personas criadas em sequências de slides. Cada persona representa uma pasta com várias abas, uma para o perfil e uma para cada um dos cinco fatores. A persona é sempre descrita na primeira pessoa do singular, para despertar empatia em quem irá usá-la. Na aba do perfil há um nome, foto e informação demográfica fictícios; nesse slide ainda pode incluir "minhas responsabilidades", "como sou avaliado" e "fontes de informação que eu confio". Muitas vezes se adicionam as orientações como consumidor, as marcas que a persona valoriza e indicadores de seu estilo de vida: conservador ou não, digital ou não, modesto ou extravagante, cuidado pessoal com saúde etc.

As demais abas apresentam as frases, levemente reescritas e ajustadas para maior clareza. Revella alerta para não inserir suas próprias palavras, não "sanear" o texto, não resumir aspectos anedotais nem eliminar aspectos que dão "cor" à fala da persona. Em cada slide, você pode incluir frases que sintetizam pontos de vista da persona, como se fossem subtítulos. Cuidado com a aba do perfil, para não inventar nomes, gênero, etnia e outros fatores relacionados a estereótipos.

Utilização da Personas

Utilizar personas antes da compra em vez de pesquisas quantitativas de marketing permite planejar abordagens, canais e estratégias mercadológicas muito mais ajustadas. Até mesmo a redação de sua comunicação com o mercado será mais efetiva — Revella sugere que a *"mensagem efetiva emerge na interseção entre o que o cliente quer ouvir e o que você quer comunicar"*. Para personas depois da compra, o uso de personas permite detalhar a jornada do usuário, o *storyboard*, os roteiros de atendimento (*scripts*) e até mesmo o material educacional.

Até o planejamento estratégico da organização pode se beneficiar do uso de personas para endereçar defasagens e objetivos estratégicos. Mas as personas não devem ser usadas, recomenda a autora, no treinamento da força de vendas, porque elas desconfiam de perfis que lhes parecem fictícios: é melhor usar os alumbramentos como indutores das práticas de venda — *"compartilhe alumbramentos, não personas"*, a autora sugere.

O processo de produção de personas parece trabalhoso, mas é uma síntese poderosa de seus clientes ou usuários. **Se você quer saber como clientes agem e tomam decisões, só há uma maneira: pergunte a eles.**

FONTES

» REVELLA, A. *Buyer Personas: How to gain insight into your customer's expectations, align your marketing strategies, and win more business*. Hoboken: Wiley, 2015.

» STICKDORN, M. *Isso É Design Thinking de Serviços*. Porto Alegre: Bookman, 2014.

14

Mapa Mental — Inovação

Conhecimento condensado

Se uma imagem substitui mil palavras, como diz o dito popular, um mapa mental substitui uma enorme preleção. Se a organização onde atua busca inovar, siga este mapa.

Por que inovar?

Inovar é introduzir o novo, a novidade, mesmo que ela tenha sido inventada em outro lugar. Por isso, inovar não é sinônimo de inventar, descobrir, desvelar ou criar. Organizações inovam quando mudam para incorporar novidades. Inovar é sinônimo de mudar ou transformar.

Se a organização muda, por efeito da inovação, em última instância isso afeta o seu valor. Melhor dizendo, a inovação amplia o Capital Intelectual da organização, seja porque cria ativos organizacionais, seja porque gera marcas e patentes valiosas. Há mais capital intelectual sendo criado: as perícias (*expertise*) em: diagnosticar, definir estratégias, gerar e filtrar ideias, selecionar ideias promissoras, gerir projetos, criar negócios e gerir ativos — toda e qualquer perícia adiciona capital intelectual à organização.

O final é o ponto de partida deste Mapa Mental.

Funil cíclico ou esporádico

Para gerar capital intelectual, é preciso que o sistema de inovação da organização crie novos negócios, como fruto do intraempreendedorismo, ou então crie inovações do tipo: novos produtos, novos processos, novos sistemas, novas políticas, novas estruturas organizacionais, novos modelos de operação e também inovação social (contribui para a comunidade e/ou sociedade). Toda inovação é realizada na forma de projetos.

Mas para decidir sobre a execução de projetos de inovação e intraempreendedorismo, é preciso fazer a seleção de ideias promissoras. Geralmente há uma disputa na organização pelos projetos, devido à escassez de recursos. Por isso é essencial a seleção metódica de ideias que serão convertidas em projetos.

A etapa anterior envolve a geração de ideias, que pode ser esporádica ou, como prefiro, cíclica (repetida de tempos em tempos). Muitas técnicas são usadas para gerar ideias: toró de palpites (*brainstorming*), SCAMPER, SIT — *Systematic Inventive Thinking* e o conjunto de técnicas de *Design Thinking*.

Cada projeto bem-sucedido resulta de uma seleção a partir de dezenas ou centenas de ideias. Essas ideias podem resultar do foco em melhoria incremental, inovação disruptiva (que amplia mercados produzindo algo simples, barato e conveniente) ou inovação revolucionária. Em geral predominam nas organizações as ideias de melhoria incremental. Pragmaticamente são mais fáceis e rápidas de implementar, e com maior chance de sucesso, embora de pequeno impacto. Por isso é preciso somar ideias disruptivas e revolucionárias.

O "funil da inovação", como é costumeiramente chamado, serve tanto à inovação fechada (realizada no interior da organização) quanto à inovação aberta (realizada por meio de alianças e parcerias). A inovação fechada requer competência interna em inovação e visa proteger o conhecimento gerado; a inovação aberta visa compartilhar riscos enquanto se somam as competências requeridas. Há outra modalidade de inovação aberta: a inovação feita em centros de pesquisa, patrocinados ou não pela organização que deseja inovar, e que usualmente visa a pesquisa básica, mas também remete à pesquisa aplicada.

Para que a inovação seja sistemática e não esporádica, é preciso atuar sobre alguns fatores que inibem ou promovem a inovação. Em primeiro lugar, é preciso que a cultura organizacional acolha o novo, o criado fora, a experimentação e a transformação empreendedora. É preciso criar políticas ou regras de decisão usadas permanentemente: percentual de vendas proveniente de novos produtos; políticas de recompensa; de intraempreendedorismo; de financiamento de projetos.

Algumas competências precisam ser desenvolvidas na organização: as relativas à inovação; à gestão de projetos; à análise de investimentos; e à experimentação. Não se pode desprezar a importância da governança e da estrutura organizacional, que muito afetam a capacidade de inovar. Para completar, estabelecer um ambiente criativo igualmente promove a inovação.

A Figura 14.1 explora o funil da inovação.

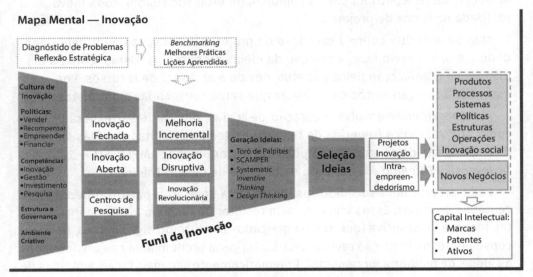

Figura 14.1. Funil da Inovação.

É preciso inovar?

Quem pouco inova corre o risco de obsolescência, com os seguintes impactos: perda de mercado, perda de valor, perda de sustentabilidade, prejuízo à imagem e atração de talentos. Quem pouco inova jamais será líder, será sempre seguidor.

Na Sociedade do Conhecimento, inovar tornou-se uma necessidade, frente à aceleração do conhecimento.

Inovação Disruptiva — Técnicas

Simples, barato e conveniente

Disruptiva é a inovação de ruptura. Diferentemente da inovação revolucionária, onde se criam coisas muito diferentes do que antes existia, a inovação disruptiva envolve produzir coisas mais simples, baratas e convenientes — são criações disruptivas porque permitem atingir públicos que não eram atendidos pelo convencional. Você que aprender a criar ideias disruptivas?

Opção para mercados competitivos

Para inovar não é preciso ter ideias novas, basta aplicar ideias existentes mas desconsideradas em sua organização. Uma nova tecnologia adotada pela organização pode ser considerada uma inovação sempre que ela cria um diferencial ou vantagem comparativa. Há inovação em produtos, processos, sistemas, modelos de negócio, mercados, fornecimentos, logística e inovação social.

A inovação disruptiva é importante para empreendimentos nascentes que visam ingressar em mercados competitivos; ou para negócios que precisam criar opções a seus mercados mais competitivos; ou para organizações sociais que têm a inclusão por princípio; ou para governos que enfrentam problemas inusitados e desejam abdicar de velhas soluções.

Para criar ideias disruptivas, é preciso compreender o processo de criatividade e a contribuição da intuição no processo. O ponto de partida é desenvolver perspicácia para olhar de modo diferente para o problema/oportunidade. O uso de imagens, símbolos e metáforas ajuda a ampliar o entendimento, etapa que representa a "codificação" e a "comparação seletiva". Mas a etapa mais relevante do processo envolve o "pensamento divergente", ao qual poderá ser seguida do "pensamento convergente".

Os conceitos de pensamento divergente e convergente foram usados por Guilford nos anos 1950 como parte de sua "estrutura do intelecto". O pensamento convergente envolve a busca da única melhor solução; o divergente busca inúmeras opções ou alternativas. Para esse psicólogo, o pensamento divergente era a essência da criatividade. Para consegui-lo, Edward de Bono sugeriu o pensamento lateral, como forma de passar ao largo ou desviar-se do pensamento lógico e racional.

Toró de palpites

A inovação pode ser buscada solitariamente por indivíduos criativos. Mas há vantagens em adotar o grupo: a diversidade de estilos e formações amplia a criatividade, o aspecto lúdico do trabalho sem muitas regras, o estímulo mútuo entre indivíduos motivados e desafiados etc. Mas para criar em grupo, é preciso de um facilitador ou *coach*.

A inovação disruptiva requer pensamento divergente. Um ponto de partida é a atividade artística, de **desenhar metáforas**. Escolha algo que tangencie o tema em que busca inovação e peça que cada indivíduo desenhe uma metáfora que simbolize o tema escolhido. É importante usar cores e diferentes tipos de lápis. Como alternativa, pode ser uma colagem de imagens de revistas. Cada indivíduo apresenta depois seu desenho, falando na língua da metáfora. Metáforas não se explicam, só se interpretam; não são reais, mas evocam coisas realistas. Note que só se cria metáfora o pensamento que divergiu da razão e da realidade.

Outra técnica de aquecimento é escolher um objeto e solicitar ao grupo que crie em poucos minutos uma **lista contendo 100 maneiras alternativas** de lidar com ele. É a essência do pensamento divergente: criar opções variadas e inusitadas. Os princípios para o pensamento divergente são:

1. Apresentar o problema sob a forma de um desafio que incite o grupo a criar;
2. Construir novas ideias a partir de ideias apresentadas por livre associação;

3. Encorajar a quantidade e diversidade, anotando cada ideia sugerida;
4. Apoiar o inusitado, incomum e estranho para encorajar diferentes perspectivas;
5. Adiar o senso crítico e o julgamento, impedindo questionamentos nem críticas nem elogios;
6. Combinar ou sintetizar ideias que podem operar juntas.

Por livre associação as ideias fluem e são registradas pelo facilitador. Por exemplo, ao criar 100 usos para uma escova de dentes, o grupo pode iniciar pelo mais lógico: outros usos para uma escova. Ou pode pensar na sua função de limpeza e higiene, e encontrar outras funções para escova na higiene e limpeza. Ou pode pensar por contraste, a não função: a escova perde a finalidade, pode ir ao lixo ou ser reciclada. Ou pode se tornar um objeto decorativo, sem função aparente. Por associação com a arte, a escova pode substituir pincéis, pode limpar esculturas etc. Voltando ao lógico, a escova pressupõe um usuário, que nos faz associar outros usuários higienizando dentes, dentistas, protéticos etc.; por contraste pode sugerir escovas sem usuário fixo, ou então descartável. Podemos pensar no ato de escovar dentes e por associação imaginar outros atos, até o automático; por contraste podemos imaginar mau uso e daí criar opções disfuncionais. Podemos pensar na cor do produto e imaginar outras cores e acabamentos, por associação; por contraste, imaginar escovas translúcidas ou invisíveis. Com perspicácia, o formato da escova remete a inúmeras opções criativas, libertando-se da função de higiene; por contraste podemos pensar em outros formatos para escovas, podemos variar pensando em opções para cada componente da escova, podemos variar pensando em quebrar, romper, fatiar, lascar ou fazer pó de escova, gerando muitas opções. O material usado na escova pode endereçar opções com materiais distintos por associação, ou por contraste podemos pensar em produtos orgânicos (vegetais) ou animais. Podemos pensar que é um produto doméstico e "está à mão": por associação podemos pensar em outras aplicações domésticas; por contraste podemos imaginar escovas públicas, descartáveis, de uso restrito etc. Podemos variar a premissa de higiene, pensando em aplicações para a premissa da beleza ou do sabor, por exemplo. Podemos variar a dimensão, buscando opções micro, nano, macro, mega etc. Se pensarmos no peso, por contraste podemos criar opções que flutuam. Se pensarmos na rotina, podemos criar usos para outros momentos e para circunstâncias especiais. Se pensarmos no paradigma, por contraste podemos pensar na anomalia: escovas que não limpam ou higienizam, criando opções. Se pensarmos na semântica, podemos encontrar opções usando sinônimos (associação) e antônimos (contraste). Por contraste sempre podemos pensar no exagero, no reverso, na diferença. Note que não é difícil encontrar 100 usos, basta ampliar o pensamento.

Figura 15.1. Mapa Mental de Categorias de Funções para Escova de Dentes.

Outra técnica usada para ampliar o pensamento visando o divergente é o uso de **mapas mentais**. A Figura 15.1 evidencia os fatores que podem ser usados para estimular o pensamento divergente no exemplo da escova de dentes, desenhado como um mapa mental. Note que em cada ramo podemos digitar as ideias sugeridas. Há centenas de softwares e Apps que permitem produzir mapas mentais.

A técnica usual para a inovação disruptiva foi criada nos anos 1940 por Alex Osborn: o *brainstorming*, que brasileiros preferem denominar com sabedoria de "**toró de palpites**". Note as palavras: é *toró*, não é chuva nem garoa — significa muitas ideias em pouco tempo; é *palpite*, não é certeza, portanto, é momento de criar e não de avaliar ideias.

O facilitador tem duas funções: a mais óbvia é a de registrar todas as ideias sugeridas pelo grupo. A mais importante, contudo, é aplicar os princípios do pensamento divergente (ver Figura 15.1). Por livre associação de ideias o veio criativo é explorado pelo grupo.

Cuide de escolher um ambiente criativo, e o de colocar as pessoas em condição de relaxamento físico e mental, com seu pensamento atenuado.

O perigo de um toró de palpites ocorre quando ocorre o "branco": repentinamente o veio criativo se esgota e o grupo fica em silêncio. Se esse silêncio perdura por alguns segundos, todos começam a pensar e a intuição some. O facilitador precisa de prontidão para gerar novos estímulos para o grupo, por exemplo usando fatores do mapa mental aqui exemplificado. Um recurso adicional é despersonificar, sugerindo ao grupo que pensem como se fossem outra pessoa: uma celebridade por exemplo.

O humor é sempre bem-vindo em um toró de palpites: descontrai, diverte e torna as mentes mais "leves", talvez o suficiente para que o grupo entre em "fluxo". Ao final do toró de palpites, as ideias listadas estão prontas para o pensamento convergente: a avaliação e seleção de ideias.

Depois de realizar diversos torós de palpites, vale a pena depurar a lista, excluindo as ideias jocosas e insensatas. Aproveite para realizar a combinação de ideias, criando novas ideias. Dê nome a cada ideia. Para avaliar ideias costumo listar até cinco fatores, estabelecendo pesos diferenciados para cada fator. A avaliação é feita pelo mesmo grupo que praticou o pensamento divergente, agora pronto para o pensamento convergente. Por meio da soma ponderada de avaliações, podemos selecionar as melhores ideias. O pensamento convergente continuará com o estudo de viabilidade e a transformação da ideia em projeto, para que seja executada.

Voltemos ao significado de inovação disruptiva: simples, barato e conveniente, para atingir públicos não atendidos pelo convencional. É possível dirigir um toró de palpites focando nos públicos não atendidos: o toró de palpites gera ideias para atender esses públicos. Podemos usar o fator simples, endereçando torós que visem simplicidade, simplificação, redução de atributos etc. Podemos usar o fator barato, endereçando um toró para custos baixos. Podemos endereçar o toró em busca da conveniência. Realizando mais de um toró em sequência podemos colecionar mais e mais ideias.

Recomendo que uma sessão de toró de palpites não dure mais que 40 minutos, dado que a atividade intelectual criativa é extenuante. Não recomendo grupos com mais de 10 e menos de 5 pessoas. Como a habilidade de pensamento divergente demora a se consolidar, recomendo encontros periódicos e reconhecimento daqueles que geraram as melhores ideias.

Com o passar do tempo, aqueles que participam de torós de palpites ampliam sua fluência, reduzem suas convicções, estereótipos e preconceitos, ampliam sua mente para novas possibilidades e para a pluralidade. Podem tornar-se "autotélicos" e autoeficazes, com maior resiliência devido à capacidade de solucionar problemas. Aumenta o valor da originalidade na organização, fazendo com que todos confiem mais na possibilidade de inovar que na de copiar o que deu certo. Aumenta a prontidão para o improviso, que pode ser crucial no desmonte e intervenção em crises. Os benefícios são incomensuráveis.

Outra técnica que também mobiliza sensibilidade e intuição além da razão é a "técnica dos seis chapéus", criada por Edward de Bono. Por meio de dramatização, cada chapéu direciona a atenção de quem o veste, permitindo criar ideias compatíveis. O chapéu branco é neutro e foca em fatos objetivos; o chapéu vermelho sugere emoções e foca em sentimentos; o chapéu preto é negativo, aborda "por que não é possível"; o chapéu amarelo ensolarado é otimista e foca a esperança e o pensamento positivo; o chapéu verde é fertilidade, enfocando novas ideias; o chapéu azul é a cor do céu, que está acima de tudo — enfoca controle e organização.

Montanhas de ideias

Linus Pauling, laureado com o Prêmio Nobel, afirmou: *"para ser ter uma boa ideia é preciso ter montanhas de ideias"*. Essa é a essência da inovação disruptiva: montanhas de ideias, a maioria inviáveis ou impossíveis. Contudo basta apenas uma ideia disruptiva viável para transformar a organização. É o oposto da inovação incremental, que é menos arriscada, mais fácil de criar e de tornar viável, contudo remete a menores valores.

FONTES

» de BONO, E. *A Técnica dos Seis Chapéus: O pensamento criativo na prática*. Rio de Janeiro: Ediouro, 1996.

» _____. *O pensamento lateral*. São Paulo: Saraiva, 1994.

» HARVEY, S. Creative Synthesis: Exploring the process of extraordinary group creativity. *Academy of Management Review*, vol. 39, 3, p.324–343, 2014.

» LUBART, T. *Psicologia da Criatividade*. Porto Alegre: Artmed, 2007.

» OSBORN, A. *O Poder Criador da Mente — A força oculta*. São Paulo: IBRASA, 1975.

Caso Inovação Disruptiva

De ruptura

De todas as formas de inovação, a inovação disruptiva é novidade para os brasileiros. O próprio termo "disruptiva" não pertence ainda ao nosso vernáculo, traduzimos o *disruptive* no inglês para *de ruptura*. O que não quer dizer inovação revolucionária. Este caso é didático para explicar essa fecunda inovação.

Para atender quem hoje não tem acesso

Criar algo simples, barato e conveniente, objetivo da inovação disruptiva, permite atender públicos antes não atendidos por produtos, processos, inovações organizacionais ou sociais.

A Sociedade do Conhecimento requer o aprimoramento permanente de todos os indivíduos, para sustentar a sua empregabilidade em mercados cada vez mais contraídos, onde sobressai o desemprego estrutural. A conectividade e o acesso ilimitado à informação pela internet pode compensar a redução dos investimentos em ações educacionais. Os indivíduos usam sobretudo o celular, tablets e notebooks como fonte primária de educação informal.

Contudo persiste nos países do terceiro mundo a questão da "inclusão digital", impedindo a uma fração nada pequena de nossa população o acesso a informação.

Vantagens de um produto inovador

Para oferecer solução para este problema, um conjunto de experts globais criou um produto que pertence à categoria de inovação disruptiva e foi criado pela abordagem de *"design thinking"*. Trata-se do produto "BOOK".

Esse produto tem vida útil duradoura: com alguma manutenção perdura por 200 anos ou mais. Não fica obsoleto rapidamente, obrigando o usuário a substituí-lo a cada cinco anos.

Não há meio mais duradouro de preservar informação. Esse produto registra informação de modo permanente: impresso em papel, plástico ou tecido de forma indelével, o produto "BOOK" não pode ser adulterado ou fraudado, não se apaga nem pode ser corrompido durante a sua utilização como não é raro ocorrer em meio digital.

O produto "BOOK" pode ser utilizado em movimento. Ele não necessita de baterias ou fontes de alimentação com tomadas de dois ou três pinos, nem apresenta problemas de voltagem (110 ou 220 volts) ou mau funcionamento quando a energia oscila. Mesmo ficando sem uso por longos períodos, basta abri-lo e ele funciona como deveria. Esse produto pode ser levado a qualquer lugar: pode ser levado à praia, ao campo e às áreas molhadas da residência (banheiros e cozinhas) sem o risco de parar de funcionar.

"BOOK" é um produto barato: no máximo custa 10% do preço dos outros *devices* usados para a informação: celulares, tablets e notebooks. Como benefício adicional, o custo reduzido permite emprestar seu produto "BOOK" a outros leitores, criando verdadeiras "comunidades de aprendizagem". Mesmo que não sejam devolvidos, eles semeiam a disseminação de informação. "BOOK" não é protegido por senhas.

Esse produto está disponível em muitas cores e formatos. Em muitos produtos "BOOK" a capa é verdadeiramente artística e contém em seu interior muita arte em imagens, esquemas, tabelas e gráficos, visando facilitar a compreensão do usuário leitor. Ele é disponível no formato miniatura (*pocket*), versão simples (*paperback*) e capa dura (*hardcover*), sem prejuízo ao seu conteúdo, que é igual ao da versão digital, por um preço semelhante.

O produto "BOOK" tem um peso reduzido, inferior a 300 gramas, o que representa 10% do peso de um notebook, contudo pesa mais que um tablet ou celular. Todavia, isso não impede a sua *portabilidade*: basta acondicioná-lo em uma pasta, bolsa ou mochila. Com apenas um palmo de comprimento, ele é facilmente manipulado.

Todos buscam uma operação amistosa (*friendly*) e essa é a principal virtude do produto "BOOK". Há um sumário que organiza o conteúdo em "capítulos" e revela em qual tela denominada "página" esse conteúdo pode ser acessado. Cada "página" é enumerada em um dos cantos dela. Para chegar a qualquer parte do texto não é necessário fazer "clics" nem usar "mouse", basta folhear o "BOOK" com o uso do polegar sobre a aresta livre das páginas, fazendo movimento em leque.

Para não se perder no meio do texto, pode ser usado o dedo indicador sem o temor do comando "*touch screen*". Ou qualquer outro instrumento que faça o papel de uma régua que delimita qual "linha" está sendo lida. Adicionalmente, com o uso de instrumentos corriqueiros do tipo "lápis" ou "marcador de texto" você pode grifar, ressaltar e escrever comentários nas margens de cada "página" conforme seu desejo e conveniência. É assombroso que suas ideias se somarão, nesse caso, às do autor de cada "BOOK". Adicionalmente, você pode usar "marcadores" móveis nos mais variados formatos e desenhos, e "marcadores" fixos coloridos — os norte-americanos o chamam "*bookmark*".

Para avançar ou retroceder, o processo adotado chama-se "virar a página", como se dizia antigamente. Com alguma prática essa operação se torna automática e nem sequer é percebida pelo usuário enquanto lê — é surpreendente. A leitura sentado ou deitado é facilitada apoiando o livro em "estantes" especialmente produzidas com essa finalidade. Contudo, esse acessório não é fornecido junto com o "BOOK".

Alguns leitores apreciam tanto o produto "BOOK" que registram seu nome nele e o colocam em "estantes" verticais coladas às paredes. Além do efeito decorativo, as estantes cheias de "BOOKS" tornam-se expressão de seu "capital intelectual". Nesse caso, transmitem a impressão de que você é culto, estudado, erudito ou amante da leitura.

O produto "BOOK" não tem contraindicações. Seu único efeito colateral é ampliar seu conhecimento, o que costuma ser muito vantajoso. Melhor ainda quando compartilha seu produto com sua comunidade de aprendizagem, ocasião em que todos aprendem.

Esse produto é imune a contingências. Há exemplos reportados na literatura de "BOOKS" encharcados sem perder seu conteúdo. Mesmo quando é rasgado, o produto "BOOK" pode ser colado e recuperado, necessitando apenas de cola branca ou fita adesiva transparente. Não é preciso levar a uma assistência técnica nem ao revendedor autorizado.

O produto "BOOK" ainda por cima admite outros usos, e aqui você faz uso de liberdade. Pode ser usado, sem prejuízo de sua funcionalidade, como enfeite, como peso para papéis e para nivelar coisas colocadas em terreno acidentado.

Use "BOOK"

O produto "BOOK" é uma inovação disruptiva de patente aberta, não requer o pagamento de royalties. Ele permite o acesso à leitura por quaisquer "sem terra", "sem teto" e "sem computadores" de todo o país.

Use "BOOK" e explore como é poderoso em seu autodesenvolvimento.

"BOOK" educa. Boa leitura!

Técnica para a Inovação Incremental

Não é melhoria de processos, é inovação

Inovação incremental vai além da melhoria de processos, que também costuma ser incremental. Porque para inovar é preciso gerar valor para a organização, seja no posicionamento dela frente a congêneres e concorrentes, seja gerando ativos de valor, isto é, capital intelectual.

Você conhece uma boa técnica para a inovação incremental?

Nem sempre é preciso sofisticar

Não é preciso ser criativo para inovar, podemos apropriar a novidade criada por outros para a organização onde atua. Mas para ser considerada uma inovação é preciso que ela forneça algum diferencial que antes não existia.

Em geral, a inovação não ocorre de forma sistemática: são poucas as organizações que repetem sistematicamente o processo de criar, avaliar e implantar ideias inovadoras. Muitas vezes é a evolução tecnológica que cria a oportunidade de inovar em processos; outras vezes é a maior exigência da clientela ou de órgãos regulatórios. Muitas organizações tomam a iniciativa de inovar seguindo iniciativas da concorrência; outras quando fazem uma pesquisa de mercado que aponta essa necessidade imperiosa. Mas a inovação poderia ocorrer sistematicamente, como um valor da organização.

Distinguimos a inovação incremental da revolucionária e da disruptiva. A revolucionária causa revolução; a incremental causa evolução. A revolucionária modifica vastamente o produto ou os processos, por isso, embora rara, pode trazer benefícios imensos. A disruptiva permite atender mercados ainda não atendidos, ou visa oferecer o melhor para a parcela de base do mercado atendido. A disruptiva envolve "pensar fora da caixa"; a inovação incremental requer "pensar dentro da caixa" — embora ambas dependam do pensamento divergente.

Já a inovação incremental tem a tendência de evoluir para a maior sofisticação. Contudo, se o processo fosse induzido e fosse sistemático, não precisava ser assim: nem sempre a maior sofisticação é desejada pelo mercado.

SIT — Systematic Inventive Thinking

Examinando inúmeras invenções na indústria, o engenheiro russo Altshuller criou o método TRIZ, que enumerava 40 princípios criativos, 70 padrões e 400 efeitos disso ainda nos anos 1960. Nos anos 1990, alunos de Altshuller criaram uma metodologia derivada da TRIZ: o *SIT — Systematic Inventive Thinking*, pensamento inventivo sistemático, bem mais simples porque sintético.

A proposta do SIT[1] é o estudo sistemático dos componentes de um produto ou processo visando gerar alternativas. É paradoxal que ao criar inúmeras ideias pelo estudo sistemático de um objeto se consiga algo similar ao obtido pelo pensamento divergente.

A técnica SIT pode ser usada para gerar ideias de novos produtos, processos, modelos de negócio, estrutura organizacional, sistemas e também para a inovação social. Algumas das ferramentas de pensamento usadas no SIT remetem à sofisticação, mas nem sempre — o que permite otimizar, reduzir custos e simplificar — ao contrário da tendência usual de sofisticação.

O principal princípio adotado no SIT é o princípio do "mundo fechado": depois de definido o problema, trata-se de "brincar" com os componentes existentes, sem "importar" recursos externos para a solução do problema. Daí surge a simplicidade da solução, onde emerge a criatividade. Outro princípio é o "caminho de maior resistência", oposto ao fluxo natural que se beneficia da menor resistência — é o que fazemos ao remover um componente essencial, por exemplo. E há o princípio da "função segue a forma": só podemos perceber o potencial de aplicação depois de criar novas formas.

---

1 Ver http://www.sitsite.com/

As ferramentas de pensamento do SIT são fáceis de memorizar e de aprender:

- **Subtração**: removendo algum componente essencial torna-se necessário rever a utilização dos demais componentes, criando inovação incremental. Por exemplo, ao remover as pernas de uma cadeira cria-se um assento de bebês para automóveis;
- **Multiplicação**: ao introduzir um componente ligeiramente modificado cria-se inovação incremental. Por exemplo, ao adicionar uma pequena luz ao flash de câmaras fotográficas evita-se o efeito dos "olhos vermelhos";
- **Divisão**: envolve separar componentes, reorganizando os restantes. Por exemplo, ao separar a "frente removível" de toca-discos para automóveis, permitiu-se levar consigo a frente ao estacionar, inibindo roubo de toca-discos;
- **Unificação**: envolve resolver problemas atribuindo novos usos a componentes existentes. Por exemplo, cartões de crédito e débito, para operações financeiras;
- **Variação de atributos**: fazer o produto ou sistema variar conforme varia algum atributo do produto ou de seus componentes. Por exemplo, bancos variaram as contas-correntes segmentando por tipo de clientela.

Como se nota, a sistemática é nada mais que usar as quatro operações básicas da matemática. O segredo é listar todos os componentes essenciais daquilo onde se deseja inovar. Para tanto, listam-se não apenas os componentes físicos tangíveis quanto as pessoas e etapas de processo envolvidas. Quer dizer, listamos os componentes, as pessoas que formam o sistema e as variáveis ambientais que formam o contexto. Quanto mais rica a lista de componentes, mais ideias são geradas.

Como usar a técnica SIT? Imagine que desejo criar opções para o produto "óculos". Primeiro listamos os componentes: estojo, armação, par de lentes, flanela de limpeza, usuário. Note que sempre adiciono o humano dentre os componentes, para definir o modo de usar este produto. Sistematicamente, tentarei criar alternativas usando cada uma das ferramentas do pensamento.

Vou iniciar pela subtração, que torna mais simples e barato o produto. Se eu removo uma das lentes torna-se monóculo; se removo a armação torna-se lente de contato; se removo ambas as lentes, a função de corrigir a visão pode ser desempenhada pela cirurgia de córnea.

Mas podemos criar mais alternativas de produto usando a multiplicação: criando armações intercambiáveis de várias cores e estilos; criando lentes "de sol" que podem ser fixadas aos óculos "de grau". Podemos usar a divisão: no mesmo óculos podemos separar as lentes criando os óculos bifocais. Também podemos usar a unificação em que na mesma lente há diferentes curvaturas, criando os óculos multifocais; podemos adicionar película antirreflexiva ou película para aumentar a resistência das lentes; podemos adicionar máscara e os óculos servirão para mergulho; podemos projetar telas digitais como faz o Google Glass. Por fim, podemos usar a variação ou dependência de atributos: conforme a luminosidade, uma película polarizada escurece ou clareia a lente; ou então adicionar outras lentes e espelhos transformando os óculos em binóculos, telescópios e microscópios. Sistematicamente poderíamos criar outras alternativas envolvendo estojos, dobradiça etc. São dezenas de ideias, a maioria incrementais, mas poderia incluir alguma ideia disruptiva, assim como revolucionária. Estimulado pelo uso da SIT pensei na revolucionária: câmeras de vídeo para cegos; vídeo-drones para ver as coisas sob diferentes perspectivas; óculos para visão noturna etc.

Esforço semelhante seria usado para processos. Podemos remover, somar, dividir e multiplicar etapas, ou criar variações de atributos. O resultado é otimizar processos de um modo bem diferente do que seria obtido com as tradicionais técnicas de melhoria de processos.

Para facilitar a análise de tantas alternativas, recomendo dar um nome para cada solução criativa. Os inventores da técnica chamam a isso de "produto virtual". Um cuidado: ideias boas não se desperdiçam: a lista de ideias é registrada e pode ser complementada em análises futuras. Torna-se um banco de ideias promissoras. Enquanto a técnica SIT promove a criatividade, os estudos posteriores para detalhamento das ideias promovem nossa capacidade analítica, a cautela e a mitigação de riscos.

Dentro da "caixa", mas criativas

Obviamente, não se obtém com essa técnica soluções perfeitas; o objetivo é gerar alternativas. Portanto, depois de ter as ideias é necessário avaliá-las segundo alguns critérios e pesos, para que se possa fazer um *ranking* das ideias mais promissoras.

A criatividade depende da intuição, que é um processo não intencional e não controlável. Por essa razão, sempre julgamos que a criatividade não poderia ser intencional nem controlável. A técnica SIT indica que a disciplina da mente pode incluir estímulos para o processo criativo, portanto, tornando controlável e exaustivo esse processo.

FONTES

» BOYD, D. A Structured, Facilitated Team Approach to Innovation. *Organization Development Journal*, vol. 25, 3, p-119-122, Fall 2007.

» STERN, Y.; BITON, I.; MA'OR, Z. Systematically Creating Coincidental Product Evolution Case Studies of the Application of the Systematic Inventive Thinking (SIT) Method in the Chemical Industry. *Journal of Business Chemistry*, vol. 3, 1, p. 13–21, January 2006.

18

Melhoria de Processos

Inovação em processos

Grande parte das inovações nas organizações envolve a melhoria de processos. Talvez seja decorrência da automação de processos que vem ocorrendo nas últimas décadas.

Você gerencia processos? Sabe como melhorar ou otimizar um processo?

Nem todo processo é contínuo

No Latim, *procedere* é um verbo ligado à ação de *avançar* e *seguir em frente* (*pro+cedere*). Dá a ideia de um passo a passo. É o conjunto sequencial e peculiar de ações que objetivam atingir um resultado especificado. Todo processo envolve uma sequência de atividades, portanto, tem objetivos e propósitos.

Nas organizações há processos contínuos e descontínuos. Os processos contínuos envolvem as operações de rotina e também as operações ininterruptas (*24 by 7*, como dizem nos EUA). Os processos descontínuos são de três tipos: **processos cíclicos, processos sob demanda** e **processos únicos e especiais**. Um exemplo de processo cíclico é a elaboração de planejamento anual das organizações: tem começo e fim, mas como se repete todos os anos é tratado como processo. Um exemplo de processo sob demanda é a solicitação de pequenas mudanças em sistemas de tecnologias de informação: mesmo sendo de execução rápida são tratados pela gestão de demandas, no método *FIFO — First In, First Out*, o primeiro a chegar é o primeiro a ser atendido. Os processos especiais são os **projetos**: únicos, temporários, desafiadores e arriscados — exemplo: lançamento de um novo produto.

As organizações precisam definir critérios para tratar algo como processo ou como projeto. Geralmente, iniciativas com prazo maior que quatro meses, arriscados ou com orçamento elevado devem ser tratados como projetos. Gerir processos é bem diferente de gerir projetos:

- Processos visam a estabilidade; Projetos visam atender urgências;
- Processos requerem acúmulo de experiência; Projetos quase sempre envolvem novidades;
- Nos Processos a hierarquia comanda e controla; nos Projetos, equipes temporárias "fazem acontecer";
- Em processos se busca maior eficiência (qualidade e produtividade); nos projetos se busca a efetividade (resultados e benefícios);
- Processos visam a melhoria incremental; Projetos visam a Mudança ou inovação disruptiva.

Fluxos de processos

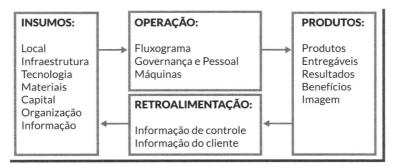

Figura 18.1. Esquema Cibernético para Processos.

Um processo tem insumos (*inputs*), operações e produtos (*outputs*), como mostra o esquema cibernético. O local físico ou virtual é insumo, bem como a infraestrutura requerida, os softwares, o pessoal, o capital e a informação.

A operação segue um fluxo, tem pessoal e governança, além de usar máquinas e ferramentas. Os resultados incluem: produtos, entregáveis (*deliverables*) e resultados tanto tangíveis quanto intangíveis (benefícios). Na visão sistêmica e cibernética, todo processo depende da retroalimentação (*feedback*): informações para controle e feedbacks de clientes do processo.

Quando se mapeia um processo, não se pode esquecer de levantar os insumos, o fluxograma detalhado do processo e os produtos. Também é preciso incluir no fluxograma a retroalimentação, com o fluxo de informação e eventualmente, a coleta de lições aprendidas visando a melhoria contínua do processo.

Enquanto as organizações hierárquicas funcionam na vertical, os processos funcionam na horizontal. Processos atravessam diferentes setores especializados da organização. Quanto mais setores são envolvidos em um processo, maior é sua complexidade.

Há processos nos diferentes níveis da organização. No topo estão os processos de negócio, aqueles que geram receita e atendem aos clientes da organização. Há processos internos corporativos, em nível mais baixo. Há processos operacionais, bastante fragmentados e, em geral, internos a um setor da organização. Nessa classificação, quanto mais alto o nível, maiores os benefícios da melhoria de processo.

Gestão por Processos é o enfoque ou estratégia de organizações que buscam otimizar e aprimorar a cadeia de processos, gestão desenvolvida para atender necessidades e expectativas dos interessados, assegurando melhor desempenho com o menor consumo de recursos. Nas organizações que adotam essa abordagem, os processos são mapeados e otimizados permanentemente.

As técnicas usadas para o diagnóstico de processos são as mesmas usadas para diagnosticar problemas de qualidade. O objetivo é evidente: selecionar onde priorizar o aprimoramento do processo:

- *Avaliação de evolução de processo*: usualmente em gráficos na escala do tempo apontando desvios;
- *Diagrama de Afinidade*: técnica para organizar problemas pelo critério da afinidade entre eles;
- *Gráfico de Pareto*: histograma de frequência de problemas, organizado da maior à menor frequência;
- *Diagrama Causa-Efeito*: também chamado *espinha de peixe*, mapeia causas de problemas, em ordem decrescente de relevância;
- *Gráfico de Dispersão*: procura relacionar dois fatores ou variáveis, visando encontrar correlações;
- *Mapeamento de Processo*: requer fluxograma detalhado, que explicite meandros, bifurcações, pontos de decisão e de controle, laços de *feedback*;
- *Análise do Campo de Forças*: supõe que existam forças antagônicas, alguns fatores impulsionam o processo na direção da melhoria, outros freiam ou geram atritos, segundo Kurt Lewin.

Após o diagnóstico, pode haver tantas opções de processos a melhorar que outra técnica costuma ser usada para a seleção do processo a otimizar: a *Matriz GUT — Gravidade, Urgência, Tendência*. Se cada ideia for avaliada em cada um dos três fatores, os processos são priorizados. O mais grave, urgente e com tendência de eclodir em crise são priorizados.

Para facilitar o diagnóstico costumo usar uma lista de verificação (*check-list*) para ampliar a visão:

1. Há problema ou falha no processo? Isso é usual ou excepcional?
2. Há gargalos ou esperas restringindo o processo em alguma etapa?
3. Pode-se obter ganho de produtividade no processo? Pode-se reduzir custos no processo?
4. Pode-se ampliar a qualidade no processo?
5. É possível aumentar ou reduzir variáveis de processo? A escala do processo modifica as variáveis?
6. Algo pode ser eliminado? Algo pode ser combinado (2 em 1)?
7. Pode-se mudar a sequência do processo? Algo pode operar em paralelo? Pode ser invertido?
8. Como diferenciar a organização por meio de seus processos?
9. Há alguma oportunidade a explorar, para não se restringir à mentalidade de problemas?
10. Como ampliar a satisfação dos interessados? Como aumentar o valor do processo?

Fontes de melhoria de processos

Na visão técnica do processo, as fontes onde buscar melhorias compreendem:

- **Balanceamento** do fluxo ou processo de produção, seja na indústria seja em serviços;
- **Estabilidade** dos processos, procedimentos e técnicas;
- **Economia** ou redução nos custos de produção, nos desperdícios e na entropia interna;
- **Qualidade**, tanto dos insumos quanto dos produtos e serviços resultantes;

- **Flexibilidade** de atendimento às necessidades de produção, decidindo entre a padronização e a customização desejável;
- **Presteza** no atendimento da demanda;
- **Evolução** tecnológica, metodológica, dos produtos e serviços, do pessoal e do ambiente de trabalho;
- **Satisfação** de interessados, envolvidos e beneficiados;
- **Interação** com a comunidade: ecologia, ética, reputação, qualidade de vida, compartilhamento de problemas de infraestrutura, contribuição ao saber e ao desenvolvimento econômico.
- Como aumentar o **valor** do processo?

Quanto se busca otimizar um processo, há diferentes opções, das mais simples às mais complexas:

1. Questionar se o processo é necessário ou se pode ser eliminado;
2. Simplificar o processo: enxugando para reduzir custos e atividades desnecessárias; eliminando atividades desnecessárias ou duplicadas ou eliminando *loops* de controle;
3. Agilizar, reduzindo o tempo de ciclo do processo;
4. Reduzir vulnerabilidade a fraudes;
5. Garantir qualidade, permitindo rastrear falhas;
6. Automatizar o processo, transferindo partes dele ao usuário;
7. Ampliar controles de eficiência (capacidade e produtividade), de eficácia (custos e qualidade) e de efetividade (impacto e valor agregado).

Há muito o que fazer

Ainda existem controles manuais nas organizações, bem como processos são automatizados. Não é raro encontrar processos burocratizados, compostos por etapas de verificação e aprovação parcial pouco eficientes ou eficazes. Ainda há significativas vulnerabilidades, mesmo em processos de negócio.

Com disciplina de método todo processo pode ser otimizado.

Estudo de Benchmarking

Transpiração

Para inovar você pode gastar muito em **inspiração** ou em **transpiração**. Essa última opção é o foco deste artigo: como aprender com as outras organizações. Como estudar de forma disciplinada, criando projetos para a sua organização.

Aprender com outros

Há quem considere o *benchmarking* com algum cinismo como "a arte de copiar o que deu certo" nas organizações excelentes. Esse mimetismo conduz a estudos frágeis, análises pobres e implantação insensata. *Benchmark* é o termo inglês associado a *marco de referência*, e o defino como *o estudo sistemático e rigoroso de produtos, serviços, processos, práticas ou desempenho da organização, medidos e comparados com organizações identificadas como as melhores*. Suas finalidades:

- Compreender o ambiente externo e diferentes culturas e interessados;
- Aprender com os erros e acertos de outras organizações;
- Identificar e comparar elementos estratégicos, visando criar diferencial;
- Aprimorar processos visando melhor desempenho;

- Buscar melhorias de grande vulto ou disruptivas;
- Desenvolver criatividade e proatividade, ao perceber as razões do sucesso de outros.

Dentre os tipos de *benchmarking*, há o *benchmarking interno*, adotado em organizações descentralizadas, para comparar operações internas e para estabelecer *standards* ou padrões internos de referência. Tem a vantagem de obter informações facilmente, com menor resistência à sua aplicação. Como desvantagem, incentiva a introspecção e reforço da cultura interna. Há um interesse crescente pelo *benchmarking* externo. Há diferentes tipos deles:

1. Melhores práticas (*best practices*): levanta práticas formais ou informais que representam uma competência, isto é, uma habilidade distintiva da organização. Como vantagem, é o estudo isolado de determinado processo. Como desvantagem, a falta de formalidade ou desuniformidade impede a correta caracterização dos fatores de sucesso;

2. Avaliação competitiva (*competitive assessment*): compara a organização com seus concorrentes diretos em um dado mercado e para produtos/serviços ou processos competitivos. A vantagem é hierarquizar o desempenho, mas a desvantagem envolve a dificuldade de obtenção de informações, além das públicas;

3. Análise setorial (*industry benchmarking*): estuda organizações que apresentam produtos/serviços similares, mas não competem no mesmo mercado. Este tipo envolve comparações entre organizações que apresentam características de mercado ou tecnologias similares, tendendo a concentrar-se em funções específicas. A vantagem é a facilidade de encontrar organizações disponíveis. As desvantagens são o custo elevado e o empenho cada vez menor de organizações renomadas de facilitar o acesso;

4. Excelência mundial (*world-class benchmarking*): o "melhor do melhor", mesmo entre empresas de diferentes setores de atuação ou mercados. Envolve processos reputados como excelentes ou excepcionais. Requer maior capacidade de cuidadosa compreensão e conceituação. É bastante provocativo, embora geralmente seja o mais difícil de conduzir.

Um caso particular de benchmarking é o aplicado ao campo do gerenciamento de projetos. Como os projetos são únicos e desafiadores, o *PMI — Project Management Institute* advoga focar na defasagem de desempenho, criando métricas para: custos, retorno do investimento, cronograma, ciclo de vida, pessoal, produtividade, riscos, alinhamento com estratégias da organização e avaliação pós-projeto.

Estudo metódico e reinterpretação

É essencial estruturar o trabalho a ser desenvolvido. Evita perder tempo, duplicar esforços, criar conturbações, desprezar informações essenciais ou inibir comparações. Como a oportunidade de levantar informações é temporária e perecível, planejar o trabalho é crucial. Ademais, seguindo um processo estruturado para o *benchmarking* torna possível reproduzi-lo sempre que necessário, sem perder a consistência. Sugiro o seguinte roteiro.

Primeiro passo: Identifique o tema do estudo

Qualquer aspecto da organização é objeto de *benchmarking*: finanças, desenvolvimento organizacional, relações públicas, comunicação, educação, gestão do conhecimento, políticas e códigos, logística, processos operativos, marketing, qualidade, retenção de clientes, atributos dos serviços, suprimentos etc. Para que seja proveitoso, analise previamente as estratégias de sua organização, seus intentos, planos, missão, visão e valores. Dessa forma, evite focar em temas pequenos, desimportantes ou datados, isto é, aqueles que não serão importantes no futuro.

O tema escolhido não precisa corresponder à perícia da equipe que conduzirá o estudo. Convicções prévias sobre o tema distorcem as informações coletadas. O tema selecionado, por menos tangível que seja, deve permitir a subdivisão em partes manejáveis. Se não for possível levantar tudo, ao menos as questões críticas são identificadas. Esse passo só será concluído quando o tema, os interessados e os fatores críticos de sucesso para o estudo tiverem sido identificados.

Segundo passo: Escolha a organização a estudar

Escolhido o tema, selecione a organização a estudar dentre as que apresentam competência no tema. Quanto mais renomada, melhor, pois confere credibilidade ao estudo. A logística do estudo precisa ser considerada. A existência de canais, contatos ou credenciais que os unem à organização escolhida cria facilidades. Uma mensagem de apresentação legitima a sua intenção de estudar.

Concorrentes diretos só aceitam cooperar na base da reciprocidade. Parceiros e aliados, em contrapartida, representam fonte mais fecunda e disponível para o aprofundamento. Empresas privadas, administração pública ou do terceiro setor devem ser consideradas. Uma lista de sugestões pode ser obtida de:

- Meios de comunicação públicos (internet, jornais e revistas);
- Fontes institucionais (federação de indústrias, associações, sindicatos, governo);
- Entidades certificadoras (qualidade, por exemplo);
- Universidades (pesquisas comparativas);
- Consulta a clientes, fornecedores, pessoal de linha de frente e dirigentes.

Terceiro passo: Forme a equipe e planeje o estudo

Definido o tema e a organização, forme a equipe que conduzirá o estudo. Melhores resultados derivam, sem dúvida, de um trabalho em equipe e não do mero ajuntamento de pessoas que comodamente dividem seu trabalho. Sobretudo, uma equipe multidisciplinar (diversidade de especialistas) e multifuncional (diversidade de setores de origem) enriquece o estudo.

Para formar a equipe, defina metas, orçamentos e precondições para o estudo. Compartilhe as responsabilidades desde o início para evitar problemas posteriores. Ao planejar o estudo analise o tempo e o esforço necessários com atividades preliminares, o esforço e o prazo para o levantamento de campo e o esforço de análise e redação das conclusões. O planejamento da atividade de campo é crucial: o tempo disponível deve ser otimizado, pois dificilmente poderá ser repetido ou ampliado se for insuficiente. Complete a fase com:

- Envie mensagem a dirigentes da organização que pretende visitar indicando objetivos, prazos e condições para a realização do levantamento;
- Complete os contatos esclarecendo dúvidas, detalhando melhor o que se deseja fazer etc.;
- Obtida a concordância da organização alvo, planeje a visita, preparando questionários etc.

Quarto passo: colete informações

A etapa mais prazerosa é a coleta de informações. É preciso curiosidade e espírito investigativo. E persistência para superar obstáculos, para reunir montanhas de informações, nem todas relevantes ao estudo. Pior, é preciso duvidar, sempre, para não ser manipulado ou ludibriado.

A coleta de informações apoia-se em visitas e entrevistas face a face. Telefonemas ou questionários enviados previamente podem ajudar, mas o essencial dependerá mais do tempo e da quantidade de encontros. Informações imprecisas ou ambíguas são um desastre em estudos de *benchmarking*. Todo esforço de checagem e de consolidação de informações deve ser empreendido.

Para compreender o que outra organização pratica, antes compreenda o que sua organização pratica, em termos do tema escolhido. Não vá a campo sem antes efetuar uma cuidadosa análise crítica da sua organização. Com isso, você toma consciência de fontes de melhoria, de defasagens existentes, de desvios em relação a estratégias, de práticas ou condições singulares etc. Para isso, bem como para o levantamento em campo, são úteis fluxogramas, gráficos, literatura técnica, manuais de procedimentos e relatórios. Obter feedback de usuários é sempre oportuno e valioso. Consultar especialistas, consultores ou fornecedores é igualmente necessário. Nessa fase, as dicas são:

- Conduza a visita de maneira profissional: respeite horários, cumpra o planejado, já que não se trata de evento social, desenvolva confiabilidade em todos os sentidos, respeite as contingências;

- Ofereça algo em troca nos contatos: é usual trocar informações valiosas para quem o acolheu;

- Agradeça a oportunidade de visita de todas as maneiras, não só as informais.

Quinto passo: Analise as informações disponíveis

Em primeiro lugar, compreenda em profundidade o levantado na organização alvo. Depois, efetue comparações: o que é semelhante? O que é divergente, específico ou exclusivo? O que pode ser proveitoso? Por quê? Como chegar aonde a organização alvo chegou?

A melhor análise é aquela que desconstrói o processo observado e o reinventa, ajustando-o à cultura, características e valores de sua organização. Só assim será possível afirmar que aquilo que lá funciona bem, poderá aqui ser frutuoso. Ajustes são feitos: economia de escala, diferentes visões gerenciais, característisticas dos produtos, mercados e processos operacionais, ambiente funcional, cultura etc.

Sexto passo: Identifique propostas e as transforme em projetos

Se a desconstrução e reconstrução tiver êxito, é possível caracterizar melhor "o que fazer" e, melhor, "como fazer" em sua organização. O estudo de *benchmarking* é a base para criar novos projetos. Identifique atividades, responsáveis, recursos necessários e metas (de custo, prazos, qualidade, desempenho e benefícios esperados) para o projeto. Estude a viabilidade, não só técnica e econômica, como a gerencial.

Lembre-se que nessa etapa a qualidade da comunicação é fundamental. O que importa é efetuar uma "comunicação focada no cliente", ou nos possíveis leitores de seu estudo. Note que a introdução de qualquer melhoria, mesmo que apresente benefícios evidentes, traz mudanças. E mudanças quase sempre ocasionam resistências, bloqueios, negativas e até conflitos. Quanto melhor a comunicação, maior a facilidade de enfrentar a resistência.

Para concluir, faça um balanço junto à sua equipe: foi proveitoso em termos de aprendizado? Tudo o que aprenderam está disponível no relatório? O processo em grupo foi adequado? Onde poderiam melhorar? O que poderiam recomendar a outras equipes de estudos de *benchmarking*?

Armadilhas do *Benchmarking*

1. Não confunda *benchmarking* com pesquisa;
2. Não acredite que existam referências consolidadas a serem encontradas;
3. Escolha o tema certo, a organização alvo correta e os colegas certos para o estudo;
4. Evite processos muito longos ou de gestão complexa;
5. Evite o desalinhamento entre o que estuda e as necessidades e interesses de sua organização;
6. Evite temas intangíveis ou difíceis de identificar e mensurar;
7. Não faça o levantamento "no escuro": conheça seus processos e elabore um plano para a visita;

8. Não desperdice nem o seu tempo nem o dos outros: detalhes são tão prejudiciais quanto a superficialidade;
9. Não seja informal demais, nem displicente em relação a questões éticas;
10. Evite relatórios mal redigidos: eles depõem contra o esforço realizado.

FONTES

» PMI — PROJECT MANAGEMENT INSTITUTE. *Effective Benchmarking for Project Management*. Newtown Square: PMI, 2004.

Melhores Práticas e Lições Aprendidas

Aprimoramento, de fora para dentro

Se você busca o aprimoramento pessoal, tenha outras pessoas como referência, espelhe-se nelas, para que a sua busca não seja afetada pelo seu ego. O mesmo vale para organizações: fazendo *benchmarking* tanto interno quanto externo, elas percebem como podem melhorar.

Práticas ou lições documentadas

Dentre as diversas formas de *benchmarking*, duas ganharam proeminência nas últimas décadas: a coleta de *melhores práticas* e a de *lições aprendidas*. Há diferenças entre elas, portanto, fazemos a escolha criteriosa.

"Aqueles que não podem lembrar o passado, estão condenados a repeti-lo" afirmou em 1905 o filósofo espanhol George de Santayanna. É um bom ponto de partida para as organizações que desejam aprimorar seu desempenho, seus processos, políticas e formas de organização. Independentemente do desempenho ou resultado, sempre que avaliamos criticamente o que foi realizado algum aprendizado ocorre. Melhor ainda se isso for um processo sistemático e documentado.

Lições para a gestão de conhecimentos

Lições Aprendidas	Melhores Práticas
Experiência	Observação
Aprender com erros e com acertos	Aprender com acertos
Aprofundar	Comparar
Evitar/promover repetição	Promover repetição
Reconhecer o esforço e resiliência	Reconhecer a autoria
Atenção	Adoção

Quadro 20.1. Diferenças entre "Melhores Práticas" e "Lições Aprendidas".

O Quadro 20.1 expõe diferenças entre coletar melhores práticas ou coletar lições aprendidas. O que você prefere: aprender com os acertos ou também com os erros?

Melhores práticas reconhecem quem foi contável por elas, enaltece o positivo e por isso promove a repetição delas.

Tenho a opinião de que na vida os erros ensinam mais que os acertos, por isso prefiro as lições aprendidas. Para não perder as vantagens das melhores práticas, alguns cuidados precisam ser tomados ao coletar *lições aprendidas*: sempre reconhecer o esforço e a resiliência de quem foi contável por elas; melhor que evitar a sua repetição, criar projetos de melhoria para enaltecer a oportunidade e não a ameaça; então, é preciso aprofundar a análise e avaliação.

A norma Guia PMBOK recomenda a coleta de lições aprendidas em projetos e assim as define: *"lições aprendidas são o conhecimento adquirido durante o projeto, que mostra como os eventos do projeto foram abordados ou devem ser tratados no futuro com o objetivo de melhorar o desempenho futuro. Lições aprendidas podem ser identificadas em qualquer ponto"*. Os resultados do uso e seus benefícios mais relevantes são:

- Oferece à equipe do projeto a oportunidade de refletir criticamente sobre seu trabalho;
- Fornece oportunidade para a equipe, patrocinadores e outros interessados de debater os acertos e insucessos ocorridos que, em retrospectiva, poderiam ter sido melhor tratados;
- Reflete a gestão de conhecimentos na organização porque:
    » Promove cooperação;

» Estimula a aprendizagem;
» Reduz defasagem de competências no pessoal;
» Nivela resultados;
» Aprimora processos, gerando competências organizacionais;
» Agrega valor para a organização.

Para que não se torne uma "caça às bruxas", o processo é cuidadosamente estruturado em seis etapas, com as seguintes questões, que servem tanto às lições aprendidas quanto às melhores práticas:

1. COLETA — pelo autor ou por outros?
2. AVALIAÇÃO — sobre a relevância, qualidade e aplicabilidade? Pode ser rastreada?
3. REGISTRO — repositório de conhecimentos? É simples, vívida?
4. DISSEMINAÇÃO — é acessível? Compreensível? Pode ser reutilizada? Divulgada ativa ou passivamente?
5. REUSO — em qual contexto ou situação pode ocorrer?
6. ATUALIZAÇÃO — é perecível? Pode ser aprimorada pelo reuso?

Creio que a cultura organizacional dita se a lição é coletada por seu contável autor ou se por uma comissão de pessoas. Há prós e contras para cada opção. Quando coletar as lições? No final da execução pode faltar tempo aos envolvidos, podendo perder-se o registro aprofundado delas. Contudo, coletar durante a execução significa fragmentar os feitos, o que requer muita disciplina e planejamento do que será coletado.

Sobre a avaliação, é difícil estabelecer critérios prévios sobre a relevância e aplicabilidade. Contudo, antes de seguir com o processo é preciso fazer essa avaliação, e ela não pode ser muito complacente. Quanto mais a coleta de informação apoiar-se em fatos documentados, mais rastreável ela será, portanto, mais consistente.

Para registrar as lições aprendidas, sigo algumas diretrizes. Não interpreto os fatos e as opiniões, apenas as registro. Busco a vivacidade, com o propósito de educar outros: isso significa considerar os envolvidos, os planos existentes, as contingências ocorridas, as decisões tomadas em cada momento. Para que a informação seja útil, é melhor a tangível, mas podemos somar indicadores de desempenho para considerar o intangível. No entanto, em seu registro é indispensável a isenção de quem registra: não se enaltece sem base para isso, nem se critica desprezando a especificidade da situação. Algumas organizações preferem denominar as lições aprendidas como: "memória técnica", "relatório de construtibilidade" ou como um estudo. Qualquer que seja o nome do documento, o importante é ser um produto do conhecimento, e como tal ser registrado em sistemas que permitam a busca e recuperação rápidas.

Se não é para ser lançada a um "arquivo morto", é preciso que a lição seja acessível, clara e compreensível. Ela pode estar acessível passivamente em uma biblioteca, ou pode ser proativamente divulgada incentivando todos a aprimorar seu trabalho a partir daquelas lições. Há organizações que promovem seminários anuais para essa divulgação, dentre outras formas de gestão do conhecimento.

A questão do reuso é mais simples do que parece. É preciso considerar as hipóteses de repetição do mesmo trabalho ou contingências, portanto, alertando quem estuda as lições a preparar-se melhor para o que virá a enfrentar. É uma maneira positiva de criar prontidão para agir, e para agir melhor.

O perigo de todo repositório de conhecimentos é que em geral os conhecimentos práticos são perecíveis: a tecnologia muda, assim como os processos e comportamentos. Cada produto de conhecimento precisa ser datado e controlado até quando deve permanecer no repositório de conhecimentos antes de ser atualizado ou descartado.

Quanto ao conteúdo de lições aprendidas e de melhores práticas, algumas recomendações. Sempre se deve coletar as definições de trabalho usadas porque elas revelam o significado daquilo. Sempre devemos contextualizar a lição ou prática para permitir a decisão sobre reuso: condições existentes, tentativas anteriores, responsáveis pelo tema etc. Se a prática é repetida, informação sobre a intensidade de aplicação e variações observadas é igualmente útil. Para tornar a lição ou prática vívida, valorizo os envolvidos e menciono suas idiossincrasias e incidentes ocorridos — afinal, nada é perfeito.

Do limão, uma limonada

Com esse sistema, mesmo que os projetos iniciem e terminem, sempre há lições para ensinar aos novos membros de equipes de projeto. Quanto à melhoria de processos, ter um processo permanente para coletar, registrar e divulgar as lições aprendidas faz com que os processos e a organização não se fossilizem.

Evitando punir, expor à execração ou ao temor da ruína de suas carreiras, usar lições aprendidas de modo positivo é emblemático de uma cultura de não ocultar erros, de aprimorar-se continuamente e de buscar permanentemente a excelência. É fazer do limão uma limonada.

FONTE

» PMI – Project Management Institute. *Guia PMBOK: Um guia para o conjunto de conhecimentos em gerenciamento de projetos* – 6ª. edição. Newtown Square: PMI, 2017.

21

Competências em Inovação

Profissionais da gestão da inovação

É preciso distinguir criatividade de inovação. Criatividade é atributo de indivíduos, e envolve habilidades intelectuais como a intuição. Inovação é atributo de organizações, e envolve implantar a novidade, mesmo que não tenha sido criada naquela organização. Para discutir competências em inovação é preciso enfocar os profissionais que atuam na gestão da inovação.

Produzindo ativos de valor

A inovação é criada de duas maneiras: pela criação de ideias ou pela pesquisa/investigação. Tanto faz criar ideias genuínas e pioneiras quanto se apropriar de ideias que tiveram sucesso em outras organizações.

Linus Pauling, prêmio Nobel, afirmou: *"para se ter uma boa ideia é preciso ter uma montanha de ideias"*. Não basta criar ou investigar ideias, é preciso selecionar as mais promissoras. Trata-se de uma fase de estudos e análises, onde se busca não apenas a viabilidade, mas a maior quantidade possível de benefícios intangíveis.

Ideias escolhidas não são executadas até que sejam transformadas em projetos. Porque toda inovação é executada na forma de projetos: tem equipe temporária, orçamento próprio e não abalam o funcionamento da organização. Formalizar o projeto requer dedução e indução, para definir estratégias de execução, objetivos, resultados e benefícios etc.

Definido e aprovado o projeto, a etapa seguinte é a de execução do projeto de inovação. Como envolve elevados riscos e incerteza, a equipe de projetos precisa de habilidades especiais. No final da execução ocorre a homologação do produto do projeto e uma transição de responsabilidades da equipe do projeto para quem gerenciará esse produto daí em diante.

Além dessas quatro etapas de gestão da inovação, o setor dedicado a esse papel também tem entre suas responsabilidades a de gerenciar marcas, patentes e licenças de uso. Isso remete a um propósito crucial: **a inovação produz ativos de valor para a organização**.

Toda reflexão sobre competências do pessoal ocupado com inovação inclui todos esses papéis e responsabilidades.

Sagacidade, Resiliência e Gestão de Projetos

Competências envolvem o somatório de Conhecimentos, Habilidades, Atitudes, Sensibilidade e Estilo. Esses cinco fatores formam o acrônimo CHASE, que em inglês significa perseguir, correr atrás. É a maneira de ressaltar que quem lida com inovação precisa desenvolver competências que não são ensinadas na escola, em nenhuma escola.

Na etapa de geração de ideias, as competências requeridas são:

1. Sagacidade para reconhecer oportunidades;
2. Criatividade e pensamento divergente para gerar opções;
3. Experimentação, para testar ideias;
4. Capacidade de efetuar varreduras sobre novidades;
5. Capacidade de coletar e filtrar informação;
6. Capacidade de perceber tendências.

Como se percebe, predominam atitudes, sensibilidade e estilos nas competências de geração de ideias. Na etapa de seleção de ideias, as competências exigidas são:

7. Visão estratégica, para discernir ideias mais promissoras;
8. Visão sistêmica, para perceber o funcionamento de organizações e mercados;

9. Capacidade analítica e de pensamento convergente;

10. Raciocínio probabilístico, para lidar com a incerteza;

11. Capacidade de estudar viabilidade (*business case*);

12. Capacidade de formular modelos de negócio, no caso de produtos/serviços e negócios;

13. Capacidade de tomar decisões com múltiplos objetivos.

Como se nota, predominam nessa etapa o conhecimento e habilidades cognitivas. Na etapa de formalização de projetos de inovação, as competências notáveis são:

14. Capacidade de produzir Termos de Abertura de Projetos; definir objetivos, resultados e benefícios; definir governança;

15. Definição de estratégias de implantação;

16. Habilidade de comunicação;

17. Habilidade de negociação com interessados (*stakeholders*).

Nessa etapa formal, as competências são técnicas, predominando conhecimentos, habilidades e estilos. Na etapa de execução de projetos, as competências mais funcionais são:

18. Liderança de equipes multidisciplinares temporárias;

19. Capacidade de planejamento;

20. Capacidade de desenvolvimento de equipe;

21. Capacidade de monitoramento e controle;

22. Capacidade de coleta e registro de lições aprendidas;

23. Resiliência para lidar com desafios e crises;

24. Capacidade de gerir crises.

Note que nessa etapa, predominam habilidades e capacidade técnicas, mas sobressai a relevância da resiliência, atributo atitudinal. As competências de quem gerencia marcas, patentes e licenças são:

25. Disciplina administrativa, para controlar ativos de propriedade intelectual;

26. Capacidade de rentabilizar ativos;

27. Capacidade de mensurar capital intelectual.

Lidar com intangíveis que constituem ativos requer sobretudo sagacidade. Mas aqui a disciplina administrativa também é exigida: gerir marcas e patentes é um trabalho rotineiro.

São tantas as competências requeridas que precisamos classificá-las. Além do mais, as competências em que predominam atitudes e estilos são mais demoradas de desenvolver que as que predominam conhecimentos e habilidades. A Figura 21.1 apresenta uma classificação em dois eixos que formam quatro quadrantes: na parte inferior o lento desenvolvimento e à direita o que é padronizável.

Figura 21.1. Classificação das Competências em Inovação.

Como se nota na Figura 21.1, das 27 competências, a maioria está posicionada à direita, ou seja, envolve processos técnicos facilmente padronizáveis. Metade deles permite o rápido desenvolvimento. Há também competências ligadas à sagacidade: embora envolvam sensibilidade e estilo genuíno, são de rápido desenvolvimento, bastando ações de sensibilização.

Rápido Desenvolvimento

Em síntese, avaliando o conjunto de 27 competências, três delas sobressaem pela importância: sagacidade, resiliência e competência em gerenciamento de projetos. Exceto a resiliência, que envolve sabedoria, as demais podem ser rapidamente desenvolvidas ou pelo menos aprendidas enquanto processos técnicos.
Não há impedimentos para que uma organização se dedique à inovação!

PARTE II
ESTRATÉGIA

22

Estratégia — Correntes

Planejamento Estratégico funciona?

Você é cético quanto aos frutos do planejamento estratégico em organizações? Então considere que você não é o único. Essa questão controversa levou à criação, nos últimos 60 anos, de quatro grandes correntes, cada qual definindo premissas e ferramentas para estabelecer estratégias.

Compreender essas correntes nos permite "errar menos", escolhendo a corrente que melhor se ajusta ao tipo de organização em que atuamos e ao contexto momentâneo onde ela está inserida. Não há técnicas universais, o que buscamos são abordagens ajustadas a cada contexto.

Estratégias deliberadas e emergentes

Em um livro premiado e ainda atual, Richard Whittington estuda e classifica os diferentes pensadores em estratégia empresarial. Tanto os defensores quanto os céticos se beneficiam da crítica feita por esse autor.

É difícil conceituar *estratégia*. A raiz etimológica no grego sugere que significa "ordem do general", referindo-se a regras de decisão macro, tomadas na organização por dirigentes. Com esse significado é fácil compreender que existem estratégias operacionais, estratégias de tecnologia de informação, estratégias de recursos humanos, estratégias financeiras e estratégias mercadológicas.

É mais difícil compreender a estratégia organizacional. As organizações são feitas para durar, constroem identidades, consolidam culturas específicas. Planejar estratégias organizacionais significa estabelecer direção, escolher intencionalmente o que e como fazer, portanto, significa construir o futuro almejado. O oposto do planejamento estratégico é reagir a contingências ou deixar-se levar, fazendo com que os sucessos obtidos determinem a direção onde investir.

Postular estratégias organizacionais é eficaz? Henry Mintzberg publicou em 1997 um livro com o sugestivo nome A*scensão e Queda do Planejamento Estratégico*. Uma enquete conduzida por ele com empresas que na época tinham setores estruturados para o planejamento estratégico indicou que apenas 10% das empresas reportavam que as estratégias deliberadas eram de fato atingidas. Mintzberg percebeu que nas organizações pesquisadas eram mais funcionais as estratégias que ele chamou "emergentes".

Emergentes porque brotavam sem esforço deliberado, em reação a questões de contexto e conjuntura. Mintzberg também percebeu que essas estratégias dificilmente eram percebidas: só se tomava consciência de sua emergência analisando a organização em retrospectiva e dando conta de que havia um rumo homogêneo no conjunto de estratégias emergentes. Ou seja, elas não eram puramente casuais, como "tiros para tudo quanto é lado": na maioria das vezes havia coerência entre elas — um curso de ação.

Exemplos de estratégias emergentes: reação a períodos de crise ou forte abalo no mercado; reação à iniciativa de concorrente; oportunidade de inovação explorada; ações operacionais somadas fornecendo um benefício estratégico. Mesmo quando conjunturais havia um direcional nelas.

Permanece a dúvida: **estratégias deliberadas seriam tão eficazes quanto estratégias emergentes?**

Quatro correntes

Ao analisar as correntes de pensamento em estratégia organizacional, Whittington separa as correntes em primeiro lugar entre as que pregam a definição deliberada de estratégias e as que pregam a liberdade para adotar estratégias emergentes. Ou seja, separa a visão normativa e proativa de planejar onde se quer chegar e por outro lado a visão pragmática e reativa de reagir a condições existentes.

Esse autor também discrimina as correntes que nas empresas percebem o lucro como o propósito central do planejamento estratégico e as correntes pluralistas, que somam outros propósitos à maximização do lucro. Hoje nos parece óbvio que há estratégias visando outros propósitos: a perenidade da organização, o desenvolvimento sustentável; o reforço de imagem etc. Contudo, o planejamento estratégico nasceu nas empresas particulares como solução para a necessidade básica de maximizar lucros e o retorno dos investimentos feitos por acionistas.

A Figura 22.1 mostra o esquema de classificação de Whittington em quatro quadrantes.

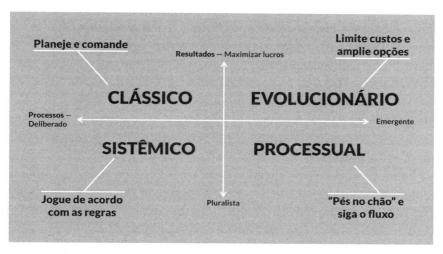

Figura 22.1. Classificação das Correntes em Estratégia.

O enfoque Clássico tem o propósito de maximizar lucros por meio de estratégias planejadas deliberadamente. O enfoque Evolucionário tem igual propósito de maximizar lucros, contudo privilegia estratégias emergentes. O enfoque Processual mantém as estratégias emergentes, mas tem propósito plural, vai além do lucro. O enfoque Sistêmico mantém o propósito plural, contudo opta por estratégias deliberadas.

A classificação é teórica. Whittington cita Keynes que disse que quando comparamos senso comum, provavelmente consideramos premissas pseudocientíficas, malformadas e incompletas. Confrontando as teorias que embasam as técnicas de planejamento, a consistência dessa função será maior.

Enfoque CLÁSSICO: Planeje e comande

Por ter sido o pioneiro, o clássico é o enfoque mais conhecido e praticado. Coloca a rentabilidade como propósito da organização e julga capaz de planejar e executar estratégias para cumprir objetivos que remetem ao lucro almejado. Seus ideólogos nos EUA: Alfred Chandler, Igor Ansoff e Alfred Sloan. A administração por objetivos também contribuiu, porque partilhava da mesma premissa. Nos anos 1960, Ansoff criou a técnica de **Análise SWOT**, levantando forças/fraquezas internas, oportunidades/ameaças externas, de cuja análise resultava a definição de estratégias organizacionais. Nos ambientes estáveis, era costumeiro definir **planos de ação e orçamentos plurianuais**, tamanha era a crença na efetividade das estratégias. No enfoque clássico, as organizações definem um horizonte de planejamento: 5 anos, 10 anos etc., porque acreditam na capacidade de definir o que é preciso fazer e quando.

Nos anos 1980 as ideias de Michael Porter ganharam relevância. Estudando ambientes competitivos, Porter definiu três **"estratégias genéricas"** (liderança em custos, diferenciação e enfoque) e criou a técnica das **cinco forças competitivas** (pressão do fornecedor, pressão do cliente, produto substituto, barreiras de entrada e rivalidade existe).

No enfoque clássico, cada objetivo estratégico era atribuído a responsáveis em toda a organização e monitorado por indicadores de desempenho. A partir dos anos 2000 a prática de cumprir estratégias na forma de projetos se consolida. Qualquer contingência ou incerteza era tratada como risco, considerando-o como eventual. O enfoque clássico cria disciplina: de tempos em tempos as estratégias são revisadas; o controle dos projetos antecipa a efetividade relativa de cada estratégia, apesar das contingências ocorridas.

Enfoque EVOLUCIONÁRIO: Limite custos e amplie opções

O enfoque evolucionário duvida da real capacidade de dirigentes planejarem e atuarem racionalmente. Mais que gestão, eles percebem a dominância das pressões externas. É uma perspectiva darwiniana, de "sobrevivência das espécies" em ambiente implacável e imprevisível. Hannan e Freeman adotaram a perspectiva da "ecologia populacional". Estudiosos dessa corrente enfatizam a capacidade limitada das organizações de antecipar e responder deliberadamente a mudanças ambientais. Para eles, o planejamento estratégico cria ilusões.

Para Henderson, a diferenciação é uma estratégia de sobrevivência. Note que esta é uma das três estratégias genéricas de Porter. A questão é como se diferenciar e se adaptar de modo sustentável a um meio considerado pouco estável. Investir em longo prazo, para esta corrente, seria improdutivo.

As estratégias tornam-se apostas fundamentadas com alcance de curto e talvez médio prazo. Quando obtém sucesso elas promovem a adaptação da organização; quando falham precisam ser imediatamente revistas. Flexibilidade é a chave do sucesso, não os planos formais.

Oliver Williamson, outro economista, sugere que "a economia é a melhor estratégia": a única vantagem competitiva é a **eficiência operacional relativa**, por isso, os **"custos de transação"** são o essencial a controlar. Note que uma das estratégias genéricas de Porter é a liderança em custos, que permite à organização ditar as regras em seu mercado. Porter é clássico e evolucionário.

Na corrente evolucionária, a abordagem mais efetiva para a organização é experimentar pequenas iniciativas de caráter estratégico, esperar para ver quais florescem (e quais falham) para depois investir mais nas fadadas ao sucesso, extinguindo as que falham. O horizonte é de curto prazo. Exemplo disso é o proposto por Eric Ries para a *"lean startup"* de tecnologia, abordagem muito procurada por empreendedores.

Enfoque PROCESSUAL: "Pé no chão" e siga o fluxo

Este enfoque compartilha o ceticismo dos evolucionários diante da capacidade de deliberar estratégias, contudo confia menos na capacidade de regulação do mercado (a mão invisível de Adam Smith), como o fazem os evolucionistas.

Herbert Simon, com o conceito de **racionalidade limitada**, e Cyert e Marsh com estudos sobre processo decisório são ideólogos dessa corrente. Pessoas tratam poucos fatores por vez, relutam em buscar infinitas informações, têm vieses na análise e adotam a primeira opção julgada satisfatória. Henry Mintzberg adota essa premissa de limitação cognitiva. Para eles, é da natureza humana essa impossibilidade de criar estratégias definidas e efetivas.

Não só as pessoas em posição de decisão têm vieses de julgamento e preconceitos, como também estão imersas em disputas políticas de poder, o que condiciona a sua forma de pensar e estabelecer estratégias. É um modo de simplificar e ordenar um mundo caótico e complexo. Para Weick, não importa se os planos estão corretos, desde que deem ao dirigente confiança e senso de propósito.

Na prática, as estratégias envolvem **negociação em contexto político**. Isso não remete à flexibilidade dos evolucionistas, mas a uma **heurística** (regras intuitivas) tornada rotineira. As estratégias não são escolhidas, são programadas. Por essa razão, a primazia do lucro como propósito principal cede espaço para outros propósitos, entre eles os mais relacionados à política.

Ao contrário dos clássicos, que primeiro formulam depois executam estratégias, no enfoque processual a estratégia é descoberta após a ação — é **emergente e artesanal**. No enfoque processual, a estratégia perde o glamour: significa mão na massa e disputas políticas.

Os estudiosos da "**organização baseada em recursos**" como Grant, enfatizam a importância de desenvolver recursos internos: as "**competências centrais**" de que tratavam Hamel e Prahalad. Daí o nome "processual", o processo interno permanente é enfatizado.

Nesse enfoque, mais importante que definir estratégias é construir organizações robustas. É a negação do planejamento estratégico.

Enfoque SISTÊMICO: Jogue de acordo com as regras do jogo

Este enfoque se opõe ao nihilismo dos evolucionistas e processuais, porque os sistêmicos têm fé na intervenção estratégica, mas recusam as estratégias prescritivas dos clássicos: sua racionalidade deriva do contexto social. Embebidos em uma rede de relações (família, Estado, comunidades de praticantes) e influenciados pela cultura assim conduzem a reflexão estratégica.

Ao considerar a cultura, os sistêmicos percebem que os clássicos e evolucionistas voltados para o lucro e decisão centralizada dos líderes representam a cultura norte-americana da empresa particular, sobretudo das multinacionais. Nesse sentido, a orientação japonesa e asiática em geral, refletem melhor o propósito plural e a reflexão coletiva para determinar estratégias. O enfoque de **organização em aprendizado** (*learning organization*) guarda afinidades com este enfoque sistêmico.

Estudiosos do enfoque sistêmico acreditam que os processos e objetivos estratégicos refletem o sistema social em que são produzidos. Diferenças regionais, culturais, de mercado e economia afetam a produção de estratégias. Acolher ou acomodar a **diversidade** é uma das forças dessa corrente. Sensibilizados por questões sociologicamente sensíveis eles relutam em usar as técnicas dos clássicos de modo normativo, mas confiam em sua capacidade de decidir e criar guias para a ação.

Na prática, o enfoque sistêmico é percebido nas organizações que estabelecem uma **visão** de futuro, uma **missão** que define a sua identidade e **valores**, que definem a cultura da organização. Derivados da visão e missão, estratégias são definidas, usando valores como filtro para seleção de estratégias organizacionais.

Kaplan e Norton, professores de contabilidade, tiveram um alumbramento relevante: o de que lucro não é o fim, é a consequência de atender bem clientes, para isso demonstrando excelência em certos processos, e para isso tendo gente competente e em permanente desenvolvimento. Essas quatro perspectivas determinaram a técnica *BSC — Balanced Scorecard*, que prefiro chamar de **Mapa**

Estratégico: um bom exemplo de abordagem sistêmica e não prescritiva, mas orientativa.

Como escolher o enfoque mais efetivo?

Enquanto o enfoque clássico prosperou nos anos 1960, o processual nos anos 1970, o evolucionário nos anos 1980, Whittington sugere que o enfoque sistêmico prosperou nos anos 1990. Creio que no Brasil essa progressão ocorreu com defasagem de dez anos. Contudo, cada novo enfoque não substituiu os anteriores, somou-se a eles. De tal sorte que o enfoque sistêmico pode lançar mão das técnicas e conceitos das outras correntes, nesse esforço de balancear estratégias.

Adapto as ideias de Whittington sobre ambientes onde mais encontramos cada enfoque. O enfoque Clássico é mais frequente em indústrias maduras, que formam um sistema quase fechado e controlável; em setores intensivos em capital e com reduzida competição (monopólio e oligopólio). O enfoque Evolucionário é usual em serviços e em setores emergentes (alta tecnologia), intensivos em conhecimento e que atuam em um mercado muito dinâmico. O enfoque Processual é mais frequente nas burocracias públicas e no terceiro setor: ambos os casos intensivos em conhecimentos. Já o enfoque Sistêmico é notado em todos os setores, sobretudo nas organizações em sistema aberto com relações complexas com interessados (*stakeholders*).

Alguns temas caros à Administração sofrem ajustes conforme o enfoque. Por exemplo, **liderança** é tema mais relevante nos enfoques clássico e sistêmico porque esses enfoques visam estratégias deliberadas. No enfoque clássico, por um século os empreendedores e os líderes visionários foram valorizados. Recentemente, a elite meritocrática deriva do enfoque clássico. Mas o enfoque sistêmico critica essa visão: para eles, o processo de liderança é cultural e mediado; a seleção de estratégias é atrelada ao grupo social de interesse. Nesse enfoque os dirigentes profissionais ganham relevância, bem como sua rede de relações (*networking*).

Outro tema caro: as **decisões** sobre estratégia, onde se nota a dominância de técnicas clássicas e da análise econômica de investimentos. Contudo, nas organizações com enfoques evolucionário ou processual, esses cálculos não são considerados perfeitos porque desprezam riscos — nesses casos, o autor sugere que a decisão é "*middle-up-down*": da concertação de interesses entre gestores brotam definições a serem levadas aos dirigentes para validação.

Entre os clássicos e outros enfoques a maior controvérsia cerca a **inovação**: esse enfoque normativo tende a preferir a inovação incremental, enquanto o enfoque evolucionista é aberto a quaisquer formas de inovação, inclusive a serendipitia acidental. Já sistêmicos parecem céticos frente à possibilidade de promover inovação. Processualistas, por sua vez, duvidam de que a inovação possa ser gerida como os clássicos ditam, mas acolhem a inovação como processo permanente em variados setores.

Tipicamente, nas estratégias de **crescimento**, clássicos buscam iniciativa, evolucionistas buscam eficiência, processualistas buscam emergência e sistêmicos a multiplicidade. Organizações que adotam o enfoque clássico usam técnicas para decidir diversificar e diferenciar, assim como decidem por integrar em busca de sinergias que ampliem eficiência e eficácia; até mesmo as viradas (*turnaround*) e mudanças de acionistas são planejadas. Resultados melhores e mais efetivos são obtidos por quem adota o enfoque sistêmico: a mudança cultural está contida nos planos de crescimento. Os evolucionários conduzem mudanças incrementais permanentes, mas ao contrário dos clássicos, consideram os benefícios indiretos do processo, aproximando-se do enfoque processual.

Outro tema relevante: **internacionalização**. O enfoque clássico é normativo: a internacionalização é planejada e sua execução tende a ser centralizada. O enfoque sistêmico é mais flexível: pode ser centralizado no planejamento e na execução, mas admite adaptações caso a caso. Nos enfoques evolucionário e processual a execução é pouco planejada, portanto, ocorre de modo emergente.

Avalie a condição no qual a sua organização está imersa, para definir o enfoque de maior potencial em termos de efetividade. E adote as premissas e técnicas disseminadas por esta corrente teórica. É o segredo do sucesso em estratégias.

Como consultor em reflexão estratégica, eu me defronto com essa necessidade em cada caso onde atuo. Há organizações industriais mais afeitas ao enfoque clássico, contudo nesses tempos de crise, turbulência e mudanças tecnológicas esse enfoque perdeu eficiência e eficácia — sugiro a eles migrar para o enfoque sistêmico. Há organizações do terceiro setor mais afeitas ao enfoque processual, contudo elas precisam se reposicionar — sugiro a elas migrar para o enfoque sistêmico, estruturando um portfólio de projetos estratégicos.

Arend e colegas revelam que muitas vezes o plano estratégico é impositivo, portanto, é refratário à inovação. Há organizações com enfoque sistêmico — cultuam visão, missão e valores — contudo precisam investir na inovação — nesse caso é mais fácil solucionar esse problema, coerentemente com o enfoque, criando mapa estratégico e portfólio de projetos estratégicos, e considerando a inovação como um dos objetivos estratégicos.

FONTES

» ANSOFF, I. *A Nova Estratégia Empresarial*. São Paulo: Atlas, 1990.

» AREND, R.J.; ZHAO, L.; SONG, M.; IM, S. Strategic Planning as a Complex and Enabling Managerial Tool. *Strategic Management Journal*, 38, p. 1741–1752, 2015.

» CRAIG, J.; GRANT, R.M. *Gerenciamento Estratégico*. São Paulo: Littera mundi, 1999.

» CYERT, R.M. *Management Decision Making*. London: Penguim, 1970.

» HAMEL, G.; PRAHALAD, C.K. *Competindo pelo Futuro: Estratégias inovadoras para obter o controle do seu setor e criar os mecanismos do amanhã*. Rio de Janeiro: Campus, 1995.

» MINTZBERG, H. *The Rise and Fall of Strategic Planning*. Hertfordshire: Prentice Hall, 1994. Publicado no Brasil com o título *Ascensão e Queda do Planejamento Estratégico*.

» PORTER, M.E. *Vantagem Competitiva: Criando e sustentando um desempenho superior*. Rio de Janeiro: Campus, 1992.

» RIES, E. *A Startup Enxuta: Como os empreendedores atuais utilizam a inovação contínua para criar empresas extremamente bem-sucedidas*. São Paulo: Lua de Papel, 2012.

» WEICK, K. *A psicologia social da organização*. São Paulo: Edgard Blucher, 1973.

» WHITTINGTON, R. *What is Strategy? And does it Matter?* London: Cengage, 2a. ed., 2001.

» WILLIAMSON, O.E. *The Mechanisms of Governance*. New York: Oxford, 1999.

23

Startup Enxuta

Inovação ou meio digital

Você deseja empreender e não sabe por onde começar? Você tem uma ideia inovadora e receia investir muito sem obter retorno viável? É nessas situações que a técnica de Eric Ries pode ser útil: *lean startup* (Empresa Nascente Enxuta). Há outra aplicação: se deseja investir com uso de marketing digital, essa estratégia pode ser a melhor opção.

Corrente evolucionária

Há um mantra no ambiente do empreendedorismo: faça um plano de negócios antes de investir em um novo negócio; por meio desse planejamento estratégico a viabilidade é avaliada. Esse é o enfoque clássico, inaugurado nos anos 1960.

Em outro artigo apresento três outras correntes no campo estratégico. A corrente "evolucionária" é onde se enquadra a *startup enxuta*. Essa corrente tem por propósito não apenas o retorno do investimento, mas o crescimento sustentável, contudo rejeita o plano de negócios convencional como base para a ação, optando por estratégias emergentes sucessivas até que a organização obtenha o sucesso esperado.

Como construir estratégias emergentes, com disciplina

Eric Ries afirma: "*a atividade fundamental de uma empresa emergente é transformar ideias em produtos, medir como os clientes reagem e então aprender se é o caso de pivotar ou perseverar. Todos os processos de startups bem-sucedidas devem ser voltados a acelerar esse ciclo de feedback*". Pivotar é redirecionar de modo radical; perseverar é insistir na abordagem se ela se mostrar bem-sucedida.

Para o autor, startups fracassam por duas razões. A primeira é a fascinação com planos, estratégias e pesquisas de mercado sólidas — porém há incerteza, então esses planos criam na verdade, ilusões. A segunda razão é o impulso de simplesmente executar, sem maior cuidado com a gestão e com a disciplina necessários, como se o caos pudesse oferecer soluções.

A estratégia de Ries foi denominada *lean startup* em analogia ao *lean management* adotado por empresas japonesas. Essa estratégia visa descobrir a coisa certa a criar o mais rápido possível, enfatizando a interação e percepção do consumidor com a visão e ambição do criador do negócio.

Em startups existe um "*motor de crescimento*": a estratégia é reduzir a incerteza por aproximações sucessivas, estratégia que Ries chama de "aprendizagem validada".

Afirma Ries: "*precisamos de um método para decompor sistematicamente um plano de negócios nas suas partes componentes e testar cada parte de forma empírica*". Se o estudo de viabilidade usou dados irrealistas, esse teste fornecerá validação.

Para isso, Ries parte da Visão, primeiro componente relevante do plano de negócios e a decompõe em duas hipóteses: a de valor e a de crescimento. A *hipótese de valor* testará se de fato o produto/serviço agrega valor aos clientes como desejado. A *hipótese de crescimento* testará como clientes potenciais se tornarão clientes ativos em volume crescente.

Dessas hipóteses é criado um experimento a ser feito com um pequeno público, para achar os *adotantes iniciais* (*early adopters*). A eles será oferecido um *produto mínimo viável*: algo que possa ser disponibilizado com menor esforço, no curto prazo. Enquanto elaborar um plano de negócios cuidadoso pode consumir meses, com esse produto mínimo e as duas hipóteses a experimentação que amplia o conhecimento sobre o mercado e o produto/serviço ofertado é iniciada.

Esse experimento inicial permite promover melhoramentos no negócio a partir da aprendizagem validada. Todo experimento é constituído de um ciclo de *feedback* composto por três etapas: construir, medir e aprender. Do mesmo modo como se faz na pesquisa científica exploratória, não há novidade.

Ao término de cada ciclo, ocorre um momento de decisão: pivotar ou perseverar. Por exemplo, ao oferecer um novo serviço gratuitamente por um período de testes, esse pode ser outro experimento para testar a hipótese de valor — se não ocorrer sucesso é necessário pivotar. Para repetir mais vezes esse ciclo, será preciso investir na mitigação do tempo total gasto nesse ciclo.

Ries cita exemplos de pivôs. Pela lista a seguir se percebe como é difícil decidir pivotar:

- **Zoom-in**, quando se decide limitar o produto a um de seus componentes; **zoom-out**, quando o produto é insuficiente e precisa se tornar parte de um produto maior;
- **Segmentação de clientes**: quando se direciona o negócio para um segmento de clientes diferente do que originalmente se pretendia atender;
- **Necessidade de clientes**: ao conhecer o cliente se percebem necessidades distintas, que requerem a redefinição parcial ou completa do produto;
- **Plataforma**: envolve desviar de uma plataforma para um aplicativo ou vice-versa;
- **Arquitetura de negócio**: migrar de alta margem e baixo volume para baixa margem e alto volume, por exemplo;
- **Captura de valor**: muitas vezes pivotar é alterar o modelo de geração de receita do negócio;
- **Motor de crescimento**: variar do viral para o recorrente ou para o pago; muitas vezes esse pivô requer mudança no modo de capturar valor;
- **Canal de venda**: pivotar é decidir por canais de distribuição distintos;
- **Tecnologia**: rever a solução tecnológica é o pivô às vezes necessário para melhor desempenho.

Todo plano de negócios apresenta estratégias de implantação que podem gerar ilusões. Para compreender a consistência dessas estratégias é preciso discernir quais são as premissas ou suposições adotadas. *Premissas* são fatores considerados verdadeiros e que não requerem justificação.

Crer nessas suposições, para Ries, é um *"ato de fé"*, como um bom evolucionista reagiria. Diante dessa atitude, Ries apela a um princípio do *lean management*, o *genchi gembutsu*, que significa: *"saia do escritório e veja por si mesmo"*. É preciso um contato extensivo com clientes potenciais para entendê-los.

Conhecendo os clientes potenciais, pode-se criar *personas*, personagens fictícios arquetípicos, ou seja, que representam os comportamentos e atitudes de segmentos do mercado. Mas essas *personas* formam novas hipóteses provisórias, que precisam passar por um novo ciclo de *feedback* para fornecer aprendizagem validada.

As *personas* são usadas para moldar os novos pivôs, simplificando o processo de construir novas hipóteses e realizar novos ciclos.

A estratégia de Ries é complementada pela metodologia ágil de gerenciamento de projetos. Afinal, essa é uma estratégia de implantação de projetos de novos negócios, daí a afinidade.

Inteligência para o crescimento

O enfoque de *startup enxuta* adere perfeitamente à antiga noção de "*learning organization*" de Peter Senge para aprender permanentemente na relação com o mercado e com clientes. É uma abordagem tática, que de tempos em tempos pode revelar ou fazer "emergir" uma opção estratégica que foi de fato vitoriosa. Ela não nega a importância de realizar planejamento estratégico, ela cria uma inteligência de crescimento.

FONTES

» HENDERSON, B.A.; LARCO, J.L. *Lean Transformation: How to change your business into a lean enterprise.* Richmond: Oaklea Press, 1999.

» RIES, E. *A Startup Enxuta: Como os empreendedores atuais utilizam a inovação contínua para criar empresas extremamente bem-sucedidas.* São Paulo: Lua de Papel, 2012.

24

Mapa Mental — Estratégia

Pensar estrategicamente

À medida que sua carreira progride ganha mais importância a capacidade de pensar estrategicamente, para tanto dominando algumas técnicas de análise. Este mapa mental sintetiza as técnicas mais usadas.

Conceito de estratégia

Strategos, no grego, significa *"ordem do general"*, referindo-se a decisões de grande vulto. Na guerra os níveis inferiores tomam decisões corriqueiras e operacionais o tempo todo; são as *Táticas*. Estratégia envolve horizonte de longo prazo, porque só as táticas servem ao curto prazo. Estratégias são proativas, não esperamos acontecer enquanto as táticas geralmente são reativas.

    Nas organizações, estratégia envolve mudança intencional, ao invés de subordinar-se a condições existentes. Definir estratégias é o esforço de construir um futuro desejado. Estratégias visam mudar algo, é inócuo definir estratégias para repetir o desempenho passado em termos de produtos, de vendas, de clientes e de relações com a sociedade. Se a organização precisa ou deseja posicionar-se frente a desafios futuros, ela precisa de estratégias.

    Como representam a visão de longo prazo, as estratégias são duradouras. Se elas constantemente ficam obsoletas é porque eram similares a táticas. De tempos em tempos é importante que a organização revise suas estratégias e redefina o que for necessário. Mas é preciso deixar de lado as questões conjunturais imediatas — sempre se pensa no longo prazo e em grandes decisões.

Duas metades interdependentes

Nenhuma organização deseja consumir tempo e esforço de seu pessoal com ideias de negócio e projetos que não apresentem viabilidade. Em outro artigo tratamos da *viabilidade econômica*; aqui nos limitamos à *viabilidade estratégica*. O mapa mental é apresentado na Figura 24.1.

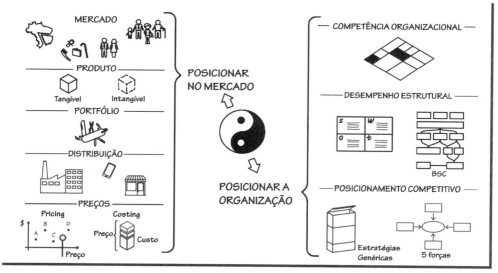

Figura 24.1. Mapa Mental de Estratégia Organizacional e Mercadológica.

Como se vê há uma nítida partição no esquema: à esquerda o posicionamento de produtos e serviços no mercado, e à direita, o posicionamento da organização em seu contexto comparativo. Esse mapa serve para organizações particulares, sociais e por que não, das públicas. Nas escolas de Administração há uma disputa pelo tema estratégia: pertence ao domínio do marketing ou é um domínio independente? Como um não convive sem o outro, eles compõem duas facetas interdependentes, à maneira do modelo yin-yang.

Vamos iniciar pelo *posicionamento no mercado*. São usadas as seguintes técnicas para a análise e definição:

a. Análise de Mercado com previsões de demanda e oferta, estudo das orientações do consumidor (expectativas e necessidades), para então definir segmentos de mercado e públicos-alvo;

b. **Análise de Produtos e Serviços**, composta de três técnicas:

   » Descrição dos Produtos e Serviços: fluxograma e processos;
   » *Matriz BCG* para porta-fólio de produtos;
   » *Proposição de Valor para o Cliente*: adiciona intangíveis que geram valor para o cliente.

c. **Definição de Canais de Distribuição** e de Logística;

d. **Definição de Preços**, que pode ser de duas formas: *pricing* (preços de mercado determinam o custo máximo admissível) ou *costing* (custo de produção determina o preço compensatório). Essa análise se completa com a definição de estratégias comerciais: formas de pagamento, de entrega, de crédito, descontos e promoções.

Vamos à direita do mapa mental. Para definir o *posicionamento da organização*, são usadas:

a. **Definição de posicionamento comparativo**: *estratégias genéricas de Porter* (liderança em custos, diferenciação, enfoque); estratégias de entrada no mercado (entrar cedo/sair cedo, entrar cedo/sair tarde, entrar tarde) e outras. Também é usada a técnica de *análise das cinco forças competitivas* de Porter, visando avaliar cinco fatores de competição: rivalidade do mercado, pressão de fornecedores, pressão de concorrentes, barreiras de entrada e existência de produtos substitutos. Muitas vezes ela é complementada pela Análise de Ramo (*industry analysis*), que explora um setor da economia para estudar tendências, evolução tecnológica, competição, competências centrais organizacionais etc.;

b. **Estudo de Desempenho Estrutural**, composta de *Análise SWOT* (forças, fraquezas, oportunidades e ameaças) e da definição de Mapa Estratégico por exemplo usando *BSC — Balanced Scorecard* para estabelecer vínculos entre objetivos em quatro diferentes perspectivas: financeira, do cliente, dos processos internos e de crescimento/aprendizagem;

c. **Definição de competências organizacionais**: na linha da organização baseada em recursos, eleger algumas competências centrais para o sucesso da organização é estratégico — e permitirá desenvolvê-las, educando o pessoal em cada setor.

Note que todas as técnicas sugeridas são instrumentos de análise e servem principalmente para formular e selecionar estratégias. A aplicação superficial dessas técnicas não produz resultados consistentes. Para piorar, formular estratégias requer maturidade, experiência e sensibilidade. Por isso é tão difícil a reflexão estratégica.

Competência por instalar

São tantas as técnicas que podem ser usadas nas análises estratégica e mercadológica que justificam instalar essa capacidade na organização (seja ela pública, privada ou social). Centenas de projetos são gerados a partir dessas análises. E são projetos consistentes.

Considero que a redução de níveis hierárquicos nas organizações e a descentralização da reflexão estratégica criaram a necessidade dessa competência. Como é essencial para todos os gestores, convido-o a experimentar essas técnicas, ampliando seu repertório de análise. Utilize a organização onde atua, e registre suas ideias para avaliar se as técnicas são fecundas.

FONTES

» HITT, A. M. *Administração Estratégica: Competitividade e globalização*. São Paulo: Thomson Learning, 2ª. ed., 2008.

» SABBAG, P.Y. *Gerenciamento de Projetos e Empreendedorismo*. São Paulo: Saraiva, 2ª. edição, 2013.

» THOMPSON, A.A.; STRICKLAND, A.J. *Planejamento Estratégico: Implementação e execução*. São Paulo: Pioneira, 2000.

25

Análise SWOT

Se a organização fosse diferente...

Quanto mais compreendemos o funcionamento da organização onde atuamos, maiores as reclamações: se a organização fosse diferente, seguramente mais estratégias seriam cumpridas, mais efetividade teriam seus projetos, fossem de inovação ou de solução de problemas. No próprio desenvolvimento organizacional, precisamos de técnicas para analisar a situação e promover as melhorias. A Análise SWOT há décadas é a técnica mais usada para isso.

Condições da organização

Organizações nascentes têm um funcionamento orgânico: todos fazem de tudo, os processos não são mapeados nem padronizados, conforme a necessidade a organização se adapta à circunstância. Nessa etapa de sua vida, a cultura organizacional é moldada pelos fundadores e formam sua identidade.

À medida que a organização cresce e se consolida, ocorre a expansão horizontal e vertical, a primeira pela especialização de funções e a última pela expansão da gestão. Permanece a cultura dos fundadores, contudo a identidade é atualizada. Nesse processo, novos tipos de organização são experimentados (hierarquia, matriz, projetos) e novas funções são instaladas, por iniciativa de diretores e gestores. Não é raro a perda de eficiência da organização, motivada por: compartimentação excessiva, duplicação de funções e controles, entraves ao relacionamento e comunicação, e por desajustes entre o que a organização é e sua cultura não conseguiu acompanhar.

Análise SWOT para avaliar a organização

Para posicionar a organização é preciso estudar o seu *desempenho estrutural* e o meio mais usado para isso é a Análise SWOT. Esse instrumento foi criado em 1962 por Igor Ansoff, matemático russo radicado nos EUA. A *Análise SWOT* lista Forças (*Strenghts*), Fraquezas (*Weaknesses*), Oportunidades (*Opportunities*) e Ameaças (*Threats*), como mostra o quadro 25.1, exemplo de uma empresa de serviços.

Forças	Oportunidades
Capacidade de integração de negócios	Mercado em crescimento
Capilaridade no varejo e competência comercial	Alianças: rede de franquias e revendedores
Habilidade para formar alianças	Criar produtos ajustados a cada segmento de mercado
Tem profissionais de talento	Expansão geográfica de operação
Marcas fortes	
Fraquezas	**Ameaças**
Cultura organizacional pouco empreendedora	Mudanças nas necessidades/respostas dos clientes
Trabalho em equipe: falta de sintonia	Concorrentes fortes e globalizados
Falta de agilidade para mudar	Tendência de redução de preços e margens
Falta segmentação dos serviços	Dificuldade atual de captar valor por meio de serviços

Quadro 25.1. Análise SWOT de uma Empresa de Serviços.

Note que a coluna da esquerda envolve uma análise interna, enquanto a coluna da direita refere-se ao ambiente externo à organização.

Essa técnica de análise é simples e poderosa, e nos permite avaliar sobretudo problemas estruturais e culturais da organização. Como fatores estruturais consideramos governança, estrutura, estratégias, políticas, processos e competências (humanas e organizacionais). Como fatores culturais, evidenciam hábitos, crenças arraigadas, mitos e padrões informais.

O quadro 25.1 resume um conjunto de fatores identificados e, quando possível, avaliados, para evitar especulações removendo a consistência da análise. Sugiro a coleta de ideias ou a produção coletiva envolvendo diretores e gestores.

Três tipos de estratégias podem ser deduzidas desse quadro, gerando projetos de melhoria incremental ou de solução de problemas:

1. Estratégias para explorar Oportunidades percebidas;
2. Estratégias para mitigar Fraquezas e Ameaças;
3. Estratégias de usar as Forças para compensar Fraquezas e Ameaças.

Em relação às oportunidades, a análise delas indica se é viável e atraente explorar cada uma dessas oportunidades. No exemplo anterior, podemos criar uma estratégia de desenvolver franquias, se isso se mostrar proveitoso para a organização. Para mitigar Ameaças e Fraquezas também é feita a análise uma a uma, identificando estratégias prioritárias.

Usar Forças compensando Fraquezas/Ameaças é um aspecto negligenciado, porém fecundo. Por exemplo, a força "habilidade para formar alianças" pode compensar a ameaça "dificuldade de captar valor por meio de serviços", elaborando um projeto de parceria para a criação de novos serviços ou então um projeto para explorar a oportunidade "rede de franquias e revendedores".

SWOT para a melhoria incremental

De nada adianta reclamar passivamente das ineficiências da organização. A atitude proativa recomenda promover a melhoria incremental da organização. Imagine o que se pode ganhar em desempenho, produtividade e no clima organizacional quando aprimoramos a organização.

A Análise SWOT facilita esse esforço de melhoria. Se for consensual, torna possível o alinhamento de todos para a melhor compreensão da organização.

Quando se trata de solucionar problemas, a Análise SWOT é fecunda, por isso não apenas é usada para pelo pessoal de Estratégia. A análise externa de Oportunidades e Ameaças é muito fecunda para o planejamento de Marketing. Para o pessoal de Recursos Humanos essa ferramenta auxilia o processo de desenvolvimento organizacional e também a promover mudança cultural. Também para o pessoal de Projetos a Análise SWOT é útil: o PMI — Project Management Institute recomenda usá-la na identificação de riscos, ou seja, tanto de ameaças quanto de oportunidades — todo e qualquer item do quadro é um risco a ser considerado.

FONTES

» ANSOFF, I. *A Nova Estratégia Empresarial*. São Paulo: Atlas, 1990.

» PMI – Project Management Institute. *Guia PMBOK: Um guia para o conjunto de conhecimentos em gerenciamento de projetos* – 6a. edição. Newtown Square: PMI, 2017.

» THOMPSON, A.A.; STRICKLAND, A.J. *Planejamento Estratégico: Implementação e execução*. São Paulo: Pioneira, 2000.

26

Visão, Missão e Valores

Incerteza ou sorte?

Como fazer um planejamento estratégico? Como dizem: "o futuro a Deus pertence", é difícil usar a razão e a capacidade analítica para planejar o futuro. Por outro lado, entregar-se totalmente à incerteza não é adequado: o risco de insucesso é intolerável. Como ficar entre esses dois extremos: controlar a incerteza ou confiar na sorte?

Planejamos o futuro?

Planejamento Estratégico é o esforço <u>deliberado</u>, <u>coletivo</u> e <u>sistemático</u> com o propósito de *estudar, sugerir, decompor* e *avaliar estratégias* organizacionais. Por esforço deliberado significa a intenção de realizar e de construir o futuro desejado, ao invés de deixar-se levar pelas contingências. Por esforço coletivo significa buscar coerência entre todos, ao mesmo tempo em que fornece *direção e alinhamento* de todos. É um esforço sistemático, porque compatível com a dinâmica da sociedade do conhecimento e das realizações da organização.

Planejar PARA o futuro

A preocupação com estratégias é muito antiga: há 25 séculos Sócrates comparava o planejador a um dirigente que planeja como usar recursos disponíveis para atingir objetivos predeterminados. No início do século XX Alfred Chandler, estudando as corporações dos EUA sugeria que toda organização precisa planejar com ênfase no longo prazo, com metas explícitas e deliberadas, detalhadas em ações e projetos.

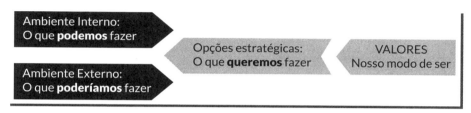

Figura 26.1. Esquema Usado para o Planejamento Estratégico.

O esquema mostrado na Figura 26.1 explora o modo como era feito o planejamento no século XX. As estratégias eram deduzidas de análises interna e externa, em um dado momento e contexto. Os valores esposados pela organização serviam como filtro para a escolha das estratégias, assegurando respeito à identidade e coerência. A análise SWOT foi a grande ferramenta dessa corrente clássica para planejar.

Contudo, há quatro armadilhas que a organização precisa evitar:

1. Foco na organização — MIOPIA: não se pode desprezar o contexto social, político, econômico e do mercado, nem a possibilidade de alianças. A miopia também induz estratégias de manutenção do *status quo*, impedindo a organização de se reinventar; por isso impede a visão de longo prazo;

2. Foco no presente e passado — RETROVISÃO: a análise interna consolida o histórico de realizações da organização e as mazelas herdadas do passado, tendendo a projetá-las para o futuro, como se não houvessem turbulências, crises, rupturas ou simples mudanças tecnológicas e de orientação dos consumidores;

3. Foco em oportunidades, desprezo ao presente — ALUCINAÇÃO: outra armadilha é desprezar o passado/presente para postular algo novo para o futuro sem base alguma para garantir sua factibilidade;

4. Foco na racionalidade — IMPOSTURA: confiar demais na razão e nos números cria um aparente domínio da incerteza, levando a organização a impor metas a todos, com uma falsa controlabilidade sobre elas.

Nos anos 1990, os estudiosos de estratégias deram um grande passo, que permitiu a ruptura com essa mentalidade. Henry Mintzberg, no Canadá, conduziu pesquisa com mil organizações que tinham setores dedicados ao planejamento estratégico e verificou que apenas 10% das estratégias impostas eram realizadas — seu livro, *Ascensão e Queda do Planejamento Estratégico*, é esclarecedor.

Hamel e Prahalad publicam artigo em que defendem o *"intento estratégico"*, definindo primeiro o intento para depois avaliar a capacidade da organização em atingi-lo, permitindo deduzir as estratégias para alcançar essa intenção. A crença de que as estratégias visam interferir sobre a incerteza para construir o futuro almejado se popularizavam. Estratégias passavam a ser um guia, não uma imposição; o futuro desejado orientava as estratégias mais que o presente ou passado; ganhou-se liberdade para a reinvenção da organização.

Um novo paradigma de planejamento estratégico começou a ser formado: a corrente sistêmica. Ele implicava em iniciar a reflexão não pela análise interna/externa, mas pela intenção baseada em uma Declaração de VISÃO, ao qual se soma uma Declaração de MISSÃO, mantendo o filtro dos VALORES.

Por que "declarações"? Note a premissa de que o planejamento é um guia para "focalizar" o futuro desejado, e que ele serve não para planejar as operações, mas para alinhar, fornecer direção e sobretudo, engajar a todos nesse propósito. Quanto mais concisa a Visão, maior seu poder de comunicação.

A VISÃO corresponde a uma imagem sobre um futuro em prazo indefinido. Lamento quando uma organização quer delimitar esse futuro: "Visão 2025", por exemplo — trata-se de um resquício da antiga mentalidade clássica de controle.

Baseada em uma imagem, a visão confronta radicalmente a razão, para privilegiar a intuição e a sensibilidade — portanto, usa criatividade que gera inovação, que permite a reinvenção da organização. Contudo a Visão não pode ser uma utopia, inalcançável por definição. Nesse mundo pragmático das organizações, é preciso que a Visão seja viável, para que seja motivadora e mobilizadora.

Para construir a Visão, sugiro o seguinte processo:

1. Individualmente se deixa a mente flutuar para permitir que as aspirações e ambições formem a base para a idealização;

2. Para libertar-se do poder de discriminação das palavras, passa-se à idealização, formando imagens mentais como se fosse um sonho. Essas imagens podem ser por qualquer perspectiva: interna ou externa, próxima ou distante. Para evitar as ideias fugidias, as imagens precisam ser registradas na forma de desenhos, sejam eles figurativos, sejam metáforas;

3. Os desenhos gerados por todos são traduzidos em declarações. Essa etapa pode ser feita em pequenos grupos interpretando os desenhos. A Visão corresponde a um estado, por esse motivo muitos preferem redigir a frase iniciando por "ser..." — eu não creio ser necessário, só prefiro frases substantivas para não denotar ação e sim um estado;

4. As frases são "polidas" para remover excessos, até que a essência delas seja evidenciada. Como cada palavra denota um mundo, a escolha das palavras é essencial nesse estágio. Não se deve fundir frases ou reduzir a sua quantidade — variedade é importante;

5. O processo culmina com uma crítica forte mas não repressiva, para que as frases resultantes sejam todas consideradas viáveis. Evito manifestações do tipo "não vai funcionar", "isso é impossível" ou "não tem nada a ver conosco": o momento de avaliar virá depois. A seleção da melhor declaração precisa ser matizada pela sensibilidade, já que queremos algo motivador, uma causa pelo qual vale a pena se esforçar;

Escolhida a Declaração de Visão, conduzo processo de criação da Missão, depois passo ambas pelo crivo dos Valores da organização, antes de estudar se há capacidade de atingir a Visão por meio da Missão em prazo percebido como adequado.

VISÃO	MISSÃO
Tecnologia 3M impulsionando cada empresa Produtos 3M melhorando cada lar Inovações 3M facilitando a vida de cada pessoa	Desenvolver, produzir e comercializar carros e serviços que as pessoas prefiram comprar e tenham orgulho de possuir, garantindo a criação de valor e a sustentabilidade do negócio — FIAT
Construir um site onde todos possam comprar qualquer coisa — AMAZON	Preservar e melhorar a vida das pessoas — MERCK
Zero acidentes envolvendo nossos veículos — VOLVO	Contribuir para o avanço e bem-estar da humanidade — HP
Alimentos em abundância em um meio ambiente saudável — MONSANTO	Alegrar as pessoas — DISNEY
Vestir o corpo e a alma das pessoas — MARISOL	Viabilizar a uma parte significativa de nossa sociedade, o acesso a uma medicina de alta tecnologia e qualidade — AMIL
Apoiar o investimento social privado para o desenvolvimento de uma sociedade mais justa e sustentável — IDIS	A ENDEAVOR é uma organização global sem fins lucrativos com a missão de multiplicar o poder de transformação do empreendedor brasileiro

Trabalhamos para transformar em realidade os sonhos dos nossos clientes, colaboradores e acionistas, por meio das melhores soluções de tecnologia e inovação — FGV	Trabalhamos para transformar em realidade os sonhos dos nossos clientes, colaboradores e acionistas, por meio das melhores soluções de tecnologia e inovação — STEFANINI

Quadro 26.1. Exemplos de Declarações de Visão e de Missão.

O Quadro 26.1 explora exemplos de declarações de Visão e de Missão. Nem sei se elas são as melhores, mas ocorre um fenômeno curioso: muitas organizações trocam a Visão pela Missão e vice-versa. Não vejo problema, desde que ambas sejam declaradas.

A MISSÃO é uma declaração simples e convincente de como a organização pretende atingir sua VISÃO. Se a Visão é um estado, a Missão é um caminho a trilhar — por isso prefiro escrevê-la na forma verbal.

O uso de um termo do mundo bélico ou religioso cria obstáculos. Mas creio ser pertinente: a Missão enuncia uma filosofia geral de atuação, é um modo de existir. Por isso, a Missão permite a fácil conexão com os Valores. Sobretudo, a Missão contribui para formar a identidade, ao definir um "modo de ser" para a organização. Por ser uma ambição, a Visão poderia ser possuída por qualquer organização — a Missão, por outro lado, é autêntica e diferenciadora.

O processo de produzir uma Missão é mais homogêneo:

1. O grupo lista termos que expressam a identidade da organização, o seu modo de ser e de operar. São eliminados termos frágeis ou incongruentes com o conjunto deles;

2. Pequenos grupos redigem a Declaração de Missão, com alguns cuidados: iniciando a frase com verbo no infinitivo, e adicionando os termos em ordem decrescente de importância. Se a frase ficar muito longa, não vejo motivo para não quebrar a frase em várias partes — a clareza é mais importante que a concisão;

3. Em plenária ocorre a seleção da declaração mais consistente, polindo-a para reduzir os excessos ou complementando-a. Para selecionar, adoto três critérios: deve mostrar o modo de atuar; deve mostrar os principais interessados (stakeholders) e deve indicar uma proposição de valor para atendê-los;

4. Teste de consistência: pergunte à Visão "como" atingi-la e deverá expressar a Missão; pergunte à Missão "a fim de que" e deverá expressar a Visão. Uma não existe sem a outra.

O que são os VALORES? São o conjunto de crenças essenciais ou princípios éticos tão arraigados que regem os comportamentos da organização. São "questões de princípios" ou "algo que se atribui maior valor". Dessa natureza se percebe que valores são "esposados" e transmitem um sentimento comum para permitir que os indivíduos percebam a congruência entre os valores da organização e os seus próprios.

Não existe organização que preze a ética sem defender e pautar-se por Valores. Assim como não se educam os funcionários para a ética e o cumprimento legal (*compliance*), sem que a organização seja regida por Valores. O discurso sobre Valores sem a correspondente prática desses Valores é inócuo ou pior, é mistificação.

Se os Valores regem comportamentos, são os valores que expressam a cultura desejada pela organização. Pode haver alguma incongruência: muitas organizações postulam valores ainda não esposados, como parte da transformação cultural. Em nome de tão nobre benefício, o de promover a ética, aceito como natural essa incongruência relativa.

Valores religiosos, espirituais	Amor a Deus, amor ao próximo; fé
Valores éticos, morais	Bem, justiça, liberdade, honestidade
Valores legais	Equidade, bem comum, moralidade, impessoalidade
Valores cívicos e políticos	Liberdade, igualdade, fraternidade, democracia, paz, igualdade, respeito, tolerância, solidariedade, governabilidade
Valores sociais pedagógicos	Conhecimento, sabedoria, comunicação, desenvolvimento humano
Valores ecológicos	Preservação, consumo consciente, sustentabilidade
Valores filosóficos	Verdade, excelência, aprimoramento contínuo, resiliência
Valores organizacionais	Eficiência, eficácia, efetividade, responsabilidade, prestar contas, qualidade, competitividade, responsabilidade social

Quadro 26.2. Exemplos de Categorias de Valores.

Alguns Valores são emblemáticos. O Instituto Ayrton Senna abraçava os valores do piloto: superação, perfeição, determinação, vitória, motivação, garra e fé. Mesmo com uma Missão distinta da do piloto, seus valores tornaram-se emblemáticos e denotam resiliência, excelência e motivação, valores cuja aplicação é universal.

O Quadro 26.2 sugere exemplos de Valores, em diversas categorias. O processo de definição de Valores requer algum estudo e pesquisa sobre os valores herdados na organização. Depois disso, podemos coletar sugestões para formar uma lista. Essa lista é sucessivamente priorizada, até que reste uma pequena quantidade de valores mais valiosos e representativos. Em geral uma lista enorme contém muitas ideias similares: cada vez que elimino uma ideia repetida, reforço o peso da ideia remanescente. É um processo fácil.

Tanto a Visão, quanto a Missão e os Valores devem ter permanência: se for preciso substituí-los a cada dois anos é porque não tinham suficiente qualidade ou a organização é pouco consistente.

Um caminho para caminhar

O Alcorão dos muçulmanos contém uma sabedoria: *"para quem não sabe aonde quer chegar, qualquer caminho serve"*. As Declarações de Visão e Missão, somadas aos Valores da organização ditam esse caminho. Direcionam, alinham e motivam todos. Por isso, podem ser aplicadas para direcionar as operações corriqueiras, os projetos e iniciativas diversas e a formulação de estratégias. São simbolismos relevantes e servem à narrativa de dirigentes. Servem para educar o pessoal. Servem para selecionar e conquistar parceiros. Servem para conquistar clientes. Servem para "ancorar" a organização na comunidade e na sociedade. E ampliam a resiliência organizacional.

FONTES

» BARRETT, R. *Criando uma Organização Dirigida por Valores: Uma abordagem sistêmica para transformação cultural*. São Paulo: Antakarana: ProLíbera, 2009.

» HAMBRICK, D.C.; LOVELACE, J.B. The Role of Executive Symbolism in Advancing New Strategic Themes in Organizations: A social influence perspective. *Academy of Management Review*, 43, 1, p. 110–131, 2018.

» HAMEL, G.; PRAHALAD, C.K. *Competindo pelo Futuro: Estratégias inovadoras para obter o controle do seu setor e criar os mecanismos do amanhã*. Rio de Janeiro: Campus, 1995.

» HITT, A. M. *Administração Estratégica: Competitividade e globalização*. São Paulo: Thomson Learning, 2ª. ed., 2008.

» MARCONDES, O. *O Poder de uma Visão Inspiradora: Como o futuro ilumina o presente das organizações*. São Paulo: HSM do Brasil, 2015.

» MINTZBERG, H. *The Rise and Fall of Strategic Planning*. Hertfordshire: Prentice Hall, 1994. Publicado no Brasil com o título *Ascensão e Queda do Planejamento Estratégico*.

» RECARDO, R.J. Let There Be Light: Building strategic planning capability. *Global Business and Organizational Excellence*, p. 38–49, Jan/Fev 2016.

» SABBAG, P.Y. *Resiliência: competência para enfrentar situações extraordinárias na vida profissional.* Rio de Janeiro: Campus Elsevier, 2012, Prêmio Jabuti 2013.

» THOMPSON, A.A.; STRICKLAND, A.J. *Planejamento Estratégico: Elaboração, implementação e execução.* São Paulo: Pioneira, 2000.

27

Mapa Mental — Planejamento Estratégico

Vale ou não?

Muitas organizações não atribuem valor ao planejamento estratégico. No entanto, há organizações que poderiam se beneficiar de um planejamento como esse. Vamos construir esse mapa mental como uma metáfora para o tema.

Enfoque Sistêmico

No ambiente estável e previsível da indústria, o enfoque *clássico* sobre planejamento estratégico predominava: a análise SWOT e as técnicas de Michael Porter eram usadas. No extremo oposto, no setor público, o enfoque *processual*, de realizar o negociado, representava a negação do planejamento estratégico. No ambiente das empresas nascentes (*startup*), dado que o futuro não é previsível, o enfoque *evolucionário* imperava: pivotanto experimentos malogrados.

Mas para a maioria das organizações que formam sistemas abertos, com incerteza e risco, mas com alguma controlabilidade sobre as escolhas em direção ao futuro, o enfoque sistêmico é bastante funcional, e representa o enfoque deste mapa.

Estratégias emergentes ou deliberadas?

Em nossa metáfora, imagine um terreno fértil, enriquecido por alguns nutrientes costumeiros nas organizações: competências centrais que a organização domina; capital intelectual em constante crescimento; e uma cultura organizacional relativamente aberta à inovação e experimentação.

A Figura 27.1 mostra à esquerda o resultado desse terreno fértil: diferentes árvores nascem aleatoriamente no tempo e no espaço. Parece não existir relação entre elas, mas decorridos alguns anos, se avaliarmos em retrospectiva, perceberemos que há um certo alinhamento. Essas estratégias que só se percebem em retrospectiva são chamadas *estratégias emergentes*. Elas não dependem de um planejamento estratégico formal e deliberado, portanto, servem aos enfoques evolucionário e processual.

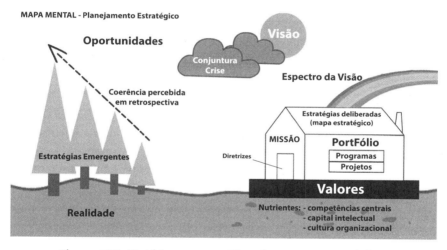

Figura 27.1. Metáfora para o Planejamento Estratégico.

O enfoque clássico apresenta uma grave limitação, que é aferrar-se demasiadamente ao presente (forças e fraquezas) e ao futuro imediato (oportunidades e ameaças). Falta a esse enfoque um propósito mais amplo e de longo prazo, um intento estratégico. Daí a minha preferência pelo enfoque sistêmico, que construiremos à direita na Figura 27.1.

Sobre o terreno se assentam os Valores da organização, os princípios que servem para filtrar qualquer estratégia ou ação escolhida. Os Valores formam os alicerces dessa construção.

Na parte superior direita da Figura 27.1 está a Visão, que orienta como um sol a brilhar. A visão de futuro representa a ambição maior e o propósito que se almeja alcançar na organização. A Visão é atemporal, brilha distante como o Sol. Entre os Valores e a Visão encontra-se a Missão, uma seta que indica como a Visão será atingida. A Missão dita a razão de ser da organização, o seu modo especial de ser e de atuar. Mas ela tem uma abertura: as diretrizes para elaborar estratégias.

Depois de edificar a Visão, a Missão e os Valores, no enfoque sistêmico passamos a definir estratégias visando atingir a Visão de modo congruente com a Missão. Como são muitas estratégias, é usual apresentá-las na forma esquemática, como um Mapa Estratégico ou *BSC — Balanced Scorecard*. É estranho, mas esse mapa forma a "cobertura" da nossa construção. Tudo o que é abrigado nessa edificação é considerado estratégico.

Não basta definir estratégias para atingir o futuro, é preciso traduzi-las em ações. Isso se faz na alvenaria de Projetos e Programas de caráter estratégico. Uma Visão se desdobra em uma dezena de estratégias que por sua vez remetem a dezenas de projetos estratégicos. Se a sua execução tiver êxito, cumpre-se a Visão de futuro.

Contudo, um perigo ronda essa metáfora. De tempos em tempos a conjuntura se apresenta na forma de nuvens negras que ocultam o Sol. São os períodos de crises ou conjunturas em que é necessário oferecer uma resposta imediata a alguma contingência. Como a Visão é obscurecida, raras vezes as ações permanecem alinhadas com a Visão de futuro. É o perigo de deixar-se levar pelas exigências de tempos de crise ou pela "miopia" de só perceber o curto e médio prazos.

Para completar a metáfora, o espectro da Visão é como um arco-íris que surge quando a crise está se desfazendo. É o momento de retomar a Visão de futuro e as ações estratégicas, assim que as medidas contingenciais deixarem de ser necessárias.

Pronto o desenho, reflita: você prefere a vida na natureza imprevisível ou o abrigo deliberado e cuidadosamente construído de um planejamento estratégico?

A essência da casinha

Usar como metáfora um desenho infantil tem o poder de remeter a uma essência: a estratégia como o abrigo da organização. A casinha como a interface entre o ambiente interno e externo, dependente das condições ambientais, mas sempre segura de sua orientação.

Organização Baseada em Valores

Valores formam o caráter da organização

Um dos componentes usuais do planejamento estratégico das organizações é a definição de Valores. Eles servem como um filtro que avalia as ações e operações da organização. Não basta ter ambições, a organização precisa desse filtro ético.

Enquanto a Visão dita as aspirações (propósito) e a Missão dita a identidade e modo de operar da organização, os Valores expressam o caráter, isto é, o modo como os valores são percebidos por interessados (*stakeholders*) externos. Não é pouco, por isso precisamos de uma lógica para definir valores.

Congruência de valores gera coesão e desempenho organizacional

A cultura da organização é forjada por seus fundadores. Há coerência entre os valores pessoais dos fundadores e a cultura que vai sendo consolidada. Quando a organização é dirigida por profissionais, é necessário que os valores organizacionais sejam esposados pelas lideranças, do contrário haverá uma dissonância no equilíbrio dinâmico entre interesses dos acionistas, funcionários, comunidade local e da sociedade em geral.

Onde há congruência entre os valores esposados e as práticas da organização, ela se torna resiliente, o que amplia a chance de sustentar-se ao longo do tempo e das contingências que a afetam. As empresas "feitas para durar" na pesquisa de Colin e Porras revelam a importância dos valores.

Richard Barrett explica o termo em inglês *"walk the talk"*: os valores falam por si (*talk*), os comportamentos geram ação (*walk*) — *walk the talk* é a situação em que as práticas são congruentes com os valores. Valores ditam o código de comportamento esperado.

Todas as organizações são guiadas por seus valores, mesmo quando eles não são explicitados. O mesmo ocorre com indivíduos, que podem não ter consciência de seus valores pessoais, mas são guiados por eles nas escolhas e decisões que tomam ao longo da vida.

Ao definir os valores organizacionais desejados, os dirigentes ganham a possibilidade de interferir na cultura da organização, de reduzir as tensões internas que decorrem da incongruência de valores pessoais e organizacionais, portanto, melhorando o clima e satisfação do pessoal que por sua vez determina a coesão e desempenho organizacional.

Definindo Valores Organizacionais

Barrett parte da hierarquia das necessidades de Maslow para construir sua classificação de valores pessoais. Maslow não focava as necessidades no trabalho, mas sua hierarquia muito contribuiu para as organizações. As organizações são um fenômeno humano e herdam aspectos humanos, dentre eles os valores. A coesão dela deriva do alinhamento entre valores pessoais e organizacionais.

Maslow sugeria uma "hierarquia de relativa preponderância" composta de cinco níveis de necessidades individuais: *fisiológicas, segurança, sociais, estima* e *autorrealização*. Em textos posteriores Maslow adicionou a necessidade de *saber e entender* e a necessidade *estética*. Atendidas as necessidades de nível inferior, o indivíduo deslocaria suas necessidades para o nível acima, sugeria Maslow.

Barrett considera que as necessidades derivam dos valores do indivíduo, e desconsidera o deslocamento de necessidades, já que há valores em níveis distintos. Avaliando os dez principais valores individuais é possível classificá-los em hierarquia similar à de Maslow. Barrett adicionou outros níveis para incluir valores comunitários e sociais. A Figura 28.1 apresenta os sete níveis de valores individuais de Barrett.

As necessidades *fisiológicas* e de *segurança* de Maslow equivalem aos valores de sobrevivência de Barrett: segurança, sobrevivência, estabilidade financeira, riqueza, saúde e segurança do trabalho. As necessidades *sociais* de Maslow tornam-se valores de relacionamento em Barrett: pertencimento, respeito, amizade, lealdade, cuidado, harmonia, abertura e escuta.

As necessidades de *estima* de Maslow equivalem aos valores de autoestima de Barrett: orgulho, realização, reconhecimento, produtividade, excelência, status, confiabilidade, aprimoramento contínuo e crescimento profissional.

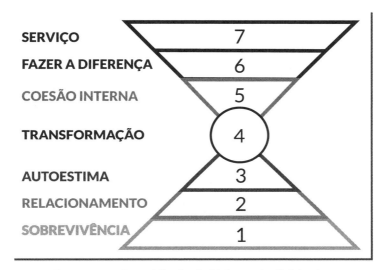

Figura 28.1. Sete Níveis de Valores Individuais.

Necessidades de *autorrealização* de Maslow refletem valores transformacionais de Barrett: autonomia, empoderamento, desafio, adaptabilidade, equilíbrio trabalho/lazer, engajamento, equipe, diversidade, criatividade, consenso, entregar o prometido, contável pelo resultado e aprendizado permanente. O termo *transformação* se explica na medida em que o indivíduo contável (*accountable*) examina suas crenças e busca transformação.

Necessidades de *saber e entender* de Maslow equivalem aos valores de significado ou coesão interna de Barrett: significado, propósito, integridade, justiça, comprometimento, confiança, honestidade, conquista, excelência e transparência. São necessidades de nível superior e valores que indivíduos demoram a considerar em suas vidas.

Barrett adiciona o nível de fazer a diferença ou coesão externa, que inclui os valores: colaboração, integração, *coaching*/mentoria, voluntariado, equilíbrio físico/mental/emocional/espiritual, interdependência, comunidade, consciência ambiental e sustentabilidade. O foco é a conexão: aliança, parceria, corresponsabilidade e compreensão da vida em comunidade.

O nível mais elevado de valores para Barrett é o serviço ou consciência social: humildade, compaixão, justiça social, servir, ética, perdão, sabedoria, visão de longo prazo e preocupação com gerações futuras.

Na Figura 28.1, os níveis 1, 2 e 3 remetem ao **autointeresse** do indivíduo; os níveis 5, 6 e 7 remetem ao **bem comum**, enquanto o nível 4 corresponde à **transformação** ou abertura. Barrett afirma que raramente um indivíduo apresenta seus principais valores em um único nível: o usual é apresentar valores em três ou quatro níveis adjacentes, a maioria deles visando ou autointeresse ou bem comum. Em épocas de crise, a ênfase tende a valores de autointeresse; em momentos de conquista a ênfase envolve o bem comum.

Nem todos os valores são fecundos. Barrett sugere existir valores "limitantes" que restringem o desenvolvimento do indivíduo, também repartidos nos sete níveis: controle, reputação, cautela e superioridade, por exemplo.

Para avaliar valores organizacionais, Barrett faz uma correspondência:

- **Sobrevivência** torna-se foco no lucro e no valor ao acionista: estabilidade financeira, lucro, saúde do pessoal e os valores limitantes controle, caos, cautela e segurança do emprego;

- **Relacionamento** equivale a relações que apoiam a organização: comunicação aberta, satisfação do cliente, resolução de conflitos e os limitantes culpabilidade, rivalidade, competição e manipulação;

- **Autoestima** remete a sistemas e processos de alto desempenho: produtividade, eficiência, crescimento profissional e os limitantes burocracia, arrogância, imagem e retenção de informação;

- **Transformação** leva a renovação e aprendizagem contínua: resultado, adaptabilidade e responsabilidade pelo resultado;

- **Coesão interna** se torna cultura forte e coesa: confiança, comprometimento, honestidade, integridade e entusiasmo;

- **Fazer a diferença** remete a alianças estratégicas e parcerias: mentoria, voluntariado e consciência ambiental;

- **Serviço** equivale a servir à humanidade: compaixão, responsabilidade social e preocupação com as gerações futuras.

Para Barrett, as organizações focadas exclusivamente nas três camadas inferiores não costumam ser líderes em seus mercados nem melhores lugares para se trabalhar, mesmo quando são bem-sucedidas. Organizações focadas exclusivamente nos valores superiores não possuiriam habilidades básicas de negócio.

Diante dessas premissas, o autor prefere a "consciência de espectro total", distribuindo os valores esposados nas sete camadas, por exemplo: sustentabilidade financeira (nível 1), satisfação de stakeholders (nível 2), produtividade (nível 3), inovação (nível 4), autorrealização do pessoal (nível 5), colaboração com clientes e fornecedores (nível 6) e contribuição social (nível 7).

Valores evoluem com o tempo

Barrett criou técnicas para avaliar primeiro os valores individuais das lideranças, depois do pessoal em geral. Também avalia os valores organizacionais da cultura atual e da cultura desejada, para comparação. Ao avaliar os valores individuais enfatiza as crenças limitantes e sua proporção dentre os dez valores mais importantes. Também avalia a distribuição nos sete níveis. Segue o mesmo processo para analisar os valores da cultura atual e da cultura desejada.

A incongruência entre valores da cultura atual e desejada revela a necessidade de alinhamento e de mudança planejada na organização. Se há congruência entre a moda dos valores pessoais e os da cultura desejada significa que cada indivíduo poderá *"expressar quem ele realmente é no trabalho"*. Cautela: a incongruência entre valores pessoais dos dirigentes e do pessoal em geral é igualmente problemática.

O autor usa suas técnicas para comparar os valores esposados em épocas distintas da vida da organização. Usa também para os casos de fusão de organizações, em que obrigatoriamente ocorre um conflito cultural que pode ser mitigado pela correta definição de novos valores, como ponto de partida para a transformação.

Contudo, se o seu propósito é o de definir os valores no âmbito do planejamento estratégico da organização, recomenda-se limitar a quantidade a 4 ou 6. Há três maneiras de redigir valores: listando apenas as palavras; listando palavras acompanhadas de explicação; e listando um credo do tipo "acreditamos que.."

É crucial tomar consciência dos valores da organização, base para a transformação.

FONTES

» BARRETT, R. *Criando uma Organização Dirigida por Valores: Uma abordagem sistêmica para transformação cultural*. São Paulo: Antakarana: ProLíbera, 2009.

» _____ *Liberating the Corporate Soul: Building a visionary organization*. Oxford: Elsevier, 1998.

» COLIN, J.C.; PORRAS, J.I. *Feitas para Durar: Práticas bem-sucedidas de empresas visionárias*. São Paulo: Rocco, 2007.

» MASLOW, A. *Toward a Psychology of Being*. New York: Van Nostrand Reinhold, 2ª. ed., 1982.

29

Mapa Estratégico (*Balanced Scorecard*)

Barafunda de estratégias

Estratégias são como flechas que apontam para um alvo futuro. O problema é que mesmo uma organização simples tem uma quantidade e variedade grande de estratégias, em um dado momento. Para piorar, há organizações que "dão tiros para tudo quanto é lado". Pior, há estratégias incongruentes, por exemplo: estratégia de reduzir custos somada à estratégia de modernizar tecnologias. Como organizar essa barafunda?

Somente recursos financeiros?

Para muitos dirigentes de organização, os recursos financeiros são tão dominantes que eles ditam a definição de estratégias: tudo se resume a dinheiro. Contudo, as organizações precisam ser sustentáveis para que perdurem. Isso leva a pensar em estratégias de consolidação de processos, de tecnologias, de relações. E se as organizações são feitas de pessoas, é preciso considerar, e até enaltecer esse fator na criação de estratégias.

Mapeando estratégias

Há inúmeras maneiras de criar estratégias para uma organização. Estudando problemas e defasagens em relação a congêneres e concorrentes, nascem estratégias. Explorando visões de futuro nascem estratégias. Explorando oportunidades de mercado ou revisando o portfólio de produtos, nascem estratégias. Avaliando o desempenho da organização, de produtos, de setores e de processos, nascem estratégias. Da análise SWOT nascem estratégias. E nas mentes imaginativas, tudo é possível criar.

Essas diferentes fontes de inspiração não são equilibradas. Organizações sem vivência na reflexão estratégica pendem para estratégias de solução de problemas. Organizações fracas no marketing pendem para estratégias de melhorias internas. Organizações nascentes pendem para explorar oportunidades, deixando de lado a consolidação de processos.

Diante disso é essencial organizar as estratégias para equilibrar todos esses fatores e evitar os esforços antagônicos ou desfocados. O foco deriva da Visão e Missão, enquanto o equilíbrio deriva do Mapa Estratégico.

Note como a ferramenta mais conhecida, o *Balanced Scorecard*, foi criada. Kaplan e Norton, professores de contabilidade, tomaram contato com o conceito de capital intelectual e isso lhes propiciou um alumbramento (*insight*): *o lucro não pode ser a principal finalidade da empresa; lucro é consequência*. Porque quando o lucro se torna um fim em si mesmo ele não é sustentável. Lucro ou resultados financeiros são a consequência de satisfazer a clientela, o que determina que precisa haver excelência em certos processos, o que por sua vez requer pessoal qualificado e em constante aprimoramento.

Figura 29.1. Questões em Quatro Perspectivas para Definir Estratégias.

Os autores propõem organizar as diversas estratégias em quatro diferentes perspectivas: financeira, do cliente, dos processos internos e de crescimento/aprendizagem. Como premissa, a base é formada pela perspectiva das pessoas, acima da qual se posicionam as estratégias para processos, acima da qual as relativas a clientes para culminar com o resultado financeiro gerado. Equilibra as quatro perspectivas e as coloca em relações de causa-efeito. Isso permite criar vínculos entre as estratégias: umas contribuem para as outras. Um mapa esquemático de estratégias é desenhado.

O Mapa é construído ao redor da Visão, Missão e Valores, mostra a Figura 29.1. As quatro perspectivas interagem entre si e se afetam mutuamente.

Eu adapto esse esquema para os setores público e social, substituindo a perspectiva *financeira* pela perspectiva de *valor agregado* e a de *clientes* pela de interessados (*stakeholders*). Nesses setores, também costumo desdobrar a perspectiva de *valor agregado* em duas: *valor para a sociedade* e *valor para a organização*.

O esquema produz dezenas de objetivos interligados e projetos estratégicos deles derivados. Ler uma Mapa como exemplificado na Figura 29.2 (para uma empresa) não é fácil, embora eu julgue importante que todo gestor ou consultor desenvolva sua habilidade em criar esquemas.

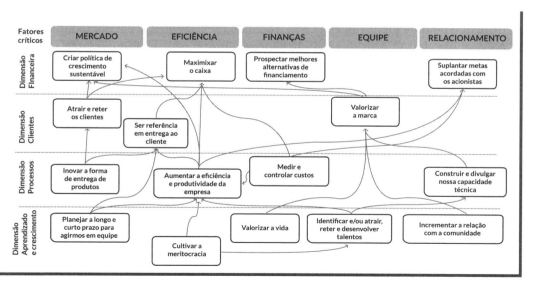

Figura 29.2. Exemplo de Mapa Estratégico.

Ao montar o Mapa Estratégico sugiro coletar estratégias provenientes de muitas análises, alocando-as em caixas nas quatro linhas do mapa.

Para organizar a posição das caixas, é útil criar colunas. Kaplan e Norton sugerem colocar os FCS — Fatores Críticos de Sucesso nas colunas.

A premissa é a de que as estratégias têm a finalidade de evitar crises ameaçadoras. Os FCS costumam estar associados a:

- Capacidade legal, fiscal e econômica;
- Capacidade de gestão e de cumprir compromissos;
- Capacidade de gerar trabalho, tomar iniciativas;
- Competência em fornecer ou operar;
- Capacidade de atrair e manter pessoal qualificado;
- Capacidade de se comunicar com a sociedade (credibilidade, imagem, reputação).

Depois de dispor as estratégias no cruzamento entre perspectivas e fatores críticos, é o momento de estabelecer relações de causa-efeito entre elas, como se vê no exemplo. O excesso de setas polui o Mapa, dificulta a sua leitura, mas é útil para a criação e avaliação de projetos estratégicos.

Kaplan e Norton, com mentalidade financeira, sugeriram de início que para controlar a realização de cada estratégia fossem criados indicadores de controle. Note que o nome da ferramenta, em tradução livre, significa "escore balanceado" porque ela permitia priorizar indicadores. Porém, isso introduzia uma dificuldade adicional que é lidar com indicadores e uma dificuldade de alocação de responsabilidades.

Eu prefiro usar o Mapa Estratégico como documento síntese do planejamento estratégico, para alinhar e motivar a todos. Mas para assegurar a execução de estratégias, minha mentalidade é a de projetos: considero que nas organizações toda iniciativa de mudança é feita na forma de projetos. Portanto, todo o investimento para realizar estratégias deve ser feito na forma de projetos. Isso permite que essas iniciativas sejam gestadas sem perturbar o funcionamento rotineiro da organização.

Cada caixa do Mapa Estratégico pode tornar-se um projeto, assim como várias caixas podem ser unificadas em um projeto ou programa. Além disso, qualquer outro projeto que vise reposicionar a organização ou operar sobre seus mercados pode ser chamado de estratégico, portanto, deve necessariamente contribuir para uma ou mais estratégias do mapa.

Isso cria complexidade para a criação de projetos, mas torna a execução das estratégias mais exitosa. Desse modo, a cognição usada para gerar o mapa foi a de criar estratégias em várias perspectivas interligando-os para que tenham maior efetividade; a cognição usada para criar um portfólio de programas e projetos estratégicos foi a de agrupar escopos para alocar a diferentes equipes temporárias.

Estratégias balanceadas

O mundo dos estudiosos de estratégia era dominado por análises — diversas ferramentas simples e poderosas foram usadas para criar estratégias, contudo poucas das estratégias de fato guiavam as organizações, que continuavam agindo de forma reativa ao sabor das contingências. O mundo dos projetos era dominado por ferramentas de planejamento e controle para apoiar a capacidade de realizar coisas com foco em resultados, contudo a mentalidade operacional os distanciava das grandes realizações e mudanças.

Os dois mundos se fundiram: estratégia e projetos. O primeiro cria e estrutura as ambições; o último constrói o sucesso da execução. Com isso quem lida com projetos está mais preparado para estratégias, e quem lida com estratégias torna-se adepto de projetos.

FONTES

» HITT, A. M. *Administração Estratégica: Competitividade e globalização*. São Paulo: Thomson Learning, 2ª. ed., 2008.

» MARCONDES, O. *O Poder de uma Visão Inspiradora: Como o futuro ilumina o presente das organizações*. São Paulo: HSM do Brasil, 2015.

» KAPLAN e NORTON. *A Estratégia em Ação — Balanced Scorecard*. São Paulo: Campus, 1997.

» SABBAG, P.Y. *Gerenciamento de Projetos e Empreendedorismo*. São Paulo: Saraiva, 2013, 2ª. edição.

Caso Abrigos

Plano Estratégico para o terceiro setor?

O planejamento estratégico nasceu da necessidade de aprimorar o desempenho empresarial, tornando a empresa menos sujeita às contingências. Para muitos, não haveria necessidade de uma organização sem fins lucrativos, não governamental ou da "sociedade civil" fazer reflexão estratégica. Mas isso não é mais verdade.

Diferentes camadas de ONG

Em 2010 havia 291 mil fundações privadas e associações sem fins lucrativos: 44% delas na região Sudeste, 23% no Nordeste e 21% no Sul. Dessas, 210 mil (72%) não possuíam nenhum empregado formalizado, apoiando-se em trabalho voluntário e autônomos. Na pesquisa do IBGE, os grupos mais vulneráveis da população — crianças e idosos pobres, adolescentes em conflito com a lei e portadores de necessidades especiais — eram assistidos por 30,4 mil entidades de assistência social (10,5% do total).

O planejamento estratégico não serve somente para orientar a organização em relação ao futuro desejado, ele se torna necessário quando uma das seguintes condições está presente:

- INCERTEZA: seja a incerteza presente no ambiente de atuação, seja aquela derivada de inovação e mudanças nas orientações do público--alvo e da sociedade;

- COMPLEXIDADE: derivada da amplitude de atuação, seja geográfica, seja de natureza das atividades; seja do modelo de operação;

- TENSÃO na tomada de decisão: dificuldade de construir consensos e de conciliar interesses.

Essas três condições são características do mundo contemporâneo, e afetam tanto as empresas quanto os governos e também as organizações do terceiro setor. Contudo, a necessidade nem sempre é convertida em prática.

Na história do terceiro setor no Brasil, alguns traços culturais ganharam expressão: a orientação religiosa (ideais de filantropia, caridade e voluntariado); orientação ideológica (derivada de movimentos sociais, com forte informalidade e independência); desenvolvimentistas (cultura de inclusão e geração de renda); caráter informativo e denunciador (disseminando informação e advogando causas). Um valor recorrente a todas elas era a relativa independência frente aos governos e ao mercado. Outro traço era o funcionamento orgânico: reduzida hierarquia e elevada participação de todos na gestão.

Com a consolidação no terceiro setor ocorrida nas últimas décadas, ele se estruturou em diversos níveis. Na base encontram-se as entidades que lidam diretamente com os beneficiários: compartilham a precariedade de recursos e os entraves à operação que limitam muito a escala de atendimento. Numa camada acima encontram-se as entidades cujo modelo de operação envolve parceiros operacionais, portanto, dedica-se à gestão dessas operações, muito mais profissionalizada. Na camada acima estão aquelas que administram fundos patrimoniais e, assim, são competentes em selecionar e gerir projetos. Nessa camada estão as fundações vinculadas a empresas, que compartilham a cultura e as competências empresariais. Acima delas encontram-se as que promovem o terceiro setor, advogam causas (*advocacy*), influenciam as políticas públicas e formam lideranças para o setor.

É de se supor que as entidades da base são as que mais precisam de profissionalismo, são as que mais dependem de voluntários e as que apresentam administração mais enxuta. É de se supor que a maioria delas tenha criado operações permanentes, estando distantes da cultura de gestão por projetos. Também é de se supor que poucas delas perceberiam relevância na elaboração de planejamento estratégico.

Não é verdade. Este caso ilustra uma organização de base e o planejamento estratégico que realizou.

Fundação Francisca Franco

Criada em 1954 por seu filho e nora, a Fundação Francisca Franco acumula 60 anos de atividade ininterrupta para atender pessoas em situação de vulnerabilidade social e pessoal. A atuação dessa entidade abrange o centro de São Paulo, região marcada pela desagregação social. A origem deriva da centenária Primeira Igreja Presbiteriana Independente de São Paulo.

Essa fundação mantém cinco "casas" além de alguns "projetos" permanentes. O Centro de Defesa e Convivência da Mulher Francisca Franco atende mulheres em situação de violência, enquanto a Casa da Mamãe acolhe vítimas da violência doméstica e seus filhos. As Casas Gravataí, Odila Franco e Semeia atendem crianças e adolescentes, enquanto que o Projeto "vem, vamos embora" atende as famílias desses atendidos. O Projeto Fazendo Moda oferece capacitação em moda. Há também o Projeto "saber, fazer e acontecer" para a capacitação de profissionais nesse campo.

Como se nota, essa fundação tem foco e acumulou expertise, tendo criado uma abordagem especial e respeitada para lidar com esse tipo de público. Seu orçamento em 2016 foi de R$ 4 milhões e o quadro de pessoal conta com 77 profissionais nas casas e projetos, além de apenas 5 na administração da fundação. Ela participa de editais públicos de assistência social, e é reconhecida por sua atuação. É também reconhecida e patrocinada pela *CAF — Charities Aid Foundation* britânica. Mas depende de doações para financiar parte de suas atividades.

Em 2017 a Fundação Francisca Franco decidiu por realizar um planejamento estratégico. O trabalho de consultoria iniciou com entrevistas com conselheiros e diretores. Essas entrevistas são essenciais porque revelam pontos de vista, expectativas e julgamentos dos entrevistados, mas também revelam o relativo desconhecimento, se houver, e alguma tensão ou frustração existente, não manifesta no cotidiano das relações. Nada disso ocorreu: os entrevistados estavam muito alinhados e próximos das operações da fundação, contudo em comum desejavam maior capacidade de autofinanciamento para ampliar escala e sustentabilidade. Todos reconheciam o engajamento e competência da equipe, e a seriedade na atuação, na gestão e na aplicação dos recursos.

Na sequência o grupo criou e revisou sucessivas vezes as declarações de Visão e Missão, para que fossem claras e eloquentes. A Visão de futuro consensual foi: *"excelência na transformação de vidas em situação de vulnerabilidade"*. A visão reafirma o campo de atuação e propõe o desafio de atuar com excelência em campo tão carente. Mas o maior desafio é a transformação de vidas, que significa fazer o atendimento com perspectiva de longo prazo.

A declaração de Missão foi: *"acolher, educar e profissionalizar, resgatando o ser humano com dignidade"*. Esta Missão explica como atingir a Visão, isto é, como transformar vidas. O acolhimento era prática corrente na fundação, mas ele precisava ser complementado pelo educar e profissionalizar. Projetos que antes eram vistos como isolados mostraram-se integrados com essa declaração. A missão também mostra um jeito especial de lidar com os principais *stakeholders*, e isso se mostra quando a missão trata de resgatar o ser humano com dignidade.

Juntas, Visão e Missão mostram o desafio e a forma especial de atingi-lo, ao mesmo tempo em que define o campo de atuação e o modo de operar. Para completar a redefinição de identidade da entidade, era preciso rever os valores, que não estavam em evidência na narrativa (*storytelling*) da fundação, por exemplo, em sua *homepage*. Há três modos de expressar valores: como um credo, como uma lista de palavras ou híbrido, combinando palavras de fácil memorização com sua explicação. Foi escolhido este último modo, e os valores são, em ordem decrescente de importância:

- **Responsabilidade social**: *contribuímos para reduzir desigualdades e resgatar a cidadania;*
- **Respeito**: *priorizamos o ser humano e seus direitos;*
- **Comprometimento**: *com pessoas e a transformação de suas vidas;*
- **Acolhimento**: *com carinho e compreensão das necessidades;*
- **Seriedade**: *agimos com assertividade e integridade;*
- **Excelência**: *eficiência e eficácia na gestão e no atendimento.*

Avaliando Visão, Missão e Valores, note a coerência entre eles e como os valores acrescentam questões à defesa da causa e formação da identidade. Eles são o marco filosófico da organização, e possivelmente vão perdurar por muitos anos.

Definido o marco filosófico, o grupo passou a definir estratégias usando a estrutura modificada do *BSC — Balanced Scorecard*. Os fatores críticos foram quatro: Insegurança Normativa; Relações Públicas; Governança; e Captação. Foram criados 14 objetivos estratégicos, porém a maioria deles não enfrenta especificamente um dos fatores críticos, criando uma configuração especial.

Duas modificações foram feitas no Mapa Estratégico convencional. A primeira foi colocar os fatores críticos como base (ou pano de fundo) para a construção de objetivos estratégicos. A segunda foi a inserção de uma quinta perspectiva, além das quatro definidas por Kaplan e Norton: o valor agregado para a fundação, em separado do valor agregado para a sociedade, em lugar da perspectiva financeira que só cabe a empresas, se couber.

Todos os objetivos estratégicos foram descritos na forma verbal para denotar ação e movimento. Com isso, ficou mais fácil criar projetos e programas para realizá-los. É comum ocorrer um fenômeno nesta etapa do processo: a proposição de um número exagerado de projetos. Não é um grande problema já que o planejamento estratégico é atemporal, e se não há capacidade de fazer tudo no curto prazo, podemos guardar projetos para realização futura. A fundação gerou 26 propostas de projetos, que depois foram refinados, fundidos e redefinidos até chegar ao portfólio final contendo 12 projetos estratégicos. Cada projeto ganhou nomes positivos e inspiradores.

Há o projeto *"espaço criança"* para reformular um espaço para educação de crianças; há um projeto denominado *"fazendo moda e gerando renda"* e outro para a publicação de livro — *"projeto histórias de vida"*. Há um projeto para ampliar a comunicação institucional, assim como projetos de infraestrutura e tecnologia, projeto de gestão de pessoas e um projeto para tornar permanente o esforço de planejamento estratégico e seu controle — todos esses projetos internos para aprimorar a gestão da fundação. Há dois projetos para reforçar a rede de relações da fundação: *"projeto aliança"* e *"projeto amigos da fundação"*. Para completar há três projetos com igual propósito: captação de recursos, *"outlet solidário"* e otimização imobiliária.

Para garantir a execução desses projetos, duas medidas foram adotadas. A primeira foi a definição de "patronos" (como o grupo preferiu chamar os patrocinadores) de cada projeto estratégico, convidando diretores, conselheiros e em alguns casos, voluntários para essa missão. A segunda foi a produção de Termos de Abertura, delineando os atributos de cada projeto e designando a equipe temporária de cada projeto. Para isso foi usada a técnica 5W2H, isto é, cada projeto foi delineado em termos de: porquês, o quê (objetivos e resultados), quando, onde, como (escopo do projeto) e quanto (orçamento).

Próximos passos

Por dificuldade de agendas, o planejamento levou quatro meses. Foi necessário "segurar" os gestores, que já queriam colocá-lo em ação nesse período. O passo seguinte era a aprovação de diretoria e conselho, para validar o plano e depois uma grande celebração, após compartilhar e engajar a equipe completa nesse direcional.

FONTES

» KAPLAN e NORTON. *A Estratégia em Ação – Balanced Scorecard*. São Paulo: Campus, 1997.

Estratégia Mercadológica de Produtos

Estratégia e sagacidade

Não são apenas as organizações particulares que operam em mercados; também as organizações sociais e públicas operam junto a populações, e podem se beneficiar do uso de técnicas analíticas de marketing, ampliando a efetividade de suas causas e obrigações. Além do mais, os três setores precisam de gestores com visão estratégica e sagacidade — os instrumentos que veremos aguçam essas capacidades.

Mais estratégias

Estratégias visam interferir sobre o futuro, criando guias que auxiliam as organizações em sua evolução. Qualquer aspecto das organizações pode ser alvo de estratégias: melhoria de processos; mudanças estruturais e culturais; alianças e parcerias; desenvolvimento de novos negócios; desenvolvimento das pessoas; reconhecimento público; responsabilidade social — e como não poderia deixar de ser, no portfólio de produtos e serviços com os quais a organização opera e lhe garante sustentabilidade. As estratégias de marketing nasceram e prosperaram independentemente das estratégias organizacionais, contudo na essência seus princípios são os mesmos.

Mercado e produtos

Há cinco diferentes análises estratégicas de mercado, que podem ser usadas em conjunto ou em separado: mercado, produto, portfólio, canais e preços.

A Análise de Mercado estuda as previsões de demanda e oferta e as orientações do consumidor (expectativas e necessidades) para definir segmentos de mercado e públicos-alvo. Trata de definir abrangência de atuação (local, regional, nacional), estuda as condições de mercado (nascente, em crescimento, maduro, estagnado, declinante), o tamanho do mercado, sua sazonalidade e sensibilidade a preços. Também considera fatores tecnológicos e sociopolíticos. Disso resulta um recorte que é a segmentação de mercado. Podemos segmentar por fatores demográficos, socioeconômicos, geográficos, psicológicos e por padrões de consumo.

A premissa é a de que a variação de necessidades e expectativas dos consumidores se ampliou tanto que não existe mais a visão de um mercado massivo. Henry Ford uma vez declarou: "*o americano pode ter um automóvel Ford de qualquer cor, desde que seja preto*" — na época, a padronização permitia o acesso de mais consumidores ao produto. Essa mentalidade não se justifica mais.

A Análise de Produtos e Serviços adequados ao segmento de mercado definido envolve três técnicas: a descrição dos Produtos e Serviços, o fluxograma e a definição de processos.

Antigamente havia uma clara separação: os produtos eram tangíveis enquanto os serviços eram dominados por intangíveis. Produtos são armazenados, expostos e experimentados; serviços são perecíveis, se extinguem no momento em que são fornecidos.

Hoje não existem mais produtos puros, nem serviços puramente intangíveis — passamos a adotar a ideia que sempre coexistem os dois fatores. Nos produtos, o valor da marca, o design, a garantia e a manutenção carregam intangíveis; nos serviços, os entregáveis, o cenário onde ocorrem e as condições financeiras introduzem tangíveis.

A questão contemporânea é adicionar intangíveis de modo a agregar valor para o cliente. Michael Porter já havia definido valor como "*o máximo que alguém aceita pagar pelo que percebe que receberá*". Agregar valor significa criar uma relação custo-benefício favorável: o consumidor crê que paga pouco pelo que recebe.

Decorre uma técnica importante: a *Proposição de Valor para o Cliente* adiciona intangíveis que geram no cliente a percepção positiva de valor. Qualquer produto ou serviço pode ser enriquecido nos sete aspectos considerados. Imagine um serviço público ou a atuação de uma filantrópica junto à população carente — os intangíveis adicionados são cruciais para obter satisfação.

Definidos os produtos e serviços, em conjunto eles formam um portfólio. Não se deve esperar que todos eles deem igual contribuição para a organização. Daí a importância da técnica *Matriz BCG* para portfólio de produtos (matriz crescimento-participação), na Figura 31.1.

Figura 31.1. Matriz Crescimento - Participação de Portfólio de Produtos.

Esse esquema distribui todos os produtos/serviços do portfólio da organização em quatro quadrantes, reconhecendo que há produtos de alta participação em mercados consolidados (portanto, com margens de lucro declinantes): são as "vacas leiteiras", vendem muito e de modo estável, representando grande parcela das vendas, porém com margens reduzidas. Há produtos de baixa participação em mercados consolidados, chamados "vira-latas", devido ao enorme esforço exigido para sustentar as vendas, esforço quase sempre desproporcional aos ganhos obtidos. Há produtos novos em mercados crescentes: esses são os produtos "interrogação", porque não se sabe se trarão grandes resultados no futuro. E há produtos de alta participação em mercados crescentes — são as "estrelas", que prometem margens e importância maiores no futuro.

Essa matriz é uma análise de portfólio e pode ser usada em todo tipo de organização. Primeiro é analisado o portfólio atual para definir se há concentração deles em um dos quadrantes. Para analisar a matriz, adoto algumas premissas:

- Toda organização precisa ter "Vacas Leiteiras": esses produtos/serviços geram caixa e sustentam as operações no momento presente;
- Toda organização precisa ter "Estrelas": esses garantem o futuro em mercados promissores onde ainda há menor competição;

- Toda organização precisa ter "Interrogações": nesse caso, estratégias de posicionamento farão com que eles se tornem "Estrelas" ou "Vacas Leiteiras", portanto, são sempre promissores;

- O que fazer com "Vira-latas"? Eles roubam capacidade operacional e gerencial. Às vezes, estratégias podem fazer com que se transformem em "Vacas Leiteiras". Como negativo, podem exigir a criação de estratégias de saída — para compensar a teimosia em mantê-los no portfólio;

- A introdução de Novos Produtos sempre se dá à esquerda no quadrante "Interrogação": é preciso criar estratégias para transformá-los em "Estrelas" em médio prazo.

O uso habitual da Matriz BCG cria um círculo virtuoso: sempre que um mercado começa a declinar o posicionamento de alguns componentes se altera, estimulando a criação de novos produtos/serviços em mercados nascentes ou explorando condições promissoras.

Para completar as análises mercadológicas, passamos aos canais e aos preços. Definidas estratégias para componentes do portfólio de produtos/serviços, o próximo passo é a definição de canais de distribuição físicos e digitais, para garantir o acesso por consumidores. Somente então o posicionamento de mercado se completa com a definição de preços para os componentes do portfólio.

Usamos a técnica de *"pricing"* quando a análise comparativa com produtos concorrentes é que dita os preços; usamos *"costing"* em situações pioneiras, quando são os custos de produção que determinam os preços.

Valor e portfólio

Considero a Proposição de Valor e a Matriz de Portfólio de Produtos/Serviços as mais importantes ferramentas de análise para o posicionamento no mercado. Como são fundamentadas em premissas sólidas, sua simplicidade as torna poderosas. Experimente em seu próprio "mercado", seja ele qual for, e verá como elas estimulam a reflexão estratégica.

FONTES

» KOTLER, P. *Administração de Marketing: Análise, planejamento, implementação e controle.* São Paulo: Atlas, 4ª. ed., 1994.

» McKENNA, R. *Estratégias de Marketing em Tempos de Crise.* Rio de Janeiro: Campus, 1989.

Proposição de Valor ao Cliente

Custo versus benefício

Você já reparou que só se considera satisfeito ao pagar por algo quando percebe uma relação positiva de benefícios versus custo? Do contrário, você possivelmente considera que pagou demais frente ao que recebeu. Note o uso da palavra *benefício*: quase sempre envolve um "algo mais", algo intangível, mas considerado valioso para você. Muitas organizações perceberam isso, e passaram a definir sua Proposição de Valor ao Cliente.

Intangíveis de valor

O conceito foi pioneiramente definido por Michael Porter, quando afirmou: *"valor é o máximo que alguém aceita pagar pelo que percebe que receberá"*. Agregamos valor sempre que o preço pago supera a percepção do benefício obtido. Portanto, são os intangíveis que agregam valor a um serviço (e porque não, a produtos).

PRODUTOS	SERVIÇOS
Concretos (bens)	Intangíveis (ideias, relações)
Produzidos, armazenados	Não podem ser estocados
Vida útil	Perecíveis
Reduzido contato	Elevado contato
Longo desenvolvimento	Maturação soma experiências
Produção seriada	Operação por encomenda
A padronização é eficaz	A padronização não é eficaz
Intensivo em capital e tecnologias	Intensivo em relacionamento e competências
Qualidade é mensurável	Qualidade envolve satisfação

Quadro 32.1. Comparação entre Produtos e Serviços.

Desde o início do século XX já se sabia o valor do *sorriso* e da *cortesia* no processo de venda; o valor da *marca* e o valor da *confiança* na escolha de médicos — todos esses são intangíveis.

Percebeu-se a diferença de oferecer ao mercado um produto e um serviço, como mostra o Quadro 32.1.

Produtos são concretos, podem ser estocados dentro de sua vida útil; o processo de venda envolve pouco contato com o cliente; esse contato pode ser padronizado e a qualidade pode ser evidenciada.

Em serviços a qualidade envolve sobretudo satisfação, e ela depende de muitos intangíveis; o elevado contato limita a padronização. Pior, o serviço é "perecível": ele se extingue assim que concluído.

O Quadro 32.1 contrapõe produtos a serviços, dando a impressão de que são coisas distintas. Um alerta é necessário: hoje não há mais produtos puros, que não envolvam algum serviço (pós-venda, garantia, SAC) nem serviços que não incluam algum "produto", melhor dizendo, algum entregável. Por isso a distinção feita é apenas didática. Os intangíveis usuais são:

- **Confiabilidade** e **segurança** na execução;
- **Receptividade**;
- **Disponibilidade** e dedicação;
- **Presteza**;
- **Competência** em habilidades e conhecimentos;

- **Cortesia**, polidez, respeito e consideração;
- **Credibilidade**, confiança e honestidade;
- **Lealdade** na relação e integridade;
- **Acessibilidade** e facilidade de contato;
- **Compreensão** das necessidades do cliente;
- **Empatia**, afinidade e compreensão do cliente.

Para propor Valor ao Cliente

Quando se prioriza a satisfação do cliente, os intangíveis preponderam. Para criar uma relação custo-benefício favorável, bastaria adicionar intangíveis com custo menor que o valor que agregam ao serviço. A técnica de Proposição de Valor ao Cliente foi criada exatamente para colocar o cliente de fato no centro das atenções, criando o "espírito de serviço" (*stewardship*) ou capacidade de servir ao outro.

Ambiente	O local é convidativo, atraente, parece profissional?
	O cenário faz o cliente sentir-se bem-vindo e à vontade?
	Evoca emoções e pensamentos positivos?
Experiência	O lugar é adequado para o negócio?
	Favorece a experiência individualizada do cliente?
	Qual é a qualidade da experiência do cliente nesse local?
Relacionamento	O pessoal é receptivo, gentil e atencioso? Respeita o cliente?
	Conquista a confiança ou faz pressão?
	O relacionamento agrega valor à transação?
Processos	São fáceis e rápidos os processos para realizar o negócio?
	Há flexibilidade e customização ou prevalece a burocracia?
	Os processos são amistosos e leves? Há consistência?
Entregáveis	Os entregáveis atendem às necessidades e expectativas? Superam? Encantam o cliente?
	As evidências de serviço tornam o serviço mais tangível?

Informação	O cliente compreende os termos usados no contrato?
	Compreende os procedimentos previstos?
	Obtém informação de suporte para seu aprendizado?
	As consequências e os próximos passos são claros?
Financeiro	O preço e demais condições financeiras são justos e adequados?
	O valor percebido é compatível ou superior ao valor pago?

Quadro 32.2. Questões para Adicionar Valores Intangíveis ao Cliente.

Proposição de valor é a combinação de coisas e experiências intangíveis, cuja oferta cria no cliente a percepção total do valor recebido. Há sete fatores onde se pode adicionar intangíveis em um serviço ofertado, mostra o Quadro 32.2. Planejar intangíveis significa estruturar o ambiente, real ou virtual, que servirá de cenário para a relação com o cliente.

Também envolve definir a experiência do cliente ao receber o serviço e a relação interpessoal. Cada fator é concebido visando maximizar valor.

Podemos adicionar intangíveis nos processos chave para a percepção do cliente. Entregáveis ou *deliverables* são as coisas tangíveis que acompanham o serviço, outra fonte de intangíveis, bem como a informação fornecida. Por fim, o derradeiro fator onde se pode adicionar intangíveis é no fator financeiro: condições de pagamento, descontos e *rebate*, os descontos futuros para reter o cliente.

Por exemplo, imagine uma loja de vestuário infantil. Como poderia ser a proposição de valor dela? O ambiente poderia ser muito iluminado, colorido, enfeitado com motivos infantis, contendo sala de brinquedos ao fundo da loja com monitor para distrair as crianças enquanto os pais fazem compras. A experiência de quem entra na loja pode incluir: um palhaço recepciona as crianças enquanto o vendedor sorridente atende aos pais. O pessoal usa bom humor e descontração, demonstra entusiasmo ao oferecer produtos, questiona qual é o estilo da criança considerada, mostra um livro de fotos de clientes no provador. O processo escolhido para adicionar valor é o do fechamento da compra, ocasião em que o vendedor oferece brindes promocionais conforme o valor total da compra. Um entregável importante é a embalagem, sempre para presente, e a sacola elegante da loja. Junto ao provador há painel com dicas para vestir crianças e dicas para a conservação de roupas infantis — esse é o valor adicionado ao fator informação. Para completar, o fator financeiro inclui: compras acima de certo valor podem ser parceladas no cheque ou cartão; no balcão há painel de avaliação de satisfação: "fiz uma ótima compra", "fiz uma boa compra", "não sei se fiz uma boa compra".

Neste exemplo hipotético, suponha que os intangíveis adicionados elevam o custo de operação da loja em 10%. A questão é: o valor adicionado permitiria reposicionar os preços e os produtos de modo a ampliar em mais de 10% o faturamento da loja? Se a resposta for positiva, valeu a pena adicionar intangíveis. Isso sem considerar os benefícios qualitativos, que podem reter e até fidelizar o cliente.

Valor em tudo

A distinção entre produto e serviço perdeu o sentido nas últimas décadas: todo produto comercializado contém serviços (entrega, instalação e garantia), bem como todo serviço contém entregáveis (produtos e resultados). Desse modo, pode-se criar uma Proposição de Valor para tudo. Experimente tratar como um serviço algo que presta a colegas em sua organização; crie uma proposição de valor eficaz e verifique o resultado disso, avaliando se obteve melhor avaliação de satisfação.

Objetivos SMART

Difícil é fácil

Como você define seus objetivos? Parece simples, mas não é. Um objetivo impreciso não serve para nada. Se o objetivo não puder ser verificado, ele não serve como guia para nossa atuação. Se o objetivo é impossível de ser alcançado, torna-se uma alucinação. É difícil a questão, mas com técnica e sagacidade aprendemos a definir objetivos.

Medir para gerir

Há uma premissa antiga de que tudo o que podemos medir nos permite atuar sobre ele. O termo *mente* deriva do latim *mèntem*, que significa pensar, conhecer e entender; do mesmo termo latino deriva *medir*, dado que a razão nada compreende sem avaliar, pesar e ponderar.

Peter Drucker afirmou: *"o que pode ser medido pode ser melhorado"*. Parece que essa questão em gestão foi primeiramente abordada por William Deming, o patrono da qualidade no Japão, que afirmou: *"as medidas de produtividade são como as estatísticas de acidentes: informam tudo sobre o número de acidentes em casa, na estrada, no local de trabalho — só não dizem como reduzir sua frequência"* — daí que ele propunha o estudo sistemático delas para produzir melhorias. Nessa profissão de fé, Deming repetia: *"o que não pode ser medido não pode ser gerenciado"* e propunha ferramentas para aprimorar a qualidade e produtividade.

Tornar mensurável os objetivos não é um problema apenas para a qualidade; o mesmo ocorre com a definição de objetivos estratégicos e de objetivos de projetos, programas ou portfólios. Mas a necessidade é ainda maior quando as organizações buscam criar objetivos pessoais para cada funcionário.

Inteligente-mente

Em 1981, George Doran publicou um artigo no periódico *Management Review* tratando de uma "maneira INTELIGENTE de escrever objetivos". O acrônimo mnemônico SMART foi uma criação simples e poderosa, que ganhou o mundo. Hoje há diversas variações, sobretudo no significado de A e de R, porém o acrônimo mais aceito é:

S = Específico (*Specific*);

M = Mensurável (*Measurable*);

A = Alcançável (*Achievable*);

R = Relevante (*Relevant*);

T = Temporal (*Timebound*).

Para ser inteligente o objetivo precisa ser *específico*. Redigir *"queremos ser os melhores"* não é inteligente; já *"queremos estar entre os 3 no topo do ranking de governança corporativa"* é inteligente. Se o objetivo não é específico, ele causa diferentes interpretações nos envolvidos e perde o poder de alinhamento que um objetivo precisa ter. Se ele é amplo demais, perde o poder de direcionamento que precisa ter.

Para ser inteligente, o objetivo precisa ser *mensurável* para que possa ser verificado e medido. Torna-se uma métrica de qualidade. Por exemplo, *"atingir a excelência"* não é um objetivo inteligente, já *"atender mais de 80% dos critérios do Prêmio Nacional da Qualidade"* pode significar a mesma coisa, mas agora é inteligente. Escolhi para exemplo a qualidade, um conceito intangível que contudo precisa ser tangibilizado para que seja gerido.

Para ser inteligente, o objetivo precisa ser *alcançável*. Não é inteligente definir um objetivo que todos duvidem de sua exequibilidade. *"Queremos alcançar 80% do mercado em 3 anos"* não é tão inteligente quanto *"queremos ganhar 10% do mercado em 3 anos, de forma sustentável"*. Se o objetivo é desafiador porém viável ele motiva e mobiliza os envolvidos; quando se exagera, desperta o cinismo e a descrença dos envolvidos — isso não é inteligente porque o objetivo precisa reforçar a noção de que podemos moldar o futuro e ser protagonistas.

Em outras versões, o acrônimo SMART contém *Agreed* em lugar de *Achievable*: significa que para ser inteligente o objetivo precisa atingir a concordância geral de todos os envolvidos sobre ele. Podemos unir os dois significados escrevendo que o objetivo precisa ser *consentidamente alcançável*.

Para ser de fato inteligente, o objetivo precisa ser *relevante*. Esta é questão chave para mim. Não concordo com objetivos fáceis de alcançar ou que envolvam realizações irrelevantes ou secundárias. *"Vou realizar um evento educacional neste ano"* insulta a minha inteligência; não é algo digno de se esforçar para realizar. As organizações que atrelam o pagamento de bônus anual em função de objetivos atingidos correm esse risco: a estratégia de estimular a todos para *"dar o seu melhor"* gera de fato um ceticismo do tipo *"me engana que eu gosto"* quando se permite que os funcionários estabeleçam objetivos irrelevantes para a organização, apenas porque representam coisas mais fáceis de alcançar e de medir. Assuntos corriqueiros pertencem à "baixa-gestão"; assuntos desafiadores revelam os gestores de maior capacidade.

Por fim, todo objetivo representa um esforço continuado. Para ser inteligente, o objetivo deve definir um prazo para que seja alcançado. *"Seremos reconhecidos por..."* não é inteligente porque denota um tempo futuro indefinido. Dentro de 10 anos ainda haverá quem mantenha esse objetivo entre os estratégicos, o que fará com que ele nada mais signifique. Temendo isso, opto por nunca usar verbos no futuro ao redigir um objetivo; prefiro o tempo presente, dado que o objetivo já existe, e o resultado está sendo gerido para que seja alcançado no período definido pelo objetivo: *"ser considerado referência em 3 estudos de benchmarking até 2022"*.

Específico, mensurável, alcançável, relevante e delimitado no tempo — com objetivos como esse **transformamos sonhos e ideias em desafios consistentes**, cujo esforço para alcançar vale a pena.

Sucesso precisa do SMART

Experimente escrever, por exemplo, seus objetivos pessoais para os próximos anos na forma SMART. Note com surpresa como ao ler os objetivos inteligentes você terá a clara noção do que precisa fazer, das prioridades e do valor daquilo que deseja realizar. A maioria das pessoas julga desnecessário redigir seus objetivos pessoais, dado que na vida fazemos *"o que é possível* fazer".

Faça mais que o possível, com objetivos inteligentes.

FONTES

» DORAN, G. T. There's a S.M.A.R.T. Way to Write Management's Goals and Objectives. *Management Review*, (AMA FORUM), VOL. 70, 11, p.: 35–36, 1981.

34

Estratégia — Competências

Muita gente envolvida

Há 30 anos, muitas organizações tinham um setor especializado que dominava as técnicas de planejamento estratégico. Desde então, a reflexão estratégica passou a incluir todos os gestores relevantes. Essa descentralização da função gerou uma demanda: mais e mais gestores passaram a depender de sua competência em visão estratégica.

A mesma demanda existe em empresas nascentes (*startups*), organizações da sociedade civil (terceiro setor) e pequenas empresas em ambiente competitivo.

Não se aprende na escola

Muitos indivíduos e organizações não estabelecem estratégias para direcionar seus esforços. Nesse caso ficam à mercê das contingências trazidas pela incerteza sempre presente. Refletir sobre estratégias é fazer a escolha de interferir para trilhar um caminho na direção desejada. Requer focar no futuro, mais que no presente ou passado. Requer estudar opções e oportunidades, elegendo as mais promissoras. Requer o raciocínio probabilístico para obter uma orientação e não uma determinação.

Essa cognição deveras sofisticada não foi ensinada nas escolas. Praticamente nenhum curso de nível superior educa os alunos a pensar no futuro com essa intenção. Infelizmente, as escolas somente preparam os alunos para atuar nas questões táticas e operacionais, nos processos contínuos. Para piorar, a mentalidade que prevalece é a da mudança incremental, que leva os indivíduos a planejarem o futuro de curto prazo com base no desempenho atual e passado. A escola ensina a fixar e controlar metas, e não probabilidades; a priorizar problemas e não oportunidades; a preservar estabilidade em lugar da transformação.

Daí que a maioria dos gestores capacitados a pensar estrategicamente forjou esta competência por esforço pessoal e aprimoramento progressivo. Tento aqui revelar as macrocompetências mais importantes para quem está envolvido em estratégia.

Muita técnica moldada pela sagacidade e sabedoria

Uma boa maneira de classificar as competências requeridas é deduzi-las dos atributos específicos do tema. Estratégias incluem visão de futuro, escolha intencional, atemporal, considerando tendências, definindo objetivos e prioridades, e controlando o planejado frente à realidade ocorrida.

Atributos de Estratégia	Competências do gestor
Tendência	1. Sagacidade para perceber tendências 2. Pensamento divergente (idealização) 3. Monitoramento de tendências
Visão	4. Imaginação 5. Síntese 6. Capacidade de inspirar outros 7. Criação de Visão, Missão e Valores
Intencional	8. Capacidade de expressão 9. Escolha e decisão colegiada
Atemporal	10. Visão de longo alcance 11. Relações de causa-efeito 12. Implicações e inferências
Objetivo	13. Formulação e seleção de estratégias 14. Dedução 15. Pensamento convergente (filtro e seleção) 16. Criação e definição de objetivos inteligentes 17. Organização de Mapa Estratégico

Prioridade	18. Formação de portfólio 19. Avaliação multiobjetivo 20. Construção de consensos 21. Estabelecimento e controle de prioridades 22. Comunicação clara e coerente
Controle	23. Monitoramento e controle de estratégias 24. Decisões corretivas 25. Revisão do planejamento estratégico

Quadro 34.1. Competências dos Envolvidos em Estratégia.

O Quadro 34.1 deduz, a partir desses fatores, quais competências são requeridas de quem lida com estratégias. Note que há competências onde prevalece o atitudinal, em outras prevalecem habilidades, mas há aquelas em que prevalece a sensibilidade e o estilo autêntico. As 25 competências listadas formam um conjunto heterogêneo difícil de desenvolver.

A Figura 34.1 separa essas 25 competências em quatro quadrantes. O eixo vertical separa na parte superior as competências que demoram a se consolidar e na parte inferior as facilmente adquiridas. O eixo horizontal separa à direita as competências duras, explicitáveis e padronizáveis, enquanto que à esquerda figuram as competências brandas, onde prevalecem conhecimentos tácitos, sensibilidade e estilos autênticos.

Figura 34.1. Classificação das Competências em Estratégia.

Como se observa na Figura 34.1, as competências para estratégia se concentram à direita, o que implica na possibilidade de gerar procedimentos duradouros na organização. Contudo, alerta para as competências no quadrante superior: elas levam tempo para desenvolver e consolidar.

Embora contendo poucas competências à esquerda da Figura 34.1, vale ressaltar que elas requerem pessoal talentoso e maduro para que apresentem bom desempenho. Sem elas, de nada servem as rotinas criadas para o planejamento estratégico. Enquanto novatos apresentam bom desempenho depois de aprender as técnicas à direita, os peritos maduros são essenciais para as competências à esquerda — são essenciais para a reflexão estratégica.

Isso explica a sensação causada quando lemos o fruto do planejamento estratégico de uma organização. Se ele foi produzido por peritos maduros, sagazes e com sabedoria, sua qualidade salta aos olhos. Em contraposição, o planejamento produzido segundo gabaritos (*templates*) de forma quase mecânica e burocrática para nada serve.

Sempre tememos pivotar e reposicionar

Tenho observado que em geral um profissional precisa de quinze anos de experiência profissional para iniciar seu desenvolvimento nas competências em estratégia. Mais alguns anos e esse profissional se sente à vontade para refletir estrategicamente. Contudo, sempre perdura o temor de fazer uma "virada", pivotando as estratégias planejadas e recomendando um reposicionamento. Nunca é fácil, mas é preciso.

Caso Tintas

Cada caso é um caso

Planejamento estratégico é algo difícil de padronizar: cada caso é um caso. Conforme a realidade da organização e suas ambições e dúvidas no momento da realização desse esforço. Também não se pode copiar: a dinâmica dos que participam da reflexão estratégica dita a profundidade e a consistência do que é produzido. Com tantas singularidades, este caso serve apenas para acompanhar a evolução do processo e das técnicas usadas.

Anjo Tintas

Aos 23 anos de idade, após alguns anos de sucesso como vendedor de produtos para manutenção de automóveis, o empreendedor Beto Colombo reuniu todo o seu patrimônio para adquirir uma fábrica de massa plástica insolvente. Desejava ele próprio comandar o seu destino: montar uma manufatura em sua cidade no interior do Estado, em Criciúma, SC, era uma conquista desafiadora e arriscada.

O esforço da família toda logo surtiu efeito: as vendas começaram a ocorrer, enquanto a fábrica e cada processo empresarial era recomposto, em um duro aprendizado. O empreendedor criou um novo produto, a massa plástica, que logo encontrou seu espaço no mercado local e alavancou a empresa.

Com o passar dos anos, a linha de produtos foi ampliada, e aquela empresa regional cresceu e encontrou outro nicho que buscava produtos de qualidade: o de thinners e solventes. Uma política de remuneração variável assegurava elevada produtividade, favorecendo as vendas. O negócio se consolidou e duas novas fábricas foram construídas, para atender não apenas o mercado automobilístico, mas outros três mercados. Em outubro de 2005 um incêndio devastou uma das fábricas, deixando a empresa em situação precária, mas ela demonstrou resiliência e superou essa dificuldade. Logo no mês seguinte bateu recorde de vendas e conseguiu entregar 100% dos pedidos em tempo recorde. Em janeiro de 2006, antes mesmo de identificar a causa do primeiro acidente, outro incêndio destruiu a principal unidade produtora da companhia, e mais uma vez a empresa se reergueu rapidamente e seguiu forte no mercado.

Em 2012 era o momento de refazer o planejamento estratégico realizado sete anos antes. Era um momento crucial: Beto Colombo, o fundador do negócio, passava o comando da organização para seu filho mais velho, que havia concluído um MBA no exterior, mas precisava construir a liderança na organização onde já havia trabalhado por 8 anos.

Um plano, muitos planos

Contratado o consultor, ele organizou duas oficinas de dois dias consecutivos, com intervalo de quinze dias, seguidas de uma jornada final para consolidação. Ele alertou para o fato de que seria difícil controlar a produtividade, portanto, aquelas agendas podiam ser alteradas. Participaram os diretores e conselheiros, os gerentes de vendas e alguns convidados de outras áreas do negócio, quase vinte pessoas.

De início, foi importante discutir com o grupo a importância de definir estratégias. A organização era copiada por concorrentes em estratégias de sucesso, tinha um histórico de ser pioneira na região, tinha os custos mais baixos do setor e se diferenciava dos concorrentes. Porém o grupo concordou que os resultados obtidos dependiam mais da conjuntura (pressão externa), o que fazia dela uma empresa adaptativa e não gerativa. Também houve consenso de que as estratégias formais não eram realizadas.

Depois de uma reflexão sobre cenários mundial e brasileiro e dos clientes, para dar ao grupo uma visão de longo alcance, o grupo reformulou as declarações de Visão, Missão. Adicionavam uma terceira declaração, a do Negócio: um bom lema aplicável aos quatro mercados onde atuava. Diante dos esforços em anos anteriores com questões ambientais (ISO–14.000), a empresa preferiu adotar, em lugar dos Valores, os Princípios da Sustentabilidade, em número de oito. Estava criado o "marco filosófico".

Para obter inspiração para a reflexão estratégica, três estudos foram realizados pelo grupo: análise de mercados, análise de concorrência e análise de produtos. Cada estudo gerou matéria-prima para confeccionar estratégias, obrigando o grupo a fazer escolhas o tempo todo.

Foram analisados os quatro mercados em que a empresa operava, estudando-se também um novo mercado: o de esmaltes para unhas. A análise confirmou a posição consolidada e forte nos mercados da linha automotiva, que chegava à maturidade e da linha de impressão, que no entanto havia permanecido estagnado em anos recentes. Já a linha industrial apresentava ociosidade na fábrica e dificuldade de ampliar fatia de mercado. Ambos os mercados tinham empresas como clientes (*B2B*). A linha imobiliária tinha pouca expressão em um mercado gigantesco e dominado por três grandes empresas. A informação coletada sobre a linha de cosméticos não foi suficiente para animar o grupo a investir nesse novo mercado. Um dilema se evidenciou: a maior atenção da força de vendas à linha imobiliária do que para a linha automotiva. Outra evidência: a oportunidade da integração "para trás" (*upstream*) na cadeia, criando uma fábrica de resinas.

A análise da concorrência considerou os seguintes fatores: participação no mercado; faturamento; qualidade dos produtos; competitividade de preços; acesso privilegiado a fornecedores; competência técnica, em atendimento e na inovação; competência de força de vendas; capacidade de investimento; e imagem. Um quadro para cada linha de produto comparava até oito concorrentes. Percebeu-se a força da marca em alguns mercados, e reforçou as fragilidades e ameaças apontadas por uma análise SWOT para cada linha de produtos.

A análise de produtos serviu-se da Matriz BCG de participação-crescimento. Em cada linha de produtos verificou-se quais produtos eram classificados como "vacas leiteiras", "vira-lata", "interrogação" e "estrela". Muitas inspirações surgiram dessa análise: em muitos casos, decidiu-se por ações comerciais imediatas acerca de tópicos que mais tarde não se refletiriam em estratégias. O reposicionamento de preços de alguns produtos derivou dessa análise. Em alguns casos, percebeu-se a necessidade de desenvolver substitutos para alguns produtos vira-latas — mas não se evidenciou a necessidade de simplesmente remover produtos, enxugando o portfólio. Algumas decisões relevantes foram adotadas para produtos interrogação e para estrelas.

Nesse ponto da reflexão estratégica, o quadro geral era suficientemente compreendido pelo grupo para a definição de estratégias. A partir das quatro perspectivas — pessoal, processos, interessados e finanças — foram selecionadas as estratégias que viriam a compor o mapa estratégico (*balanced scorecard*).

Na perspectiva financeira os objetivos foram: *"buscar lucro líquido acima de 3,5% em 2014, 4% em 2016 e 5% até 2022"*; *"atingir faturamento de R$ 660 milhões em 2022"*. Objetivos ambiciosos, mas definidos com segurança. O mapa estratégico deve ser atemporal, para que possa realmente ser de longo prazo, mas esta organização se propôs a visionar até dez anos à frente, apenas na perspectiva financeira. Cristalizou-se a ideia de que esse mapa deveria ser revisto dentro de cinco anos, como realmente o foi.

Os fatores críticos de sucesso definidos foram: relacionamento; logística integrada; qualidade e inovação; gestão e capital intelectual. São plausíveis para empresas em mercados crescentes e competitivos, e em campos de aplicação que prezam a qualidade dos produtos. O mapa estratégico consensual apresentou 16 objetivos estratégicos, cinco deles na perspectiva de processos e cinco na de interessados. Com 27 anos de vida, a empresa chegava à maturidade.

O problema inicialmente apontado de não executarem as estratégias oficiais foi abordado ao se propor ao grupo a criação de projetos estratégicos, verificando como cada projeto contribuiria para quais objetivos estratégicos, de modo a assegurar que os 16 objetivos seriam perseguidos por meio desses projetos. Um dos projetos envolvia o estudo da produção de solventes na China e outro envolvia o incremento de exportações, ainda tímidas. Dois projetos visavam criar novas unidades: fábrica de resina e nova fábrica para a linha industrial. Havia um projeto para a logística integrada e quatro projetos envolvendo a área comercial. Um projeto de produto para a linha imobiliária chamava a atenção: o sistema tintométrico, que permitiria misturar cores nas lojas. Como não poderia deixar de ser, havia projeto para desenvolvimento de líderes e para revisão de custos.

Causou insegurança no grupo a definição de estratégia para a linha imobiliária, o mercado mais controverso. O dirigente buscou apoio de outro consultor externo para ampliar essa reflexão, resultando na manutenção da estratégia que vinha sendo seguida até então, apenas com o incremento do sistema tintométrico na região onde a marca era mais forte.

Como resultado dessa reflexão estratégica, o grupo se mostrou bastante motivado e pronto para a ação. Como próximos passos, seria definida a governança dos projetos estratégicos, atribuindo-se um prazo para que fossem produzidos para aprovação da diretoria, os Termos de Abertura dos Projetos. A maioria dos projetos foi definida para início imediato, julgando-se que a empresa detinha capacidade para tanto.

De uma reflexão "estratosférica", passariam a debater questões concretas e ao nível do chão: como realizar esses projetos.

Disciplina e resultados

A reflexão estratégica causa muita ansiedade. É preciso fazer escolhas difíceis, e cada escolha é uma aposta fundamentada em reduzida informação. Se ela for bem-sucedida, tira a todos de sua zona de conforto, o que introduz mais risco e incerteza. Contudo, a relação de projetos converte o plano em um plano executivo, com escopo bem definido, prazos e investimentos aprovados, e equipes temporárias alocadas. Enquanto os projetos vão sendo executados, a correção das estratégias é reavaliada, ganhando força. Enquanto o mapa estratégico é confidencial, o portfólio de projetos foi divulgado, visando criar ambiente favorável para o grau de transformação pretendida.

Cinco anos depois, o consultor foi novamente contratado, para refazer o planejamento. Novamente um incêndio recente havia destruído uma unidade, a unidade de resinas que havia sido definida a construção no antigo planejamento estratégico, ampliando os custos de produção. Com alegria, o consultor verificou o andamento dos projetos nesse período, quase todos concluídos com sucesso.

Chamou a atenção do consultor as mudanças ocorridas na governança da empresa: substituição de muitos diretores e gerentes. No momento da reflexão estratégica essa questão não foi levantada, até para dar liberdade à reflexão, sem o que as estratégias perderiam ambição devido a restrições do momento. Se a evolução da governança foi puxada pela transformação causada pelo plano estratégico e portfólio de projetos é motivo de satisfação e cria, na empresa, um círculo virtuoso: a empresa constrói o futuro almejado, e se equipa depois para desfrutar dele.

FONTES

» COLOMBO, B. *Muito Além do Lucro: Como um plano de participação pode transformar você e sua empresa*. Porto Alegre: Artes e Ofícios, 2010.

» HITT, A. M. *Administração Estratégica: Competitividade e globalização*. São Paulo: Thomson Learning, 2ª. ed., 2008.

» THOMPSON, A.A.; STRICKLAND, A.J. *Planejamento Estratégico: Elaboração, implementação e execução*. São Paulo: Pioneira, 2000.

PARTE III
EMPREENDEDORISMO

36

Caso Jorge Paulo Lemann

Referência em Gestão

Nas últimas décadas, nenhum outro empreendedor brasileiro foi tão valorizado em todo o mundo como Jorge Paulo Lemann. Suas ideias são ensinadas em todas as escolas de negócio no mundo. Mas pouco se conhece sobre ele: ele detesta exposição pública, incentiva a frugalidade, não frequenta festas nem badalações.

Ímpeto sóbrio e ilimitado

Não existe um perfil único de competências para um empreendedor, até porque na maioria das vezes aqueles que montam negócios a partir do zero o fazem por necessidade, conforme pesquisas recentes. Ainda assim, por tornar-se o mais rico dos brasileiros, Lemann desperta a curiosidade que estimula aprendizagem. Além de nos entusiasmar com seu ímpeto sóbrio, contudo ilimitado.

De banqueiro a empresário

Lemann nasceu no Rio de Janeiro em 1939, de uma família de suíços abastada. Foi educado na ética protestante, que valorizava a frugalidade, a disciplina e o trabalho. Estudou na Escola Americana, adquirindo fluência no inglês — lá foi eleito pelos colegas de formatura como o aluno *"most likely to succeed"*. Frequentava o

Country Club, reduto da alta sociedade carioca, onde começou a jogar tênis aos 7 anos de idade. Chegou a ser campeão brasileiro juvenil aos 17 anos, e na época ele também se considerava um dos melhores surfistas do Rio. Aos 14 anos de idade perdeu o pai.

Por estímulo de um tio que vivia nos EUA, decidiu estudar Economia em Harvard. Era 1957 e poucos brasileiros faziam curso superior no exterior. No início teve dificuldade de adaptação, suas notas ficavam abaixo da média. Como um rebelde, prestes a sair de férias no final do primeiro ano, ele fez uma molecagem: estourou fogos de artifício na praça central — Harvard Square. Dias depois e já no Rio, recebeu uma carta de Harvard recomendando que se afastasse da escola por um ano para que amadurecesse. Lemann sentiu-se desafiado e decidiu não só continuar o curso, como também terminá-lo em dois anos em vez dos três restantes. Criou um estratagema: estudava as provas antigas, arquivadas na biblioteca e, como os professores não as alteravam, logo ele passou a "queridinho" do reitor.

Em Harvard a visão de mundo de Lemann se ampliou — passou a afirmar que *"ter um sonho grande dá o mesmo trabalho que ter um sonho pequeno"*. Aprendeu a importância do foco e do esforço na definição de objetivos. Passou desde então buscar 4 ou 5 objetivos essenciais para *"fazer sempre melhor"* — ganhou ambições, e percebeu que: *"ideias tinham maior efeito em longo prazo"*. Desenvolveu a habilidade de calcular riscos, mas discordava de que era preciso mitigar riscos: *"para fazer mais é preciso tomar riscos e isso só se aprende praticando"*. Aprendeu que devia se cercar de pessoas competentes e compreendeu a importância da ética, afirmou ele em 2011 em um raro evento público no Insper e de sua Fundação Estudar.

Ao retornar ao Rio obteve emprego na Deltec, corretora de valores, cujo dono era também sócio do Country Club. O mercado de capitais brasileiro era tão embrionário que Lemann desanimou e decidiu viajar. Foi morar na Suíça, e obteve emprego como estagiário do Credit Suisse Bank, onde achou tudo lento demais, engessado demais e previsível demais. Deixou o emprego em sete meses, e passou o tempo jogando tênis. Disputou a Copa Davis e dois Grand Slam — Wimbledon e Roland Garros — mas desistiu: *"pelo tanto que jogava, percebi que dificilmente estaria entre os 10 melhores do mundo. Resolvi parar, já que eu não seria um astro"*.

Em 1963, de volta ao Rio, Lemann foi contratado pela Invesco, empresa de crédito que havia criado uma área de mercado de capitais. Por sua iniciativa a empresa criou uma "bolsa paralela" em que os papéis eram comercializados fora do pregão oficial. Em 1966 a Invesco quebrou. Lemann aprendeu que era tão importante cuidar das receitas quanto das despesas, e que era preciso ter gente boa e bem remunerada em todos os setores da organização: *"goleiro também tem que ganhar bem"*, afirma ele.

Em 1967 Lemann começou a trabalhar na corretora Libra, controlada pelo Banco Aliança. Com o sucesso obtido, depois de três anos ele tentou adquirir a corretora. Para sua surpresa, os donos se negaram a vender e obrigaram Lemann a deixar a corretora.

Introspectivo e caladão, Lemann sempre sustentou sua rede de relações. Com ajuda de amigos, comprou a corretora Garantia em 1971. Com a crise da Bolsa, dois meses depois o negócio quase virou pó. Não era um início promissor. A solução foi concentrar atividades no *open-market*. Lemann precisava de uma equipe afiada, em ambiente de meritocracia e muito esforço: *"o Garantia foi construído quando éramos jovens, muito fominhas, não tínhamos dinheiro nem nome"*. Relações amorosas entre funcionários eram proibidas; filhos e esposas de sócios eram proibidos de trabalhar na empresa.

Lemann procurava um tipo específico de profissional, que ele batizou de "*PSD: Poor, Smart and Deep Desire to Get Rich*". No mercado de ações da época, se operava sempre no limite da *"irresponsabilidade"*, e os PSD garantiam o sucesso. Trabalhavam em um amplo salão sem paredes; Lemann ficava a maior parte do tempo em uma mesa no salão; ao invés de ternos sisudos, na corretora Garantia o pessoal vestia calças cáqui e camisas com mangas arregaçadas.

Como funcionava a meritocracia criada por Lemann? Pagava salários abaixo da média de mercado, mas oferecia quatro ou cinco salários extras como bônus anual desde que batessem suas metas: *"trabalhe bem e será recompensado"*. As metas eram desafiadoras: falavam *"um dia é 5% do mês"*.

Não havia pirâmide hierárquica. O pessoal era dividido em três grupos: os PL (de "participação nos lucros", jocosamente chamados de *"pelados"*); os *comissionados*, que recebiam entre 0,1% e 0,3% do resultado final; e os *sócios*. Não era fácil migrar de bonificável para comissionado — eram avaliados semestralmente por chefes, pares e subordinados. Anualmente os sócios conduziam a *"reunião da fumacinha"* após a qual 10% do pessoal era dispensado. Ao longo de 30 anos da corretora e banco Garantia, 40 funcionários chegaram a sócios. E passaram a receber dividendos. Do lucro, 25% eram distribuídos como participação nos resultados, 15% como dividendos e 60% eram capitalizados. Contudo, os novos sócios tinham que comprar sua participação, pagando por 2 a 3 anos 70% do que tinham direito a receber — isso evitava que ficassem subitamente ricos e perdessem o foco no trabalho.

O ambiente de trabalho era competitivo demais. Afirma Lemann: *"ao competir, você começa a relacionar o esforço ao resultado. Não tem resultado sem esforço, sem suor"*. A pressão por resultados transformou o pessoal em *"workaholics"*, com dedicação total e exagerada. Nas entrevistas de seleção, os testes de "resiliência" eram determinantes: era preciso mostrar a mais de dez agressivos entrevistadores, que o candidato demonstrava *"faca nos dentes"* e *"brilho no olho"*.

Lemann conseguiu estágio no JP Morgan para seu sócio, que aprendeu a tecnologia do *"overnight"* e a trouxe para o Garantia. Foi nesse estágio que Marcel Telles começou. Lemann praticava pesca submarina, onde conheceu outro PSD: Beto Sicupira.

Em 1976 o JP Morgan queria operar no Brasil e ofereceu sociedade para a corretora. Lemann quase cedeu à tentação pela possibilidade de ampliar operações, contudo a experiência dele com a burocracia do Credit Suisse fez com que ele recusasse a oferta. Ao invés disso conseguiu comprar carta patente transformando a corretora em banco de investimentos. Lemann sugere que foi uma das decisões mais difíceis que tomou — teria se sentido novamente desafiado como em Harvard?

O trabalho no Banco Garantia era percebido pelo pessoal como uma *"panela de pressão"*. Para descontrair sem perder a competição, o pessoal lançava mão de "brincadeiras" agressivas, até mesmo quando um funcionário casava. O destempero era usual, exceto em Lemann.

Lemann teve a intuição de que deveria colocar seus recursos na economia real. Vagarosamente começou a estudar negócios. Em 1982, depois de adquirir ações no mercado, assumiu o controle das Lojas Americanas. A empresa estava tão barata, que se não fosse possível recuperar seu valor ainda seria possível ganhar dinheiro com a venda do patrimônio. De banqueiro, Lemann passava a empresário.

Beto Sicupira foi designado para o comando das Americanas e fez o mesmo que Lemann havia feito para aprender o negócio quando ele buscou o Goldman Sachs: Sicupira procurou o Walmart. Beto, Lemann e Sam Walton tornaram-se amigos, e o aprendizado requerido ocorreu.

Dos 17 sócios do Banco Garantia, criou-se um triunvirato: Lemann, Telles e Sicupira. Cada qual se tornaria "dono" de novos negócios na economia real. Em 1989 o Garantia adquiriu por 60 milhões de dólares a cervejaria Brahma: Telles tornou-se presidente. Lemann se considerava um homem com intuição zero, porque então comprar uma cervejaria? O banqueiro se deu conta de que os homens mais ricos da Venezuela, da Colômbia e da Argentina eram cervejeiros (respectivamente Polar, Bavaria e Quilmes): *"esses caras não podiam ser todos gênios... o negócio é que devia ser bom"*.

O ano de 1994 foi o melhor para o Garantia: lucro de um bilhão de dólares, distribuído a todos, que ficaram ricos. Mas em 1997 uma crise inesperada atingiu a Tailândia causando perdas imensas de recursos e de credibilidade no Garantia. No ano seguinte o Garantia foi vendido ao Credit Suisse First Boston. Em 1999 outra crise, desta vez pessoal: seus três filhos mais jovens, com 7, 6 e 3 anos de idade sofreram uma tentativa de sequestro. As crianças saíram ilesas, mas no dia seguinte a família tomou um avião e nunca mais fixaram residência no Brasil. Hoje Lemann vive nos arredores de Zurique.

O triunvirato não era apenas investidor: o ciclo de negócio de um *private equity* é diferente do estilo deles. Eles adquirem negócios para fazer uma virada — *turnaround* — e induzir ao crescimento orgânico e por aquisição. Em 1999 a Brahma comprou sua principal concorrente, a Antarctica, formando a *AmBev — American Beverage Company* — era o Projeto Sonho, o primeiro passo para ter a maior cervejaria do mundo. Foi uma luta para que o órgão antimonopólio, o CADE, aceitasse a fusão. Em 2004 foi divulgada a associação entre AmBev e a belga Interbrew formando a InBev — e logo os brasileiros indagavam se na verdade a AmBev havia sido vendida. Em 2005 Carlos Brito, mais um PSD forjado no grupo, assumiu o comando dessa empresa.

Lemann, Telles e Sicupira criaram o fundo de *private equity* 3G Capital (o nome é referência aos 3 donos do Garantia). Em 2008, por 58 bilhões de dólares eles se tornaram os controladores da AB InBev, após a compra da Annheuser Busch.

Em 2010 mais uma aquisição: a rede Burger King, por 4 bilhões de dólares. Em 2012 reforçaram o negócio de cerveja com a aquisição da mexicana Modelo (cerveja Corona) por 20 bilhões de dólares. O sonho virou realidade: tinham a maior cervejaria do mundo, e distante da segunda maior, a SABMiller.

Em 2013, por 28 bilhões de dólares, o 3G adquiriu a Heinz, secular fabricante de condimentos — a maior transação da história no setor de condimentos. Tiveram a ajuda de Warren Buffett, que encantado com o protagonismo e competência desses brasileiros, está disposto a investir mais vezes com eles.

Há rumores sobre a compra da Pepsico ou da Coca-Cola: *"temos sonhos maiores. No momento estamos digerindo a Heinz. Se tivermos sucesso em colocar a empresa num rumo mais eficiente, de maior retorno, ela se tornará uma plataforma espetacular de expansão"*, afirmou Lemann. Em 2015, por 46 bilhões de dólares, em apenas dez semanas e orquestrado por Buffett, a 3G adquiriu a Kraft Foods, formando um gigante no setor de alimentos.

Com capacidade empreendedora ilimitada, Lemann também investiu na rede de padarias Benjamin, no sorvete Diletto, Dauper, Movile (Apps iFoods e Playkids) e Snapchat, as duas últimas revelando súbito interesse pela inovação e pelo mundo digital.

Modelo de Gestão forjado pela vivência

Ao fazer uma reflexão sobre sua essência, Lemann escreveu a seguinte definição[1]: *"não sou um cara vidrado em poder (nunca mandei muito); não sou ligado em ser dono (sempre dividi e me associei, se fosse vantajoso); não sou ligado em dinheiro (quase não gasto, exceto para filantropia). Nenhuma dessas coisas se levam conosco. O que eu gosto mesmo é de criar coisas legais, regá-las e tentar garantir que tenham durabilidade"*.

O modelo de gestão consolidado ao longo dos anos recebeu influência do Goldman Sachs, Walmart, GE, Jim Collins, Vicente Falconi e Gustavo Pierini. Para Lemann: *"copiar é muito mais prático que inventar a roda"*. O seu modelo de gestão considera:

1. MOTIVAÇÃO: *"as pessoas querem ter um sonho grande, gostam de participar de um sonho maior"*;

2. MERITOCRACIA: escolher os mais ambiciosos e dar a eles a oportunidade de se tornar também donos; cultura de hipercompetição com remunerações elevadas. Cada gestor deve ter substitutos melhores;

3. CUSTOS: mantidos no nível mais baixo possível, *"até por ser o elemento do negócio que você realmente consegue controlar"*; ambiente espartano;

4. RESULTADOS: *"esforço não é resultado"*, o foco sempre está em resultados;

5. SIMPLICIDADE: informalidade no vestir, reduzida hierarquia, sem mordomias ou sinais de status; cada pessoa se concentra em 4 ou 5 objetivos essenciais desafiadores demais;

6. DISCIPLINA: uso de métodos japoneses da qualidade, *"numa empresa como a AB Inbev foram essenciais"*, ao contrário das instituições financeiras;

7. ORÇAMENTO BASE ZERO: a cada ano o orçamento é estimado a partir do zero, desconsiderando anos anteriores;

8. GOVERNANÇA: para Lemann, *"o conselheiro é um defensor da cultura"*. Como líder, seu estilo é minimalista: ele nunca figurou no organograma como Presidente ou CEO.

O investimento em redução de custos é exagerado: nas Americanas o quadro de pessoal passou de 14 para 8 mil funcionários após a aquisição, mas hoje conta com 14 mil; na ALL, o quadro passou de 12 para 1,8 mil, mas hoje chega a 6,5

---

[1] Ver ÉPOCA Negócios, 14 de abril de 2008: "O legado de Lemann".

mil; na AmBev passou de 24 para 14 mil e agora atinge 35 mil, dos quais 22 mil no Brasil. O crescimento espantoso após a recuperação criou oportunidades para 80 brasileiros talentosos, que hoje brilham nas operações no exterior.

FONTE

» CORREA, C. *Sonho Grande*. Rio de Janeiro: Sextante, 2013.

37

Virtu e Fortuna — Maquiavel

Incertezas

Se você acredita que "o futuro a Deus pertence", como lida com a incerteza em relação ao futuro? Essa é uma questão existencial que costumamos deixar de lado em nossas reflexões, mas que tem impacto em nossos comportamentos e atitudes. Sobretudo se você é um empreendedor, é um gestor de projetos ou programas desafiadores ou participa da governança de crises, lidar com a incerteza é o maior desafio.

Conviver com incerteza promove resiliência e conquistas

A incerteza está sempre presente, seja na vida pessoal seja na vida profissional. Qualquer tentativa de controlar a incerteza é vã: ninguém controla seu futuro. Contudo, a incerteza introduz riscos, ou seja, ameaças e oportunidades em nossas vidas. E a maneira como lidamos com os riscos nos permite conviver com a incerteza, em alguns casos mitigando-a.

Lidar com a incerteza molda atitudes e crenças tão profundas que ditam nossa maneira de encarar o mundo, a vida e o trabalho. Aprendendo a conviver com ela conquistamos uma "coragem existencial" que amplia resiliência e a capacidade de "assumir" riscos — portanto, amplia nossa capacidade de realização.

Virtude é enfrentar a Fortuna

Não é de hoje que o ser humano se preocupa com a incerteza de modo proativo. Nos tempos ancestrais, todos os frutos da incerteza eram creditados a entidades místicas. Por temor à incerteza, ampliava-se as superstições e a religiosidade: ritos e sacrifícios eram comuns, como meio de influenciar o que poderia ocorrer no futuro. Tabus e pecados eram causados por esse temor.

Todavia, em um texto escrito há cinco séculos, observamos uma mudança de atitude. Um pequeno livro, "O Príncipe", de autoria de Nicolau Maquiavel, estudava a gestão de dirigentes, dando impulso à ciência política. Como assessor de monarcas, Maquiavel viveu e conviveu com projetos políticos altamente incertos.

A incerteza, que pertence ao gênero feminino, era representada como uma deusa caprichosa: Fortuna, a deusa romana da sorte. Curiosamente, como a Fortuna é a deusa da sorte, no senso comum brasileiro fortuna é sinônimo de riqueza. Embora seja uma visão positiva, ela não mobiliza ninguém a conviver com a incerteza.

Maquiavel não tratava do destino. Na visão medieval, enquanto o destino representava a vontade divina fixa e inflexível, a fortuna era representada como elástica, imprevisível e aberta à influência humana. O latim *fortuna* em dicionários refere-se a um sucesso imprevisto, revés da sorte ou ventura (que por sua vez remete a *aventura*).

Nesse livro, Maquiavel compara a incerteza a um rio destrutivo que pode causar enchentes: *"o mesmo acontece com a Fortuna: o seu poder é manifesto onde a força e a sabedoria não estão preparadas para resistir a ela, e dirige a sua fúria onde sabe que nenhum dique ou barragem estão prontas para contê-la"*.

Se fosse um ato divino, ele dirige sua fúria onde a força e a sabedoria não estão preparadas para resistir a ela, afirma Maquiavel: desse modo ele coloca os humanos em pé de igualdade com essa deusa tão cultuada e temida naquela época.

Em seu *"Discursos"*, Maquiavel completa a ideia: *"os homens podem prestar assistência à Fortuna, mas não podem opor-se a ela. Podem entrelaçar seus desígnios, mas não podem destruí-la. Devem então, nunca se entregar como derrotados porque, desde que não conhecem seu propósito e como ela segue através de caminhos sinuosos e desconhecidos, eles podem sempre esperar, e esperança é não desistir, seja qual for a fortuna e seja qual for a aflição que podem ter"*.

A **incerteza** inclui vários fatores: tudo o que é acidental, fortuito ou "motivo de força maior" nas relações contratuais. Inclui todos os imprevistos, ou seja, riscos não enfrentados no processo de planejamento. Inclui todo o imponderável, aquilo que não se pode medir nem avaliar, dificultando a sua gestão — e isso é particularmente importante no mundo financeiro. Inclui tudo o que é conturbado, portanto, não se sabe quais serão seus impactos futuros. A incerteza também inclui o desconhecido e a ignorância: *"onde a força e a sabedoria não estão preparadas"*.

Há quem aceite passivamente a incerteza: ela existe e nada há o que se possa fazer. Há os que procuram reduzir as fontes de incerteza, por meio do conhecimento, do estudo, da pesquisa cuidadosa e de técnicas de gestão. Outros buscam assegurar alguma controlabilidade para as ocasiões em que a incerteza se manifesta.

Maquiavel sugere persistência e precaução para lidar com a "fortuna". Parel ressalva: *"prudência e audácia podem ajudar a reconhecer e capturar oportunidades oferecidas, mas em última instância, permanece a imprevisibilidade do sucesso ou fracasso que não esperamos banir"*.

"A esperança é não desistir", afirma Maquiavel, seja qual for a *"aflição"* causada. Ao contrário da resignação, mas aceitando que nunca se elimina a incerteza, podemos encontrar um meio termo, ou um *"dique ou barragem para contê-la"*.

Em contraposição à fortuna, a *virtu* (virtude) em Maquiavel refere-se à força e energia da vontade. No capítulo seis de "O Príncipe", ele afirma: *"eles têm da Fortuna nada mais que oportunidade, que lhes dá a matéria em que eles podem introduzir a forma que escolherem; e sem oportunidade, a sua força de vontade seria desperdiçada, e sem tal força, a oportunidade seria inútil."* Nega, assim, a noção aventureira de se entregar à sorte. Inverte o processo: se para uns a fortuna traz aflição, para outros traz oportunidade; e seria inútil desperdiçá-la.

A **virtu** consiste em primeiro lugar, na força da vontade ou da mente criadora e em segundo lugar, na força da sagacidade (sabedoria) e na força da iniciativa: *"eles podem introduzir a força que escolherem."* Atualizando o termo virtu, podemos chamar a isso de **competência**: a capacidade de explorar oportunidades e gerir ameaças.

Parel afirma: *"quem a possui vê a oportunidade de moldar algo segundo seu próprio desígnio; tem imaginação e inteligência suficiente para ver o que precisa ser feito, para enxergar o que é invisível aos outros, e persistência de propósitos suficiente para fazê-lo."*

Maquiavel usava o exemplo de príncipes que herdaram grandes reinos e o perderam, indicando que a virtu estava em sustentar e até ampliar as riquezas de um reino, contrapondo aqueles príncipes a outros que partiram do "nada" e criaram reinos poderosos. Essa capacidade realizadora é o que hoje chamamos de **empreendedorismo**.

Orientados para a incerteza

Sorrentino e Roney pesquisaram o tema, classificando pessoas em orientados pela incerteza e orientados pela certeza. Os orientados pela incerteza são direcionados pelo que podem aprender da situação: enfrentam a incerteza com habilidade, opiniões e compreensão, são motivados a esforçar-se a pensar e agir vigorosamente. É uma orientação positiva, pois cria oportunidades de aprendizado — virtude, para Maquiavel. Do prisma emocional, eles podem ser orientados para o sucesso ou para a ameaça de fracasso.

Em contrapartida, os <u>orientados pela certeza</u> consideram importantes a certeza e a clareza, ignorando a confusão e a ambiguidade. Quando a situação fornece certeza e familiaridade, essas pessoas são motivadas a um esforço em pensar e a agir vigorosamente. Como são orientados para a manutenção do que sabem, podem tornar-se intolerantes a diferentes crenças e ideias novas.

Os autores sugerem que os primeiros enfatizam o valor positivo da nova informação, enquanto os últimos enfatizam o valor negativo dela. Julgam que quanto mais relevante uma situação é para alguém, mais tentará processar sistematicamente a informação. Desse modo, uns tendem a processar sistematicamente a informação em situações de incerteza, de forma controlada, cuidadosa e evitando viés. Em situações de certeza, tendem a preferir modos não sistemáticos: hábitos, respostas condicionadas e heurística. Em oposição, os últimos tendem a preferir a heurística em situações de incerteza e o processamento sistemático em situações de certeza.

Quanto mais proativa a iniciativa empreendedora, menos se submete à incerteza: ameaças são contidas enquanto oportunidades são exploradas. Maquiavel substituiu o destino e a sorte, remetendo à competência em gestão. Para ele, **virtude é enfrentar a incerteza. Sorte somos nós que a construímos**.

FONTES

» MACHIAVELLI, N. *O Príncipe; Escritos Políticos*. São Paulo: Nova Cultural, 1987.

» PAREL, A. *The Political Calculus: Essays on Machiavelli's Philosophy*. Canada: University of Toronto Press, 1972.

» SABBAG, P. Y. *Incerteza e Riscos: O trabalho de gerenciadores de projetos*. São Paulo: FGV/EAESP — Escola de Administração de Empresas de São Paulo, Tese de Doutorado, 2002.

» SORRENTINO, R. M. & RONEY, C. J. R. *The Uncertain Mind: Individual differences in facing the unknown*. Philadelphia: Taylor & Francis, 2000.

38

Empreendedor — Amplitude do Conceito

Oportunidade de empreender

Você se considera um empreendedor? Se você criou um negócio ou uma entidade social, pode-se dizer que sim. Se você propôs novos negócios na organização onde atua é empreendedor, melhor dizendo, intraempreendedor. Mas talvez você disponha de capacidades que poderiam torná-lo um empreendedor, quando você julgar oportuno fazê-lo.

Assunto de economistas

Empreender deriva do francês *entreprende*, e significa: levar a cabo, realizar ou metaforicamente "pegar o touro a unha". O termo francês foi adotado em inglês, daí que *entrepreneur* — empreendedor — é falado como no francês, pois o termo nasceu na França.

Economistas foram os primeiros a dirigir sua atenção para empreendedores: Richard Cantillion em 1756 e Jean-Baptiste Say em 1816, ambos reconhecendo a capacidade deles de enfrentar incertezas. Enquanto Cantillion sugeriu que todos os autônomos ou autoempregados seriam empreendedores, Say os percebia apenas como aventureiros talentosos que criavam novos negócios. Em 1848, J.

Stuart Mill considerava a direção, controle, superintendência e habilidade de lidar com riscos como funções típicas do empreendedor — acreditava, inclusive, que por correr riscos o empreendedor se diferenciava do dirigente profissional. Essa opinião é controversa, como veremos.

Joseph Schumpeter, o economista que mais defendeu o capitalismo, foi responsável pela visão moderna do empreendedor: denominava *"empresários"* (empreendedores) não os capitalistas e não apenas os homens de negócios independentes, mas aqueles que *"realizam combinações novas"*, o que inclui financistas, promotores e acionistas. Para ele, qualquer um pode ser empreendedor, mas só o é quando efetivamente leva a cabo uma *"nova combinação"* e deixa de sê-lo caso dedique-se a dirigi-lo, supostamente porque passaria a ser um gestor. Empreender não é uma condição duradoura, considerava o economista: *"quando terminam as fronteiras da rotina, muitas pessoas não podem ir além, e outros só podem fazê-lo de uma maneira altamente variável. A suposição de que a conduta é rápida e racional é uma ficção em todas as situações."*

Ressalte-se que o texto foi escrito em 1912, antes dele completar 30 anos de idade. Schumpeter explica a natureza da atividade empreendedora em três argumentos: *"primeiro, fora desses canais habituais o indivíduo está desprovido dos dados para as suas decisões. É claro que ainda deve prever e julgar com base na sua experiência. Mas muitas coisas devem permanecer incertas, outras são apenas determináveis dentro de limites amplos, outras talvez possam só ser 'adivinhadas' [...] o segundo repousa na psique do próprio homem de negócios. Não apenas é objetivamente mais difícil fazer algo novo do que fazer o que é conhecido e testado pela experiência, mas o indivíduo se sente relutante em fazê-lo e assim seria mesmo que as dificuldades objetivas não existissem [...] o terceiro ponto consiste na reação do meio ambiente social contra aquele que deseja fazer algo novo. [...] Superar essa oposição é sempre um gênero especial de trabalho que não existe no curso costumeiro da vida, trabalho que também requer um gênero especial de conduta."* Concluiu Schumpeter que a liderança econômica é cumprida mais pela vontade do que pelo intelecto.

Ele contraria autores de seu tempo, que associavam a invenção ao empreendimento: *"as inovações, cuja realização é função dos empreendedores, não precisam necessariamente ser invenções."* Mas apontava que era da natureza do capitalismo competitivo: a *"destruição criativa"*.

Mas o que motiva o empreendedor? O autor especula que o empreendedor pode ser o mais racional e egoísta de todos, *"um egocêntrico, pois busca destruir a tradição e criar uma nova"*; racional, porque faz planos e atua com base neles. Por outro lado, considera que a motivação não é do tipo hedonista, reconhecendo muitos exemplos de empreendedores que desdenham o gozo consumista. Inclui: "*a sensação de poder e independência nada perde pelo fato de ambos serem, em grande parte, ilusões*" e acrescenta outro fator: "*há então o desejo de conquistar: o impulso para lutar, para provar-se superior aos outros, de ter sucesso [...] Finalmente, há a alegria de criar, de fazer as coisas ou simplesmente de exercitar a energia e a engenhosidade.*"

Muito tempo depois, na década de 1950 as pesquisas de David McClelland ganharam tal notoriedade que estabeleceram um novo campo, o **empreendedorismo** (no inglês, *entrepreneurship*). O autor baseou-se no conceito de necessidade de conquista (*nAch*, derivado de *need for achievement*), caracterizando aqueles que a apresentam em elevado grau: são pessoalmente responsáveis por decisões que envolvem incerteza; por estabelecer metas e esforçar-se por alcançá-las; por preferir moderado grau de risco; pela aversão a trabalho rotineiro e repetitivo. Defendeu que o "desejo de realização" caracterizou diversas civilizações pouco antes de seu apogeu. Era também característico de empreendedores. Note que para este autor, empreendedor não era apenas o iniciador de negócios, mas compreendia até mesmo os gerentes que tinham em comum o elevado *nAch* (o pessoal de vendas demonstrou maior *nAch* que os de produção e ainda mais que os de finanças, revelou pesquisa do autor no final dos anos 50).

Empreendedor: Herói glamoroso do século XX?

Os economistas foram tão restritos ao definir o empreendedor porque eles estudavam apenas aqueles que criavam riqueza econômica com seus negócios emergentes. Pesquisa nos EUA com cem maiores novos negócios revelou em 1983 que a maioria deles continuava comandando esse negócio mesmo quando as vendas chegavam a 50 milhões de dólares e a empresa já havia se consolidado.

Contudo, os atributos do empreendedor são relevantes não apenas para a destruição criativa, mas para: ampliar negócios; gerar emprego e renda; estimular a inovação; e também para conquistas internas ambiciosas das empresas.

Uma pesquisa da Duke University[1] com 550 fundadores de empresas do Vale do Silício (EUA) desfaz os seguintes mitos:

- **O empreendedor é jovem, solteiro e independente, por isso audacioso**
  — a pesquisa a idade média e mediana era de 40 anos; 70% deles casados e 60% deles tinham filhos;

---

1 "O Vale do Silício é bem diferente de Hollywood", Jornal Estado de São Paulo, 08.11.2011.

- **O empreendedor dispõe de motivação intrínseca para empreender** — as principais motivações apontadas foram: eles cansaram de trabalhar para outros, têm ideias de negócios baseados na experiência; querem enriquecer antes de se aposentar;

- **O empreendedor tem referências familiares que o ensinaram a empreender** — 52% são os primeiros da família a empreender; 25% deles se motivaram na faculdade;

- **Empreendedores não precisam de diplomas** — empresas fundadas por empreendedores de nível superior tinham o dobro do faturamento e da força de trabalho; e apresentavam menor taxa de fracasso;

- **Empreendedores dependem de acesso a financiamento externo** — apenas 11% das empresas nascentes receberam capital de risco (*venture capital*);

- **Não importa o gênero** — infelizmente a pesquisa reforça o fato de que há mais mulheres estudando no ensino superior, porém apenas 3% dos fundadores de empresas de tecnologia eram mulheres; apenas 5% das patentes nos EUA são de autoria de mulheres.

Quando McClelland estudou empreendedores ao redor do mundo, seu livro enalteceu os norte-americanos como sociedade empreendedora (*"the achieving society"*, título de seu livro de 1962), resgatando tese de Max Weber sobre a *"ética protestante e o espírito do capitalismo"*: a educação protestante instilaria nos jovens o foco no trabalho e em decorrência o perfil empreendedor. Contudo há diversas pesquisas nos EUA em décadas posteriores que revelam que imigrantes até mesmo budistas mostravam-se os mais empreendedores. A educação para empreender não requer uma religião em especial. Então, o que faz alguém tornar-se empreendedor?

Diz o popular: *"a necessidade é a mãe da invenção"*. Nada mais certo quando estudamos o papel de empreendedores na história. Mas não apenas quem cria negócios a partir do nada é empreendedor: há muitos outros personagens com perfil semelhante, cada qual fazendo a diferença em seu meio.

Empreendedor não é burocrata nem administrador

Podemos dilatar a amplitude da atuação de empreendedores:

- **Empreendedores nascentes:** os que fundam novos negócios;
- **Empreendedores sociais:** os que criam entidades, fundações e organizações da sociedade civil (terceiro setor);
- **Pequenos empresários:** os empreendedores de pequenos negócios de subsistência;
- **Empresários:** os que dirigem grandes negócios consolidados;
- **Dirigentes** de organizações ou unidades de negócios avessos à burocracia;
- **Intraempreendedores (*Intrapreneurs*):** aqueles que empreendem sem sair de seus empregos, com apoio da organização;
- **Gerenciadores de projetos** espalhados em diversos níveis da organização: os que realizam conquistas ambiciosas.

O grupo todo se diferencia dos **administradores** (inclui gerentes em diversos níveis hierárquicos). Dentre eles, devemos diferenciar os administradores tradicionais e conservadores (**burocratas**), estes sim ávidos por eliminar ou mitigar riscos, avessos à inovação e à mudança, focados em controles de cunho burocrático, dos administradores modernos treinados em escolas de Administração, que prezam as decisões racionais, o planejamento e os controles quantitativos — **gestores**, como prefiro chamar.

FONTES

» BURNS, P. *Entrepreneurship and Small Business*. New York: Palgrave, 2001.

» MAYO, A.J.; NOHRIA, N. *O Século da Inovação e sua Crise*. Rio de Janeiro: Elsevier, 2008.

» McCLELLAND, D. C. *A Sociedade Competitiva: Realização e progresso social*. Rio de Janeiro: Expressão e Cultura, 1972.

» McCRAW, T.K. *O Profeta da Inovação*. Rio de Janeiro: Record, 2012.

» SABBAG, P. Y. *Incerteza e Riscos: O trabalho de gerenciadores de projetos*. São Paulo: FGV/EAESP — Escola de Administração de Empresas de São Paulo, Tese de Doutorado, 2002.

» SCHUMPETER, J. A. *Teoria do Desenvolvimento Econômico: Uma investigação sobre lucros, capital, crédito, juro e o ciclo econômico*. São Paulo: Nova Cultural, 2ª ed., 1985.

39

Caso Hermes e o Empreendedor

O Mito do Empreendedor

Mitos são relatos antigos e que pertencem à herança cultural coletiva da humanidade, porque exprimem questões inconscientes atemporais. O mundo ocidental foi muito afetado pelos mitos gregos — a herança clássica — assim como antes o império romano os acolheu, mudando os nomes dos deuses gregos.

Se você tivesse que buscar em um mito grego a analogia com o empreendedor, qual mito escolheria? O todo-poderoso deus da justiça Zeus (para os gregos, Júpiter para os romanos)? Ou então Atena (Minerva), deusa da sabedoria e inteligência? Ou Hefesto (Vulcano), deus do fogo e manufatura? Ou Apolo (Apolo), deus das artes? Ou então Ares (Marte), deus da guerra?

Vejamos porque o empreendedor costuma ser associado a Hermes (Mercúrio, para os romanos), o mensageiro e deus do comércio.

Ambiguidade auxilia a compreensão

Dentre os diferentes perfis de competência, o mais evidente é o perfil do pessoal vocacionado para vendas e para o comércio. Eles são extrovertidos, falantes, persuasivos, incansáveis em sua lide. Como veremos, ajusta-se ao perfil de Hermes.

Difícil é perceber o perfil do empreendedor. O termo nasceu no século XVIII para caracterizar aqueles que criam negócios a partir do nada — os empresários.

Mas hoje o significado do termo se expandiu: há empreendedores sociais (atuam em organizações não governamentais, em benefício da sociedade), os gestores de projetos e, porque não, os agentes de transformação do setor público.

Contudo, a ambiguidade de Hermes contaminou nossa interpretação sobre a figura do empreendedor. Estudando Hermes, poderemos ressignificar o empreendedor.

Mito da engenhosidade e do comércio

Hermes não tem lugar no Olimpo: pode estar em qualquer lugar — é globalizado, em termos atuais. Filho de Zeus e Maia (deusa da aparência e ilusão), é uma divindade que ensina múltiplas possibilidades. Seu culto remonta a épocas muito antigas, possivelmente aos egípcios.

Na Ilíada, Homero oferece uma versão divertida do nascimento de Hermes. Cheio de alegria, ele saiu do berço e da caverna onde nasceu; com fome, encontrou uma tartaruga e a matou, fazendo de sua carapaça o primeiro instrumento musical, uma lira, que ele usava para cantar. Voltando a ter fome naquela noite, Hermes roubou 50 cabeças do gado sagrado de seu irmão Apolo. Para dissimular sua fuga, andou de frente para trás, apagando outros vestígios de seu roubo. Inventou o fogo, porque cozinhou duas vacas, oferecendo o churrasco aos demais deuses. Apolo adivinhou quem o roubou e foi dar com Hermes, que descaradamente negou seu roubo. Levado a Zeus, este se impressionou com a capacidade de enganar de Hermes e sorriu.

Para se reconciliar com Apolo, Hermes lhe ofereceu a lira, construindo depois para si a flauta. Fascinado, Apolo prometeu torná-lo rico e célebre. Mas Hermes continuava a pechinchar e consegue a guarda do rebanho de Apolo. Apolo fez da lira de ouro o seu principal instrumento para as artes musicais. Hermes recebeu de Apolo um *caduceu*, um cajado de ouro — símbolo da opulência — ao qual imediatamente se entrelaçaram duas serpentes, cuja interpretação representa a ambiguidade vida/morte, essência/aparência e a dualidade do amor. Hermes era adorado em especial por adolescentes, que viam nele humor e esperteza, enquanto esperança de viver e amar. Todas as casas de então tinham na fachada uma representação de Hermes com o falo ereto, sinal de fecundidade.

Para os gregos, Hermes era o deus do vento, por isso tornou-se o protetor dos viajantes. Hermes era o mensageiro dos deuses, visitando a Terra e as profundezas. Por isso, sempre foi representado com um chapéu e sandálias aladas, para permitir ir à Terra e ao Olimpo. O termo *hermético* significa o caminho para conquistar a vida depois da morte, coisa que só seria possível no diálogo com Hermes. Depois esse termo passou a significar "indecifrável".

Hermes servia aos deuses com um zelo infatigável e sem escrúpulos. Ocupava-se da paz e das guerras, dos amores e traições dos deuses, presidia os jogos e as assembleias, onde usava a sua retórica. Conduzia ao inferno as almas dos mortos. Embaixador dos deuses, sancionava as alianças e as declarações de guerra entre povos e cidades. Dia e noite vigiava a tudo e a todos. Era, portanto, o mais ocupado dos deuses e homens.

Por sua lábia, era o deus do comércio (no latim, *mercês* significa comércio, daí o nome latino Mercúrio): era creditado a ele a invenção dos pesos e medidas, das balanças. Hermes tinha uma eloquência especial, por isso quando foi convidado a oferecer dons a Pandora, ofereceu o dom da fala, e com ele o poder de mentir e de enganar.

Apesar de suas tramoias e enganações, Hermes tinha, em contrapartida, um gênio para a invenção. Tinha grande velocidade e capacidade de se esconder. A ele se atribuiu um caráter erótico muito intenso, já que perseguia as Ninfas.

Eram creditados a Hermes inúmeras qualidades: negócios, música, linguagem, práticas religiosas, relações sociais; ensinava a todos a luta e a dança, e os exercícios que demandavam força e graça. Era venerado em Creta. Em Roma os negociantes celebravam em 1º de Maio uma festa em sua honra, pedindo-lhe proteção ao seu negócio e perdão por velhacarias.

Quando deseja comparar o empreendedor a alguma figura mitológica, McCelland escolhe o deus grego Hermes e o descreve como um pequeno dínamo, com elevada mobilidade, tanto espacial (por isso tornou-se o mensageiro dos deuses e protetor dos viajantes) quanto social, mas também como um desonesto, embusteiro destituído de ética, um arrivista incansável e astucioso. Se os empresários não correspondem exatamente ao perfil de Hermes, ainda hoje este qualificativo lhes é atribuído.

Empreendedores não são mitos

Não podemos deixar de perceber nos empreendedores o espírito industrioso, incansável, batalhador e tenaz. Também notamos sua velocidade, ou pressa em realizar suas ambições. Igualmente, a capacidade da inovação. Percebemos no empreendedor alguns atributos do pessoal dedicado ao comércio: a persuasão, a capacidade de negociação e a capacidade de estabelecer contratos.

Contudo, Hermes mostra um lado sombrio: a opulência, as tramoias, a lábia usada para enganar e a falta de escrúpulos, como se não fosse regido por princípios e valores. São traços muito humanos, talvez por isso Hermes era tão venerado. Ser civilizado, hoje, significa ser ético, ser contável (*accountable*) e ser cumpridor (*compliance*) de leis e regulamentos.

Precisamos desfazer os mitos. É de se esperar que certos empreendedores ilustrem o lado mais brilhante de Hermes, enquanto outros ilustram o seu lado sombrio. Cabe a nós não os endeusar.

FONTES

» McCLELLAND, D. C. Characteristics of Successful Entrepreneurs. *The Journal of Creative Behavior*, 21, 3, p. 219-233, 1987.

» SALIS, V. D. *Mitologia Grega: Aprendendo com os deuses a arte de viver e amar*. São Paulo: Nova Alexandria, 2003.

» SABBAG, P. Y. *Incerteza e Riscos: O trabalho de gerenciadores de projetos*. São Paulo: FGV/EAESP — Escola de Administração de Empresas de São Paulo, Tese de Doutorado, 2002.

Intraempreendedor

Empreende no interior de organizações

Muitas organizações têm uma visão distorcida de empreendedores e também por isso não julgam relevante ter pessoas com esse perfil no quadro de pessoal. Você acredita que tem o perfil empreendedor, mas prefere direcionar essa capacidade na organização onde atua, em vez de criar sua própria organização? Chamamos a esse tipo de pessoa de *intraempreendedor* (*intrapreneur*), aquele que empreende no interior das organizações.

Entrepreneurs e *Intrapreneurs*

É preciso desfazer alguns mitos criados em torno da figura do empreendedor, com ajuda de Pinchot. Sua principal ambição NÃO é riqueza material, eles têm o propósito de mudar e fazer a diferença. Empreendedores NÃO assumem riscos muito altos, eles preferem operar em meio a riscos moderados, e para isso sabem calcular e mitigar riscos. O empreendedor NÃO age por impulso porque carece de métodos: de fato a intuição aciona a criatividade e experimentação, mas se eles não tivessem sensibilidade e capacidade analítica não conseguiriam sucesso em suas empreitadas. Os empreendedores NÃO são amorais ou lobos solitários, pelo contrário, são muito honestos consigo mesmo, o que os estimula a criar um ambiente ético ao seu redor. Os empreendedores NÃO são sedentos de poder: desejam realizar e sabem que precisam contar com outros e reduzir a resistência deles às mudanças que ambiciona.

Reforçando o conceito: empreendedores são aqueles que montam negócios a partir do nada, e portanto, promovem a riqueza econômica de uma sociedade. Com essa definição, há 300 anos economistas estudam esse personagem. Perceberam que eles detêm vontade que suplanta o desconhecido e a incerteza; sua concentração e perseverança os tornam incansáveis batalhadores; sua resiliência frente a crises se destaca. Sua capacidade de experimentar e seu desejo de transformação os tornam aptos a lidar com inovação revolucionária e disruptiva — não apenas da inovação incremental.

Há lugar para esse personagem nas organizações existentes, ou empreendedores não conseguiriam se ajustar ao funcionamento de médias e grandes organizações? Sim, há empreendedores em todo lugar. Muitos deles optariam por permanecer nas empresas se lhes fosse dada a oportunidade de empreender.

Ajudaria muito se nesse papel pudessem aspirar por carreira e bônus. Seria ainda mais atraente se houvesse o que Pinchot chama de *"intracapital"*: que a organização fizesse do empreendedor sócio e parceiro nos empreendimentos que ele realizou.

Felizmente, isso existe nas organizações que se notabilizam pela inovação. Os empreendedores internos são chamados de intraempreendedores, *intrapreneurs* no inglês. Empresas notáveis pela inovação criam orçamentos discricionários para esse pessoal aplicar em seus projetos pessoais.

Um tipo diferente, e resiliente

Muitas organizações brasileiras investem decididamente em inovação: querem assumir a liderança em seu segmento (deixando de ser seguidoras), precisam reformular seu portfólio de produtos e serviços, e precisam corrigir defasagens conhecidas.

Contudo, não basta o desejo, é preciso contar com pessoal, mentalidades e processos que promovam a inovação. A maioria das organizações não dispõem de pessoal com perfil empreendedor, pessoal criativo ou pessoal com método para lidar com projetos desafiadores de inovação. Enquanto isso, os maiores beneficiários da incapacidade das organizações em promover inovação são as consultorias e empresas de capital de risco (*venture capital, angel investor* e *seed money*): elas atraem pessoas com esse perfil.

Como atrair intraempreendedores? Se você é um dirigente ou diretor e deseja ampliar o acervo de intraempreendedores, Pinchot sugere:

- Declare com clareza sua visão de futuro da empresa, de modo que eles produzam inovações;
- Busque intraempreendedores com ideias em todos os níveis da organização;
- Substitua a burocracia pela responsabilidade;
- Recompense-os com novas rotas de carreira;
- Avise a gerentes que segurança e oportunidades estão em se tornar um intraempreendedor.

Como transformar profissionais talentosos em intraempreendedores? A tática mais usada nas organizações contemporâneas é designá-los para liderar um projeto estratégico, fornecendo apoio e patrocínio para que aprendam a conquistar sucesso em ações extraordinárias. **A gestão de projetos é semente para seleção e preparo de futuros dirigentes**. O intraempreendedor tem atributos especiais que o diferenciam de gerentes convencionais e de empreendedores.

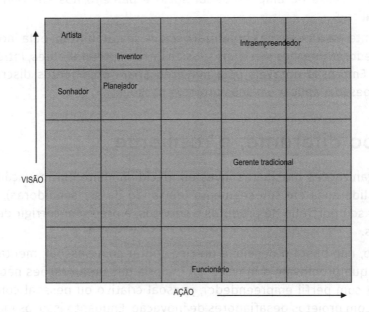

Figura 40.1. Gráfico Visão-Ação para Classificar Carreiras (Fonte: PINCHOT, 1989).

A inclinação natural de intraempreendedores é "sonhar com os olhos abertos", brincando mentalmente com oportunidades de negócio. Como preveem riscos, planejam maneiras de mitigá-los.

Em certas organizações, os visionários são desprezados por serem considerados "sonhadores sem perfil prático". A Figura 40.1 mostra que o intraempreendedor concilia ambos: é sonhador contudo voltado para a ação. São pensadores e executores.

Pinchot afirma: *"visualizar os passos desde a ideia até a realização é um dos talentos básicos do intraempreendedor".*

Eles não fazem cerimônia: executam as tarefas triviais exigidas em seus projetos. O autor afirma que eles costumam mencionar que têm afetos pelo negócio que *"só poderiam derivar do envolvimento direto".*

A dedicação do intraempreendedores é tão elevada que eles quase não têm tempo para outros aspectos da vida — vivenciam experiências de fluxo — portanto, são autotélicos. Mas isso têm seu contraponto: eles costumam colocar seus objetivos à frente das pessoas. Pinchot sugere que eles não são 9:9 no grid gerencial de Blake & Mouton: *" tendem a estranhar quem trabalha com dedicação menor e que têm padrões abaixo da excelência".* Jocosamente, o autor sugere que a canção-lema do intraempreendedor é *"I did it my way"* ("eu fiz do meu jeito").

O Quadro 40.1 compara o Intraempreendedor com o Empreendedor e com o Gerente convencional. Ao que parece, o intraempreendedor é um "meio termo" entre o gerente convencional e o empreendedor. Em minha opinião, equivale ao Gerenciador de Projetos. Ambos são mais ajustados ao mundo corporativo.

Intraempreendedores tendem a confiar em seus talentos, o que os predispõem a lidar melhor com riscos e incerteza. E como perseguem insaciavelmente seus objetivos, demonstram tenacidade. Isso não significa que são impulsivos, os objetivos de longo prazo revelam uma duradoura ambição. Em síntese, posso afirmar que a sua competência distintiva é a resiliência: capacidade de enfrentar adversidades e superar crises.

Pelo tipo de trabalho que desempenha — criando negócios, promovendo inovação, gerando mudanças transformacionais — o intraempreendedor precisa de patrocínio. Pinchot sugere uma lista de verificação (*Check-list*) que eu adaptei, para escolher o patrocinador (*sponsor*) ou patrono mais adequado:

- Foi desafiado e prosseguiu assim mesmo?
- Está disponível para ficar no centro de controvérsias?
- Tem compromisso pessoal com inovação?
- Você pode conseguir o respeito dele?
- Ele sabe quando lutar e quando perder com "presença executiva"?
- Ele sabe como as decisões são realmente tomadas na organização?
- Ele conta com o respeito de seus pares e dos que tomam decisões?

Intraempreendedores são o motor do dinamismo de organizações públicas, particulares e sociais. No mundo contemporâneo são cada vez mais desejados, em diferentes posições. E podem fazer uma carreira tão próspera que depois podem vir a ser empreendedores particulares ou sociais.

	Gerente tradicional	Empreendedor	Intraempreendedor
MOTIVAÇÃO	Promoção, poder e recompensa salarial	Liberdade, orientado para metas, automotivado	Liberdade e acesso a recursos, orientado para objetivos, mas reage a reconhecimento interno
ORIENTAÇÃO AO TEMPO	Responde a orçamentos, planejamento semanal, mensal	Objetivos de 5-10 anos de crescimento	Objetivos de 15 anos, urgência em cronogramas impostos
AÇÃO	Delega, supervisiona	Põe a "mão na massa"	Sabe delegar, mas faz o que precisa ser feito
ATENÇÃO	Sobre eventos internos	Sobre tecnologia e mercado	Tanto interna quanto externa. Vende necessidades mas também focaliza clientes
FRACASSO E ERRO	Evita erros e surpresas. Adia o reconhecimento do fracasso	Erros e fracasso são tratados como aprendizado	Sensível à necessidade de parecer disciplinado. Oculta projetos arriscados
DECISÕES	Concorda com aqueles no poder	Segue sua visão particular. Decisivo.	Gosta de influenciar outros. Paciente e disposto a compromissos
A QUEM SERVE	Agrada aos outros	Agrada a si mesmo e a clientes	Agrada a si, a clientes e a patrocinadores
RELACIONAMENTO COM OS OUTROS	Hierarquia é básica	Transações e acordos são básicos	Transações dentro da hierarquia

Quadro 40.1. Comparação entre Gestores. (Adaptado de PINCHOT, 1989).

Mandamentos do intraempreendedor

Adaptei de Pinchot uma lista dos "10 Mandamentos" do intraempreendedor, que com eloquência e humor sintetiza esse profissional:

- Esteja sempre preparado para ser demitido a cada dia;
- Contorne qualquer coisa que ameace seu sonho;
- Se preciso, carregue pianos em seu projeto;
- Gaste muita saliva e sola de sapatos;
- Siga sua intuição sobre o pessoal, aceite apoios e trabalhe somente com os melhores;
- Não divulgue seus projetos. A publicidade atrai céticos, descrentes, resistentes;
- Nunca aposte numa corrida a menos que participe dela;
- Lembre-se que é mais fácil pedir desculpas pelo insucesso que permissão para tentar algo;
- Seja leal com todos. Não há conflito entre realização e consciência tranquila;
- Honre seus patrocinadores.

FONTES

» CHIAVENATO, I. *Empreendedorismo: Dando asas ao espírito empreendedor.* Barueri: Manole, 4ª. ed., 2012.

» PINCHOT III, G. *Intrapreneuring — Por que você não precisa deixar a empresa para tornar-se um empreendedor.* São Paulo: Harbra, 1989.

41

Caso Amyr Klink

Você deseja ampliar sua capacidade empreendedora?

Em algum momento de sua vida, você pretende iniciar um novo negócio? Deseja realizar projetos extraordinários, seja na vida pessoal seja na profissional? Necessita ampliar sua resiliência ou capacidade de superação? Quer compreender a psicologia do empreendedor?

Se algum desses é seu caso, encontre referências que lhe sirvam de exemplo, de guia e inspiração. Amyr Klink é um deles, exemplo de gestor intuitivo e de grande sabedoria prática, realizador de grandes façanhas.

A psicologia do empreendedor

Empreender é, em tradução literal, levar a cabo novas combinações para criar organizações. O termo foi cunhado e se popularizou ao tratar de empreendimentos comerciais, isto é, de novos negócios. Mas na atualidade há um entendimento generalizado de que todos aqueles que realizam façanhas por vontade própria também manifestam capacidade empreendedora. E aqueles que criam movimentos sociais e organizações da sociedade civil (fundações privadas e associações sem fins lucrativos) são igualmente empreendedores.

Não há traços de personalidade nem capacidades técnicas que discriminem quem é apto para ser empreendedor. Na verdade, como a *"necessidade é a mãe da invenção"*, como diz o popular, todo mundo pode ser empreendedor. Exemplo disso é que quase metade daqueles que escolheram de fato empreender o fizeram somente depois de serem demitidos.

Mas para ter sucesso como empreendedor, é preciso ter algumas qualidades, sobretudo aquelas relacionadas a atitudes. Ninguém aceitaria de bom grado enfrentar incerteza e riscos por opção sem atitudes compatíveis. Daí a necessidade de compreender a "psicologia do empreendedor". Ressalte-se que ela não é um dom inato, raro e exclusivo, é uma competência que pode ser desenvolvida.

O caso Amyr Klink esclarece como alguém se torna empreendedor, mesmo sem nenhum estímulo externo ou educação. Ele me inspira tanto que já publiquei diferentes casos sobre ele em meus livros anteriores.

Economista, navegador, construtor de barcos...

Dizem que os fenícios foram os mais competentes navegadores do Mar Mediterrâneo e os vikings os do Mar do Norte: com pai libanês e mãe sueca, Amyr Klink só poderia ser um grande navegador. Mas quando criança ele tinha medo do mar.

"Quando optei pelo curso de Economia na USP, me encontrava em uma situação indefinida, sem determinação, sem propósito" afirma Amyr (2016, p. 21). Considerava essa faculdade um *"pesadelo"*, na época era o *"antiempreendedorismo por excelência"*. Mas ao final do segundo ano ele decidiu: *"só havia um jeito de sair dali, que era terminando"* (idem, p. 25). Como não queria parar, ele chegou a adiantar matérias do ano seguinte: *"você precisa ir até as últimas consequências"*. E critica aqueles que idealizam empreendimentos, mas nunca começam, ou se começam, não vão até o final: *"tenho essa angústia de nunca ver terminadas as coisas"* (idem p. 26).

No início do curso e para fugir do tradicional "trote" aplicado pelos veteranos nos calouros ele usou um estratagema: chegava muito cedo, antes do dia clarear, e se enfiava no prédio até que as aulas começassem. Solucionou o problema: não teve seus cabelos raspados.

Em uma dessas manhãs, passando ao lado da raia olímpica, ele percebeu que os remadores também chegavam nesse horário todo santo dia. A disciplina e o esforço dos remadores atraiu Amyr, que logo se engajou, se submeteu e se adaptou a um treinador demasiado exigente: *"os caras do remo tinham uma existência de verdade"* (idem, p. 28), diferentes da elite que frequentava o seu curso. Tempos depois ele constatou o quanto remava em um ano: "*puxa, dava para atravessar o Atlântico três vezes*". Nascia a ideia de seu primeiro projeto, que realizou seis anos depois, aos 29 anos de idade.

A ideia da navegação solo poderia ser apenas um devaneio, ou mesmo algo pelo qual se devota muita paixão e vontade. Só isso não caracteriza o empreendedor. Mas a determinação e a perseverança, que prefiro denominar **tenacidade**, sim, é atributo de empreendedores: "*tenho um vínculo radical com algumas decisões que tomo, mergulho nelas. Lá no fundo sei que vou me empenhar por inteiro, o tempo que for, até fazer*" (idem, p. 82). Outro aspecto da tenacidade é a capacidade de suportar pressão: "*a pressão é um estímulo*", afirma Amyr (2016, p. 127).

Tenacidade sem autoconfiança pode resvalar para a teimosia e obstinação. Amyr reflete: "*não existem planos perfeitos nem viagem perfeita. Sou obstinado, meticuloso e posso adiar a partida muitas vezes se ainda não considerar o projeto suficientemente seguro*" (idem, p. 117). Essa autoconfiança, que denomino **autoeficácia**, é atributo de empreendedores — McCelland a chamava "*necessidade de conquista*".

Autoeficácia é o oposto da atitude fatalista, da crença no destino. Para explicar esse conceito, estude a fala de Amyr: "*sempre tive essa vontade de entender porque as pessoas transferem para uma ordem desconhecida, uma escala superior, muitas coisas que só precisam ser encaradas de frente, com olhar realista*" (idem, p. 148). Ele não refuta a fé dos outros, mas para si basta a sua fé em seu esforço e capacidade — é autoeficaz.

Completou o curso de graduação, e para isso, fez estágio em um banco. Ele detestou a perspectiva de ficar em escritório a vida toda. Pegava a sua moto e sumia de casa, às vezes por muitos dias, para vencer o tédio e a insatisfação. Decidiu largar o emprego e se mudou para Paraty, onde cultivava a paixão pelas canoas caiçaras. "*Fiquei uns quatro, cinco anos cuidando de impostos atrasados e outras questões financeiras e fiscais no escritório de meu pai em Paraty*" (idem, p. 71).

Por causa de um acidente doméstico, Amyr passou por uma cirurgia na mão, o que fez com que ocupasse seu tempo com leituras. Amyr prefere ler autobiografias, porque geralmente elas explicam como o biografado enfrentou os desafios e contingências que vivenciou. Leu o relato de Gerard D'Aboville que em 1980, atravessou o Atlântico Norte em 72 dias: "*daí para frente, comecei a pesquisar a viagem pelo Atlântico Sul, da África até o Brasil. Era uma ideia bizarra, nada sensata ou inteligente, bastante estúpida na verdade, que me atraía cada vez mais*" (idem, p. 77).

Antes de Amyr, ninguém nunca havia realizado a travessia em solitário de um oceano em barco a remos. Não havia GPS, computador de bordo nem celular via satélite e o desafio de armazenar mantimentos para meses era grande. Sem exceção, todos o desestimularam: *"o desânimo e as opiniões negativas também nos agridem de forma espetacular"* (idem, p. 18).

Amyr idealizou a *"lâmpada flutuante"* como chamou o barco de cinco metros — projeto inovador que funcionava como um "joão-teimoso" caso emborcasse — e encontrou quem aceitasse projetá-lo. Enquanto construía a embarcação, ele estudava com afinco tudo o que poderia precisar: *"quando decidi que faria a travessia a remo pelo Atlântico, precisei me preparar durante alguns anos pois o projeto exigia várias habilidades que eu não tinha"* (idem, p. 132).

Queria partir da África para chegar a Salvador, trazido pela traiçoeira corrente de Benguela. Mas de onde partir? Seu primo Carlos lhe deu um abajur decorado com a representação de antigas rotas de navios negreiros, mostrando exatamente o porto de Luderitz na Namíbia, por onde ele decidiu partir.

O navegador é otimista: *"choro com uma certa facilidade. De emoção. Tristeza, não"* (idem, p. 154). Ou então: *"nessas horas críticas, gosto de fazer troça do destino, da situação. É um jeito de acalmar. Fico mil vezes mais engraçado num momento de tensão"* (idem, p. 128). Esse **otimismo aprendido** também é um fator que promove a resiliência.

Mas ele reconhece que não se sabe de antemão o nível de resiliência exigido: *"as histórias de náufragos que conseguiram escapar costumam nos revelar mistérios, como as capacidades que só descobrimos ter em circunstâncias extremamente adversas"* (idem, p. 133).

Sua reação à incerteza é característica do empreendedor: *"a imprevisibilidade do meio atemoriza, mas também fascina"*. Mas se segue em frente é porque se sente seguro. E o medo? *"Eu não tenho medo de ter medo. A gente até gosta de sentir medo — um pouquinho que seja"* (idem, p. 128).

Regular emoções é o significado do termo **temperança**. Amyr escreve: *"mais importante do que o equipamento adequado, é imprescindível dominar o pânico. E isso só pode ser feito quando se adquire confiança, com treinamento, adestramento e muita paciência, antes que as coisas aconteçam. Se me tivesse descontrolado um só momento nos difíceis dias do início da viagem, seguramente não estaria remando do outro lado da carta do Atlântico"* (Klink, 2000, p. 62).

Um de seus companheiros de viagens preparatórias no Brasil avalia Amyr: *"ele é ainda mais introspectivo quando está navegando. Sempre atento ao que acontece fora e dentro do barco, verificando a rota, olhando se está tudo funcionando, se algo pode ser feito, deve ser feito, mas sem ansiedade, com calma. É muito centrado no que faz*" (Klink, 2016, p. 104). A **temperança** permite ao indivíduo a hiperconcentração, ou então vivenciar estados de fluxo.

"*Nos momentos de dificuldade você tem que arregaçar as mangas e atacar os problemas*", explica Amyr (2016, p. 47), demonstrando propensão a agir, ou seja, **proatividade**, outro componente da resiliência. Amyr não apenas é muito culto, porque é um leitor voraz, mas tem resolutividade, ou **solução de problemas**. No livro de 2016 ele especula porque o brasileiro não cultiva a experiência do "*fazer com as próprias mãos*": "*viemos de uma cultura escravocrata, de ter alguém para fazer, do mandar fazer, do ser bem servido. Não cultivamos a arte do fazer, a expressão cultural do ser humano. Não temos curiosidade e respeito pelo que outros fizeram. Montar, desmontar, entender como as peças se encaixam, se gastam ou podem ser reaproveitadas: esse é um trabalho que não nos interessa*" (idem, p. 24).

Por que levou tanto tempo de preparação para esse projeto, essa façanha pioneira? É um dos atributos de empreendedores a preferência por tomar riscos moderados, já havia pesquisado McClelland. Se a sorte é algo que se constrói e não é um destino, não faria sentido a aventura. Aliás, Amyr detesta ser comparado a aventureiros. É um gestor de riscos resiliente: "*a busca por segurança total é uma ficção, assim como a liberdade sem limites nos engana*" (Klink, 2016, p. 18).

Ele navegou no inverno, por cem dias e 7 mil quilômetros, e chegou ileso a Porto Seguro. "*Confiava por completo no meu projeto e não estava disposto a me lançar em cegas aventuras. Não pretendia desafiar o Atlântico — a natureza é infinitamente mais forte do que o homem — mas sim conhecer seus segredos*" (Klink, 1986).

Estava formado o empreendedor.

O sucesso de seu primeiro empreendimento fez dele um autor de livros e palestrante requisitado. Mas não o impediu de conceber e executar outro projeto: a invernagem no continente Antártico, por mais de um ano. Depois de seis anos, Amyr levou a nova embarcação Paratii à baía de Dorian onde invernou, depois foi até o círculo polar ártico, retornando ao Brasil dois anos depois, tendo percorrido 27 mil milhas náuticas em solitário.

Seis anos depois, em outubro de 1998, Amyr iniciou nova expedição: a circum-navegação do planeta na única latitude possível, o paralelo 60: "*tinha escolhido uma rota difícil, a mais difícil, e sabia que era grande a probabilidade de não completar a viagem*" (Klink, 2000, p. 15). Cinco meses e mais de 18 mil milhas sem tocar país algum. O Paratii foi reformado para instalar e testar um novo e revolucionário mastro autoportante rotativo, com 360 graus de giro. Um dia dormiu mais do que devia, umas três horas, e ao acordar viu que havia ultrapassado um gigantesco iceberg enquanto dormia, erro que poderia ter lhe custado a vida.

Amyr revela autoeficácia: *"preferiria mil vezes ter acordado com o paredão pela frente e ter lutado desesperadamente para desviar a tempo. Mas aceitar que apenas a sorte me livrara era difícil"* (Klink, 2000, p. 51). Indivíduos de controle interno (autoeficazes) não aceitam que a sorte determine seu destino!

A tenacidade se evidencia quando Amyr escreve: *"durante 88 dias vivi uma pressão muito grande, em que o cansaço físico e os pequenos sofrimentos, como frio e desconforto não foram o maior problema. Duro mesmo foi o esgotamento mental. Não saber o que ia acontecer no minuto seguinte, não poder relaxar um segundo, não ter certeza de nada além do frio, da distância, meses seguidos"* (Klink, 2000, p. 200).

A confirmação do perfil empreendedor

Depois das duas façanhas, Amyr construiu uma nova embarcação, o Paratii 2: um veleiro de 97 pés, em alumínio, pesando 62 toneladas, com casco chato, à moda das jangadas e dois mastros Aerorig, antes testados. Em 2004, Amyr decidiu refazer o *"mar sem fim"* no paralelo 60, dessa vez com o Paratii 2 e não mais sozinho. Já havia completado quinze viagens ao continente antártico.

Desde sua primeira façanha, Amyr dedica-se a palestras, a escrever livros e a cuidar do estaleiro que criou, onde construiu seus barcos e que agora não mais dirige. Estaleiro que é atividade de elevado risco empresarial. Adquiriu uma fazenda em Paraty e lá montou a Marina do Engenho, abrigando 300 embarcações e empregando 600 pessoas no hotel e na marina. Outra atividade empreendedora, que nem sofreu os efeitos da crise econômica de 2014 no Brasil. Também contribuiu para montar um museu de canoas brasileiras em Santa Catarina. No quintal de sua casa em São Paulo, criou por puro interesse uma estrutura geodésica com 15 metros de altura e altamente complexa. Não cansa de empreender, com muita resiliência.

FONTES

» KLINK, A. *Não Há Tempo a Perder*. Rio de Janeiro: Foz / Tordesilhas, 2016.

» _____ *Linha D'água*. São Paulo: Companhia das Letras, 2006.

» _____ *Gestão de Sonhos – Riscos e Oportunidades*. São Paulo: Casa da Qualidade, 2000.

» _____ *Mar Sem fim: 360º. ao redor da Antártica*. São Paulo: Companhia das Letras, 2000.

» _____ *Paratii: Entre dois polos*. São Paulo: Companhia das Letras, 1992.

» _____ *Cem Dias Entre o céu e o mar*. Rio de Janeiro: José Olympio, 11ª. Ed., 1986.

» McCLELLAND, D. C. Characteristics of Successful Entrepreneurs. *The Journal of Creative Behavior*, 21, 3, 219–233, 1987.

» SABBAG, P.Y. *Resiliência: Competência para enfrentar situações extraordinárias na vida profissional*. Rio de Janeiro: 2012, Prêmio Jabuti 2013.

42

Competências do Empreendedor

Discussão difícil, mas necessária

Se qualquer pessoa pode se tornar um empreendedor, não haveria nenhum atributo pessoal exigido daqueles que criam negócios e organizações, ou dirigem projetos? Discutir as competências de empreendedores é difícil, porque há exemplos de sucesso de pessoas com os mais variados tipos. Mas a discussão é necessária para orientar aqueles que desejam empreender.

Inovação, incerteza e riscos

Para economistas, empreendedor é aquele que cria negócios ou entidades sociais. A natureza de seu trabalho é inovar, portanto, enfrentando desconhecimento, incerteza e riscos. O risco de fracasso é grande: até recentemente e em todo o mundo, a maioria dos novos negócios morria antes de completar dois anos de vida. Financiar novos negócios tornou-se um negócio especializado daqueles atraídos por riscos: empresas de capital de risco (*venture capital*), investidores-anjo (*angel investors*) e dinheiro semente (*seed money*). Alguma competência particular é necessária para ter sucesso ao empreender.

Empreendedores são resilientes

O psicólogo de Harvard David McClelland resume as características de empreendedores em estudo envolvendo Equador, Índia e Malásia, organizando-as em 3 blocos: **proatividade** — iniciativa (*necessidade de conquista, nAch*) e assertividade; **orientação para a realização** — percepção e ação sobre oportunidades, orientação para eficiência, preocupação com alta qualidade, planejamento sistemático e monitoramento; **comprometimento com outros** — comprometimento ao contrato de trabalho e reconhecimento da importância de relacionamentos de negócios. Surpresa naquela pesquisa são as competências **não** exigidas de empreendedores de sucesso: autoconfiança; persistência; persuasão; estratégias para influenciar pessoas; perícia e procura de informação. Esse estudo também indicou o benefício de oferecer treinamento a pessoas com elevado *nAch*.

Foi provocativa a conclusão de McClelland de que os empreendedores tendem a correr riscos moderados, contrariando o senso comum e o que teóricos diziam antes dele. Ainda assim, permanece ainda hoje uma visão distorcida do empreendedor enquanto um herói audacioso. Brockhaus, em outra pesquisa, não encontrou diferenças significativas entre empreendedores e gerenciadores, e indica que ambos demonstram igual propensão a correr riscos moderados.

Com as pesquisas recentes sobre resiliência, eu concluo que o atributo distintivo do empreendedor é exatamente a resiliência. Cada fator da resiliência explica os comportamentos habituais de empreendedores, como veremos.

É a **proatividade** que origina comportamentos de inconformismo com a situação presente, levando o empreendedor a realizar, tomar iniciativas. Também dita o gosto por desafios e a necessidade de conquista (nAch) defendida por McClelland. Quando falta proatividade, o empreendedor se torna reativo, e só se move quando premido pelas circunstâncias.

O **otimismo aprendido**, capacidade de contrapor emoções e pensamentos negativos com positivos, explica porque o empreendedor percebe oportunidades onde outros só percebem ameaças. Aliás, isso redefiniu o conceito de risco, que hoje engloba tanto ameaças quanto oportunidades. O otimismo gera no empreendedor esperança e "fé" no resultado positivo. Quando falta ao empreendedor o otimismo aprendido, ele se torna demasiadamente precavido em seus projetos.

A essência do empreendedorismo repousa sobre a **autoeficácia** e **autoconfiança**. O empreendedor acredita em si mesmo, não é motivado por suas ambições, como se pensava. Ele governa a sua vida, ou como McClelland preferia denominar, adotava um *"controle de reforço interno"*. Ou como Bandura prefere denominar, demonstra *autoeficácia*, o que gera comportamentos audazes e ousados. É também a autoeficácia que explica a independência usualmente observada em empreendedores. Quando falta autoestima ao empreendedor, mas sobra autoconfiança, gera nele comportamentos de narcisismo destrutivo: torna-se tirânico, insensível e intolerante — um sociopata, como Kets de Vries indicou.

Outro fator de resiliência é a **flexibilidade mental**, que explica os comportamentos de inovação e destruição criativa do empreendedor. Explica também sua tolerância à ambiguidade e incerteza, constantemente percebidas neles, e a capacidade de "pensar fora da caixa" superando paradigmas. Outro comportamento associado é o relativo desapego dos empreendedores às suas criações, sobretudo daquelas que não pode mais mudar. Na resiliência este fator significa testar sucessivas táticas até encontrar a que dá certo: essa estratégia é usual em empresas nascentes pioneiras. Quando falta flexibilidade mental, o empreendedor se torna conservador, o que não é raro.

A **tenacidade** ou perseverança é manifesta no usual comportamento de empreendedores capazes de grande esforço e sacrifício por longos períodos. Também é senso comum que empreendedores não desistem facilmente de seus projetos, mesmo acumulando fracassos. Ou outro senso comum: a noção de que eles caem e se levantam sucessivas vezes até conquistar o sucesso. Quando falta tenacidade, o empreendedor se coloca como vítima das condições externas e dos incidentes.

A **solução de problemas** gera o "espírito" prático de empreendedores que se mostram resolutivos e contáveis (responsivo, responsável e engajado). Mas é esse fator que dita aptidão do empreendedor em experimentar e aprender com seus erros, corrigindo desvios encontrados. Quando falta o pragmatismo prático em empreendedores, eles se apegam a soluções conhecidas e testadas, portanto, de menor risco e desafio.

Um fator decisivo para empreendedores é a **temperança** ou capacidade de regular emoções para que não sejam extremadas. No empreendedor ela se reflete no comportamento de "sangue frio" na intervenção de crises; na serenidade frente a diferentes estressores; na assertividade que usam em sua comunicação. Empreendedores não são facilmente arrebatados por emoções. Quando falta a eles temperança, gera o furioso, o extremado e o extravagante.

A **empatia** é o fator de resiliência que motiva os empreendedores sociais, aqueles de elevada consciência moral e que defendem causas sociais. Nos outros tipos de empreendedores esse fator pode faltar, tornando-os insensíveis e intolerantes, ou então: gananciosos, sociopatas e narcisistas destrutivos. Acredito ser um dos fatores menos notáveis em empreendedores.

Para completar os nove fatores de resiliência, a **competência social** gera comportamentos de empreendedores que articulam rede de apoiadores para seus empreendimentos. Também é comum em empreendedores sociais. Ela dita a inteligência social que se expressa na importância atribuída a *networking*, às redes sociais e ao desenvolvimento de comprometimento com outros. Quando falta competência social, o empreendedor se torna um "lobo solitário", como muitas vezes foi designado.

Uma competência a ser desenvolvida

Lopes pesquisou o curso do SEBRAE para desenvolver "competências do empreendedor de sucesso" (EMPRETEC), patrocinado pelo PNUD[1] e que não foi criado em nosso país. Com 80 horas de duração, o curso apresentou elevada satisfação. A pesquisadora os avaliou antes, imediatamente depois de concluir o curso e seis meses após. Dentre os 64 indivíduos observados, concluiu a autora que mais de 2/3 dentre os empreendedores introduziram mudanças na forma de operar o negócio, introduziram novos produtos/serviços, alteraram marketing e fizeram novos contatos importantes. Dentre os potenciais empreendedores, quatro abriram ou estavam por abrir negócios, sendo que dentre os cinco ainda empregados, quatro apresentaram comportamento intraempreendedor. Apenas 3 negaram que o curso tivesse promovido qualquer diferença.

Certamente o EMPRETEC promove a sensibilização para o empreendedorismo. Como a carga horária não é suficiente para desenvolver muitas habilidades, ele se presta mais a modificar mentalidades ou ativar a resiliência existente nos participantes. Como os resultados são incontestáveis e corroborados por outras pesquisas, sou pragmático: podemos desenvolver o "espírito" empreendedor facilmente, ainda mais se operarmos para aprimorar a resiliência.

FONTES

» BRANDURA, A. *Self-Efficacy: The Exercise of Control*. New York: Freeman, 1997.

» BROCKHAUS Sr. R. H. Risk Taking Propensity of Entrepreneurs. *Academy of Management Journal*, 23 (3), 509–520, 1980.

» CHIAVENATO, I. *Empreendedorismo: Dando asas ao espírito empreendedor*. Barueri: Manole, 4ª. ed., 2012.

» KETS DE VRIES, M. F. R. The Entrepreneurial Personality: A person at the crossroads. *Journal of Management Studies*, February, 35–57, 1977.

» LOPES, R. M. A. *Avaliação de Resultados de um Programa de Treinamento Comportamental para Empreendedores – Empretec*. Dissertação de mestrado, Instituto de Psicologia da Universidade de São Paulo, São Paulo, 1999.

» McCLELLAND, D. C. Characteristics of Successful Entrepreneurs. *The Journal of Creative Behavior*, 21, 3, 219-233, 1987.

» SABBAG, P.Y. *Resiliência: Competência para enfrentar situações extraordinárias na vida profissional*. Rio de Janeiro: Campus Elsevier, 2012, Prêmio Jabuti 2013.

---

1 PNUD – Programa das Nações Unidas para o Desenvolvimento.

Empreendedor Social

Capitalista?

É comum relacionar a figura do empreendedor com o capitalismo. Hoje em dia falam até no "espírito animal" desses empreendedores. Esses indivíduos inovam em negócios arriscados e de fato geram riqueza para si e indiretamente para a sociedade.

Contudo, o século XXI revela outros tipos de empreendedores, entre eles o empreendedor social, todos relevantes para o desenvolvimento econômico e social.

Tipos de empreendedores

Desde o século XVIII economistas estudam empreendedores. No século XX, Schumpeter foi quem melhor definiu o perfil especial de empreendedores, aqueles que lidam com riscos e incerteza com destacada tenacidade e flexibilidade.

Para o economista Schumpeter, o empreendedor é responsável pela *"destruição criativa"* promovida pela inovação. Em suas palavras: *"o empreendedor é a pessoa que destrói a ordem econômica existente graças à introdução no mercado de novos produtos/serviços, pela criação de novas formas de gestão ou pela exploração de novos recursos, materiais e tecnologia."*

John Maynard Keynes em 1936 definiu o "espírito animal" (*animal spirits*): "*um impulso espontâneo para a ação, ao invés da inação, e não como consequência de uma pensada média de benefícios multiplicada pelas probabilidades quantitativas*". Emoções e estados de ânimo como o otimismo ditam a proatividade de empreendedores e a sua resiliência dita a tenacidade e proatividade.

O senso comum sugere que o empreendedor é movido por ambições materiais. Nem sempre é verdade. Parcela significativa dos que empreendem o fazem por necessidade: perderam seus empregos e/ou não querem mais ser empregados. Há quem empreenda depois do período de emprego, aspirando por uma aposentadoria mais digna ou por continuar a trabalhar. Outros empreendem por oportunidade, esforçando-se por realizar a "empreitada".

Impacto \ Ventura	Econômico	Social
Econômico	EMPREENDEDOR PRIVADO	NEGÓCIO SOCIAL
Social	INVESTIMENTO SOCIAL PRIVADO	EMPREENDEDOR SOCIAL

Figura 43.1. Matriz Impacto-Ventura para Classificar Empreendedores.

Foi Peter Drucker o primeiro a perceber a existência do empreendimento social. Esse autor sugeria que toda organização deve obrigações à sociedade, portanto é um *empreendimento social*. Com esse enfoque, o autor abriu espaço para o empreendedorismo social. Há, portanto, diferentes tipos de empreendedores. A Figura 43.1 reparte na horizontal e na vertical a ênfase econômica (riqueza) e a social, estabelecendo quatro tipos de empreendedorismo.

No quadrante superior esquerdo está o empreendedor convencional — empreendedor comercial — aquele que busca ganho para si: o *empresário*, cuja missão é criar seu próprio negócio, para seu benefício econômico. Sua missão é gerar rentabilidade para retornar a acionistas o investimento na organização. Seu foco é o mercado.

Há organizações que assumem sua responsabilidade social, promovendo o investimento social privado. Nesse caso, elas patrocinam projetos, quase sempre financiando organizações da sociedade civil para a sua execução. Não deixa de ser uma forma de empreendedorismo.

Há organizações cuja missão ou *ventura* envolve enfrentar problemas sociais, contudo são voltadas para o lucro, de modo que o impacto do negócio é social, mas também econômico. Essa estranha forma de organização é chamada "negócio social" e corresponde à outra forma de empreendedorismo.

As organizações cuja missão é social e que buscam impacto social são as organizações da sociedade civil, sem fins lucrativos — ONGs, caridade e filantropia. É nesse quadrante que se encontram os empreendedores sociais puros, cujo foco é oferecer soluções para problemas sociais.

Muhammad Yunus fundou o Grameen Bank em Bangladesh e outras 50 *empresas sociais*, recebendo por isso o Prêmio Nobel da Paz em 2006. Yunus foi o criador do *microcrédito*, hoje espalhado pelo mundo. No livro *O Banqueiro dos Pobres,* Yunus afirma: *"definitivamente não é a falta de habilidades que torna pobres as pessoas pobres. O Grameen Bank acredita que a* pobreza *não é criada pelos pobres, ela é criada pelas instituições e políticas que os cercam"*. Com recursos mínimos, pobres podem empreender, comprova o Grameen Bank.

Yunus classifica o empreendedorismo social em quatro categorias, de acordo com o retorno dos investimentos: organizações sociais (ONG) sem retorno de investimentos; organizações com algum retorno do investimento; organizações com total retorno do investimento, portanto, sustentáveis; e organizações cujo retorno é maior que seus custos — que Yunus chama de *empresas sociais* (*social business enterprises*). Mais uma prova de que as fronteiras entre empreendedores são porosas: imagine uma ONG que busca superavit operacional ou até mesmo busca retornos positivos para seus investimentos!

Michael Porter superou a dicotomia entre empreendedores comerciais, que visam o lucro, e empreendedores sociais, que visam doar para a sociedade e fazer caridade com desfavorecidos. Ele preferiu adotar o conceito de *valor compartilhado*. Pode-se **criar valor** para a sociedade ou **capturar valor**. O empreendedor comercial mais captura valor em seu benefício que cria valor para a sociedade ao gerar empregos e riqueza. O empreendedor social mais cria valor para a sociedade, mitigando problemas sociais, que captura valor para a sustentabilidade da organização.

Empreendedorismo social

A mais importante entidade que mapeia o empreendedorismo em diferentes países, o *GEM — Global Entrepreneurship Monitor* define *empreendedorismo social* como *"qualquer tentativa de ação empreendedora, com metas sociais ou comunitárias, e onde o lucro é reinvestido em projetos sociais... mais que remetido a investidores".*

Quatro fatores são estudados na questão do empreendedorismo social: o indivíduo, a organização, a estratégia adotada e o contexto. Vejamos cada um desses fatores.

Estudos sobre o perfil de **indivíduos** revelam que não há diferenças substanciais entre empreendedores comerciais e sociais. Ambos apresentam a lista de dez competências sugeridas por McClelland: 1) busca de oportunidades e iniciativa; 2) correr riscos calculados; 3) exigência de qualidade e eficiência; 4) persistência; 5) comprometimento; 6) estabelecimento de metas; 7) planejamento e monitoramento sistemáticos; 8) busca de informações; 9) persuasão e rede de contatos; 10) independência e autoconfiança. Muitas dessas competências formam a resiliência desses indivíduos.

O fato de empreendimentos sociais dependerem da mobilização de pessoas poderia exigir competências adicionais, também relacionadas à resiliência: inteligência emocional, temperança, empatia e compaixão, capacidade de articular apoio social. Mas se considerarmos que o empreendedor comercial nem sempre é um "lobo solitário", essas competências também fazem a diferença neles.

Em 2004, Rossoni e colegas aplicaram a metodologia do GEM com 4 mil brasileiros, encontrando uma taxa de empreendedorismo social de 1,04%, ou seja, apenas 42 homens e mulheres haviam empreendido em anos recentes. Quanto maior a escolaridade e a renda, maior a propensão a empreender; a maioria deles era jovem (25 a 34 anos) e maduros (45 e 54 anos). Essa taxa equivale à média mundial, quando definido o empreendedor social como aqui tratamos.

Quanto ao fator **organização**, note que o empreendedor comercial pode criar uma microempresa para sua subsistência, tanto quanto pode criar uma empresa nascente (*startup*). No caso particular do intraempreendedor (que pode ser tanto comercial quanto social), ele pode criar um projeto dito "especial" na organização onde atua, pode criar uma aliança empresarial (*joint-venture*) ou simplesmente criar uma *startup* ou uma entidade social. Do mesmo modo, o empreendedor social pode criar um:

- Movimento social, enquanto um líder comunitário praticando *ativismo social*, visando organizar pessoas e recursos para enfrentar o problema social;

- Projeto social, buscando entidades que possam hospedá-lo e/ou patrociná-lo, buscando sinergia com projetos similares;

- Associação e Cooperativa para a economia solidária, mobilizando recursos e estimulando a reciprocidade;

- Organização da sociedade civil, formando ONG, entidades, fundações e institutos para o investimento social.

Em ambos os casos, a organização criada depende das aspirações do empreendedor: quanto maiores suas aspirações, maiores e mais sustentáveis as organizações criadas.

Com relação às **estratégias** adotadas, Chandra e colegas estudaram mais de dois mil Ashoka Fellows, metade deles da Ásia e da América Latina, para identificar as estratégias mais usadas por eles em empreendimentos sociais: engajamento em grupos vulneráveis (13,9%); educação (10,3%); parcerias (9,5%); engajamento com comunidade (6,7%); projetos para ganhar escala na comunidade (6,6%); compartilhamento de ideias e recursos (5,1%) e fornecer apoio (4,5%).

Os autores distinguem estratégias simbólicas e materiais. Estratégias simbólicas envolvem mudar mentalidades, comportamentos, estilos de vida e percepções; estratégias materiais envolvem melhorar a condição de vida dos beneficiários. Também distinguem estratégias para influenciar elites e massa: a primeira envolve formadores de opinião, a segunda, alta participação de massas.

Para completar os fatores, o **contexto** inclui a legislação para o terceiro setor, as relações com governos e com empresas e a política. Note que o terceiro setor se organiza em diferentes camadas, desde aquelas em contato direto com beneficiários, passando por organizações que patrocinam projetos e por redes e associações, como a Ashoka, que fomentam o empreendedorismo, no caso, social.

Bewayo e Portes comparam Ashoka Fellows, indicando que na África, América Latina e Sudeste Asiático a erradicação da pobreza é o principal propósito, enquanto na América do Norte a igualdade e justiça social preponderam. Na América Latina o foco é na educação e saúde, amparados pelo ativismo social e comunitário; na África o foco é na geração de emprego e renda e desenvolvimento rural.

A origem dos empreendedores sociais, nesse estudo, revela uma vez mais a porosidade entre setores. Na África, a maioria (45%) deles provém do governo; na Índia, a maioria (20%) é de ativistas sociais; na América Latina, a maioria (37%) se origina no terceiro setor, enquanto que na América do Norte a maioria (44%) é proveniente do setor privado.

Oportunidades de carreira para empreendedores

Se há empreendedores no setor privado e no social, não importa de qual setor eles provém, significa que há oportunidades de carreira tanto para empreendedores comerciais quanto para empreendedores sociais. Quem ensina em escolas de Administração sabe que há uma proporção crescente de estudantes que aspira o social, agora que o contexto do terceiro setor oferece carreiras dignas e plenas de realizações.

Empreendedores têm elevada mobilidade social, por aspiração e por iniciativa.

FONTES

» YUNUS, M. *O Banqueiro dos Pobres*. São Paulo: Ática, 2001.

» BEWAYO, E.D.; PORTES, L.S.V. Environmental factors for social entrepreneurship success: comparing four regions. *American Journal of Management*, 16 (4), p. 39–56, 2016.

» CAMPELLI, M.G.R.; CASAROTTO F., N.; BARBEJAT, M.E.R.P.; MORITZ, G.O. Empreendedorismo no Brasil: situação e tendências. *Revista de Ciências da Administração*, 13 (29), p. 133–151, jan/abr 2011.

» ROSSONI, L.; ONOZATO, E.; HOROCHOVSKI, R.R. O Terceiro Setor e o Empreendedorismo Social: Explorando as Particularidades da Atividade Empreendedora com Finalidade Social no Brasil. *Anais do ENANPAD*, 2006.

» CHANDRA, Y.; JIANG, L.; WANG, C. Mining social entrepreneurship strategies using topic modeling. *PloS One — Public Library of Science*, 11 (3), 2016.

PARTE IV
CRISE

Caso NASA — Gestão e Catástrofes

Decisões difíceis

Crises podem ser evitadas? Se desastres e catástrofes podem ser evitados, as crises também. Ocorre que muitos dos desastres e catástrofes não são fortuitos, são frutos de problemas gerenciais às vezes pouco evidentes. O caso do programa espacial norte-americano ilustra essa questão.

Programa Espacial e criação da NASA

Como consequência da Segunda Guerra Mundial, emergiram duas superpotências que disputavam a hegemonia no mundo: EUA e União Soviética. O mais importante avanço tecnológico criado pelos alemães foram as bombas V2, melhor dizendo, a tecnologia de foguetes. Com a rendição dos nazistas, a maioria dos envolvidos com essa tecnologia foi capturada e levada à União Soviética, o que lhes deu a liderança no programa espacial. O líder e idealizador das V2, Wernher Von Braun se rendeu e foi levado aos EUA.

A década seguinte foi marcada pela "corrida espacial": dominar a última fronteira marcaria a supremacia da superpotência tecnológica. A supremacia nessa década coube aos soviéticos, que foram pioneiros ao lançar: o primeiro míssil balístico intercontinental, o primeiro satélite artificial — Sputnik (1957), o primeiro animal no espaço — cadela Laika (1957, embora cães tenham sido enviados desde 1951), o primeiro veículo a entrar em órbita solar (1959), o primeiro homem no espaço — Yuri Gagarin (1961), a primeira sonda interplanetária (1961), a primeira mulher no espaço (1963), a primeira caminhada no espaço (1965), o primeiro impacto na Lua (1959), a primeira imagem do lado escuro da Lua (1959), o primeiro pouso suave na Lua (1966), o primeiro satélite artificial da Lua (1966), o primeiro *rover* na Lua (1970) e a primeira estação espacial (1971).

A supremacia ficou evidente quando o Sputnik foi lançado: assustava ao povo, aos cientistas e aos militares o uso que poderia ser dado ao satélite — observação. Meses depois, em outubro de 1958 os EUA criavam a *NASA — National Aeronautics and Space Administration*, dotada de um orçamento bilionário para que recuperasse o atraso e assumisse a liderança frente aos soviéticos.

Ainda em 1958 a NASA lançou com sucesso um satélite às vésperas do Natal. Até 1960 diversas sondas e satélites foram enviados ao espaço, como preparação para os voos tripulados. Enquanto organização, a NASA consolidava uma cultura empreendedora e de inovação tecnológica, foco em objetivos desafiadores e ritmo rápido e agressivo.

Contudo, em 12 de abril de 1961 os soviéticos lançaram Yuri Gagarin ao espaço, realizando dezenas de órbitas ao redor do planeta, indicando que a Terra era "azul" e tirando fotos das principais cidades do planeta. Tamanha proeza exigiu da NASA uma pronta reação. Em maio desse ano Alan Shepard fez um voo suborbital com a duração de 15 minutos. A "guerra fria" atingia o ápice. Vinte dias depois do voo de Shepard, o presidente John Kennedy lança um desafio à nação: *"eu acredito que esta nação deveria comprometer-se em atingir a meta, antes que esta década acabe de colocar um homem na Lua e trazê-lo de volta em segurança à Terra. Nenhum único projeto neste período será mais impressionante para a humanidade, e mais importante para a exploração do espaço no longo prazo; e nenhum será tão difícil ou custoso para realizar".*

Em fevereiro de 1962 o cosmonauta John Glenn fez o primeiro voo orbital dos EUA. Após o discurso de Kennedy, a NASA recebeu uma dotação orçamentária de 20 bilhões de dólares para levar o homem à Lua. Ela conduziu os Programas Mercury, Gemini e Apollo. Seis meses antes de findar o prazo estipulado, Neil Armstrong, liderando a Apollo 11, primeira tentativa de pouso, caminhou pela Lua. Foram quatro pousos na Lua, afora o quase-desastre com a Apollo 13.

O sucesso do programa Apollo recuperou o atraso em relação aos soviéticos, que nunca se interessaram pelo valor simbólico de um ser humano caminhar pela Lua. O sucesso também tornou popular a metodologia de gerenciamento de programas e projetos, disseminada em todo o mundo. E gerou ímpeto realizador para a NASA. Em 1970 ela lançou o Skylab, em seguida deu partida no programa do ônibus espacial (*space shuttle*), foguete reaproveitável.

O primeiro ônibus espacial foi o Enterprise, usado apenas para testes de aterrissagem, em 1977. Em 1981 ocorreu o primeiro voo do Columbia e em 1983, o primeiro voo do Challenger. Também foram produzidos os ônibus Discovery, Atlantis e Endeavour. Esses ônibus realizaram 135 voos e foram desativados em julho de 2011, por George W. Bush, devido à perda de reputação após dois desastres.

CHALLENGER

Depois de seis adiamentos, o décimo voo do Challenger foi reprogramado para 28 de janeiro de 1986. Naquela manhã, a temperatura no Centro Espacial Kennedy, na Flórida estava abaixo da ideal.

Desde o dia anterior, engenheiros da Morton Thiokol alertaram para a ausência de certificação em baixas temperaturas do componente que ela fornecia. No dia do lançamento, engenheiros da NASA fizeram idêntico alerta, seguindo protocolos de segurança. A NASA pressionou a Thiokol para rever sua posição e afirmar que estava tudo OK, o que aquele fornecedor fez. Dimitroff e colegas explicam que o "medo da separação" fez com que todos os riscos viessem a ser considerados aceitáveis. A coesão do grupo da governança da NASA — todos engenheiros com nível educacional homogêneo — causou vieses de julgamento.

Apesar dos avisos, às 11h39 o ônibus decolou. Enquanto milhões de pessoas assistiam, 73 segundos depois o ônibus foi envolvido por uma bola de fogo e os dois foguetes de combustível sólido se separaram.

Era a primeira vez que uma tripulação de sete cosmonautas era lançada ao espaço. Era a primeira vez que uma mulher norte-americana era lançada: Christa McAuliffe, professora de colégio, que pretendia dar uma aula do espaço. A catástrofe chocou o povo norte-americano.

O presidente Ronald Reagan nomeou comissão de investigação, que concluiu que os anéis *O-ring* dos foguetes de combustível sólido se contraiam em baixas temperaturas, apresentando reduzida resiliência. Houve escape de combustível causando a explosão.

Um componente de valor irrisório causou um prejuízo depois avaliado em centenas de bilhões de dólares. As missões dos ônibus espaciais foram paralisadas por meses, e só voltaram a operar depois de ampliados os controles de segurança.

COLUMBIA

Em 01 de fevereiro de 2003, sete anos depois do acidente com o Challenger, o ônibus espacial Columbia preparava-se para reentrar na atmosfera, ao concluir a sua missão. Faltavam 16 minutos para o pouso quando o ônibus se desintegrou, matando sete cosmonautas. Imagens televisionadas mostraram a explosão.

A comissão de investigação concluiu que houve causas físicas e comportamentais: *"a NASA é uma agência federal como nenhuma outra. Sua missão é única, as suas extraordinárias realizações tecnológicas são uma fonte de orgulho e inspiração sem igual, representam o melhor em habilidade e coragem do povo norte-americano. Às vezes os seus esforços têm desmoralizado a nação, pois nunca está longe da vista do público e de exame minucioso de muitos quadrantes. A perda do Columbia e sua tripulação representa um ponto de virada, apontando para um debate renovado sobre as políticas públicas e os compromissos com a exploração humana do espaço. Um dos nossos objetivos é o estabelecimento dos termos para esse debate."*[1]

No momento do lançamento, um pedaço de espuma isolante despregou-se do tanque de combustível e atingiu fortemente a parte inferior da asa esquerda causando uma brecha. No dia seguinte ao lançamento, a análise das imagens causou preocupação aos engenheiros, que enviaram e-mail aos níveis superiores em Houston e ainda pediram imagens em órbita de satélites espiões, o que nunca ocorreu. Se as imagens mostrassem danos, seria possível tentar uma recuperação.

Era uma missão de 16 dias, a 28ª desse ônibus. Do quarto ao sétimo dia de missão sucessivas iniciativas de avaliar a situação foram bloqueadas por dirigentes da NASA. O acidente resultou de pressão política para reduzir custos e acelerar cronogramas, na crença de que a qualidade e a segurança não seriam afetadas, sugerem Dimitroff e colegas. Devemos recordar que a partir dos anos 1990 o colapso da União Soviética acabou com a "guerra fria" e dificultou a obtenção de fartos orçamentos para a NASA.

O procedimento de reentrada na atmosfera seguiu normal, até que a telemetria passou a mostrar aquecimento anormal em várias partes da asa. O derretimento do alumínio da asa causou perturbação na trajetória do ônibus, que se desintegrou totalmente. O desprendimento da espuma de revestimento dos tanques no lançamento desse voo e impacto na asa esquerda causou rombo de 15cm no painel térmico de carbono reforçado. Esse desprendimento era ocorrência usual. A catástrofe poderia ser evitada se houvesse inspeção visual por satélite espiões ou por caminhada no espaço durante a missão, contudo a NASA

---

[1] Columbia Accident Investigation Board. Report of Columbia Accident Investigation Board, Volume I. Disponível em: https://www.nasa.gov/columbia/home/CAIB_Vol1.html, acesso em 14.02.2018

desprezou todas as solicitações com esse teor. Teria dado tempo para um reparo na asa.

Somente 13 minutos depois o diretor de voo declarou "emergência grave". Os destroços caíram sobre uma área de 40 mil km² do Texas e Louisiana. Depois de quatro meses haviam sido recolhidos 83 mil fragmentos, somando apenas 37% do peso total da aeronave.

O programa do ônibus espacial foi retomado dois anos depois, porém ocorreram poucos lançamentos até 2011, quando o programa foi descontinuado.

NASA e a mentalidade de grupo

Esse padrão de comportamento na tomada de decisões estratégicas não era exclusivo da NASA. O psicólogo de Yale, Irving Janis havia estudado a reação ao ataque a Pearl Harbor, à guerra da Coreia, à invasão da Baía dos Porcos em Cuba e à guerra do Vietnã. Em 1971 Janis chamou de "mentalidade grupal" (*groupthink*) essa *"busca desesperada por consenso a qualquer custo que eliminava o conflito nos corredores do poder"*.

Dimitroff e colegas observam alguns componentes da mentalidade grupal de Janis presentes nos acidentes da NASA:

- **Invulnerabilidade**: uma ilusão compartilhada por todos e que tem por consequência o excesso de otimismo que os faz correr riscos exagerados;
- **Racionalização coletiva**: o grupo decisor ignora sinais e cria racionalizações para justificar porque os desconsiderava, sempre que a informação atual era discrepante frente a decisões passadas;
- **Pressão sobre outros**: o grupo exerce pressão direta sobre qualquer indivíduo que expressasse dúvidas a respeito de quaisquer ilusões compartilhadas;
- **Autocensura**: membros do grupo não queriam discordar da voz dominante e "consensual", mantendo silêncio sobre suas dúvidas;
- **Unanimidade**: como as vozes discordantes eram sutis, havia no grupo a ilusão da unanimidade; o grupo sentia que todos estavam de acordo com o que era falado e decidido.

O sucesso da NASA em seus primeiros anos e no programa Apollo gerou essa mentalidade grupal, fruto da soberba. Não faltavam procedimentos e políticas de segurança, todavia as decisões de nível gerencial eram afetadas por essa pressão. No caso do Challenger os riscos de lançar o foguete com temperatura ambiente negativa era conhecido, mas as "bandeiras vermelhas" foram timidamente apontadas, e a pressão vinda de cima imperou. É o senso de invulnerabilidade. Autocensura e unanimidade foram causadas pela coesão excessiva do grupo, que emperra a tomada de decisão gerando falsos consensos.

Após o acidente com o Challenger, a Casa Branca substituiu o dirigente da NASA em 1992. Daniel Goldin a liderou até 2001, adotando como lema *"faster, better, cheaper"* (mais veloz, melhor e mais barato), adotando princípios da Qualidade Total, mas cortando custos e buscando maior eficiência. Dimitroff e colegas ressaltam uma fala de Goldin em 1994: *"quando eu questiono o corte de custos, me dizem que vai ocorrer um impacto sobre a segurança dos ônibus espaciais... Eu penso que era um monte de porcaria"*.

Diante das críticas, nove especialistas em segurança se demitiram da NASA em setembro de 2003, frustrados com o desprezo à segurança. A racionalização coletiva fez com que a equipe da missão do Columbia desprezasse o impacto do risco de espumas se soltarem danificando o ônibus — afinal, era tão comum a ocorrência que o grupo não percebeu que em alguma ocasião o dano no ônibus poderia ter consequências catastróficas.

Em 1977, Janis e Mann compararam dois processos de decisão: o vigilante e o hipervigilante. Eles defenderam o processo vigilante, que consistia na busca sistemática de informação, na consideração de todas as alternativas disponíveis, no uso do tempo necessário para avaliar alternativas e na revisão posterior das decisões tomadas. Johnston e colegas demonstram que o processo hipervigilante é mais "natural": sob pressão do tempo, ambiguidade e conflito, os pesquisados adotam foco seletivo, filtram informações e aceleram o seu processamento. Nos projetos de inovação, em contexto turbulento e desafiador, é mais provável que o processo hipervigilante ocorra, tornando mais provável a mentalidade de grupo. Kelman e colegas, estudando a mesma teoria, concluem que a liderança precisa ser "ambidestra": ser capaz do processo vigilante e hipervigilante.

Como eliminar a mentalidade grupal? Não se trata de criar procedimentos de segurança mais estritos, nem de aprimorar a comunicação ou a liderança. A pressão vem de cima, e se incorpora à cultura da organização, portanto, nem é percebida como tal. No Brasil, onde a cultura revela maior distância hierárquica e mentalidade de clã, essa mentalidade grupal poderia facilmente ocorrer. Ao contrário de Dimitroff e colegas, eu acredito que é preciso atuar sobre a cultura organizacional para que ela aprenda com os erros, pratique gestão de riscos e gestão de crises, de modo que sempre considere impactos catastróficos.

FONTES

» DIMITROFF, R.D.; SCHMIDT, L.A.; BOND, T.D. Organizational Behavior and Disaster: The study of conflict at NASA. *Project Management Journal*, p. 28-38, June 2005.

» JANIS, I. Groupthink. *Psychology Today*, vol. 5, 6, p. 43–46 e 74–76, 1971.

» JOHNSTON, J.H.; DRISKELL, J.E.; SALAS, E. Vigilant and Hypervigilant Decision Making. *Journal of Applied Psychology*, vol. 82, 4, p. 614-622, 1997.

» KELMAN, S.; SANDERS, R.; PANDIT, G. "I Won't Back Down?" Complexity and Courage in Government Executive Decision Making. *Public Administration Review*, vol. 76, 3, p. 465–471, 2015.

» PRENTICE, R.A. Ethical Decision Making: More needed than good intentions. *Financial Analysts Journal*, vol. 63, 6, p. 17–30, Novembro/Dezembro 2007.

» REA, S.; FOUNTAIN-SMITH, G. Behaviour Alert – Conduct in the Boardroom. *Governance Directions*, p. 607–610, Novembro 2014.

45

Gestão de Crises – Fontes

Incerteza

Você se considera precavido? Julga importante estar preparado para imprevistos? E para o impensável — prepara-se para esse tipo de situação? Você está exposto a crises? Necessita gerir crises em projetos ou organizações sob sua responsabilidade?

Enfrentar a incerteza é um dos maiores desafios existenciais.

Riscos e crises

Há muitas afinidades entre riscos e crises, mas são situações distintas, com distintas maneiras de serem enfrentadas. Tanto riscos quanto crises podem ser positivos ou negativos, embora o senso comum diga que são ameaças que precisam ser mitigadas ou controladas. Tanto um como o outro tem chance de ocorrer, portanto, implicam em medidas de prevenção e medidas contingenciais (Planos B). Tanto um como o outro tem as mesmas fontes, contudo a maneira como ocorrem é muito diferente. Gerir crises é mais que gerir riscos!

Crises e mais crises...

A incerteza sobre o futuro inclui diferentes fatores: o imprevisto, o imponderável (impossível de avaliar), o arriscado, o improvável, porém com impacto catastrófico, o desconhecido e o crítico, isto é, o que provoca crises. Cada fator de classificação contém inúmeras possibilidades, o que por si só amplia a probabilidade de você ser submetido a elas em algum momento.

Lidar com a incerteza sobre o futuro é um desafio antigo da humanidade. Muitos creem e se submetem a superstições, misticismo, cartomancia e adivinhos. Muitos creditam a deuses e outras entidades esotéricas a causa e a remissão dos efeitos da incerteza. O modo de lidar com a incerteza na sociedade agrária era o tabu e o pecado; na sociedade industrial foi o risco e o avanço tecnológico; na sociedade do conhecimento, a crise e a sabedoria. Imagine, por exemplo, o assombro causado em 1750 com a invenção do para-raios por Benjamin Franklin: um dos perigos da natureza passava a ser controlado! Quando a humanidade criou o conceito de risco, ela atraiu para si a responsabilidade de gerir esses fatores. Não há melhor modo de aproximar-se do "divino" que a capacidade de enfrentar riscos e crises com sabedoria.

Anthony Giddens afirma, a respeito do extremo dinamismo da sociedade do conhecimento: "*o mundo moderno é um 'mundo fugidio': não só o ritmo da mudança social é muito mais rápido que em qualquer sistema anterior, como também é o escopo e a profundidade com o que afeta práticas sociais pré-existentes e modos de comportamento.*" Para o autor, "*as crises não representam mais interrupções a períodos de estabilidade; tornam-se contínuas*".

Turbulências, rupturas, inovações revolucionárias geram incerteza. Note que a inovação tem um lado sombrio, que não pode ser desprezado. É de estarrecer o relato de Mitroff e Linstone sobre estudo da Academia de Ciências norte-americana em 1984 que concluiu que havia informação adequada sobre riscos potenciais para apenas 18% dos 1.815 medicamentos analisados; para 10% dos 3.350 ingredientes de pesticidas e 11% dos produtos químicos comercializados.

O conceito de risco foi criado entre os séculos XVI e XVII. Promoveu o desenvolvimento da indústria de seguros; ampliou a gestão financeira sobre investimentos; e permitiu desenvolver diversas tecnologias perigosas. Em todos os casos e até a segunda metade do século XX, o risco era percebido como uma ameaça que precisava ser eliminada, mitigada ou controlada.

Contudo, ao chegar ao mundo dos projetos, a definição se ampliou. Para o *PMI — Project Management Institute*, "*risco é um evento ou condição incerta que, se ocorrer, terá um efeito positivo ou negativo sobre pelo menos um objetivo do projeto*". O risco do projeto se origina da incerteza que está presente em todos os projetos. As organizações percebem os riscos quando eles estão relacionados a ameaças ao sucesso ou a oportunidades para ampliar a chance de sucesso do projeto. A organização deve estar comprometida com uma abordagem proativa e consistente de gerenciamento de riscos durante todo o projeto.

Note o caráter ambivalente do risco: se ele pode ter impactos tanto positivos quanto negativos, cabe ao gestor definir como quer encará-lo. A sugestão de uma abordagem proativa decorre do fato do risco ser apenas uma possibilidade, e está ao nosso alcance reduzir ou ampliar a chance dele ocorrer. A gestão de riscos contemporânea introduz o pensamento probabilístico em lugar do determinístico.

Ao longo dos últimos séculos prevaleceu uma visão mecanicista do mundo, como para os gregos havia a noção de um cosmos organizado e que funcionava como uma máquina. Ao ingressar na sociedade do conhecimento, a visão mecanicista foi enfim combatida. E o pensamento probabilístico traduzido em técnicas trouxe uma consequência danosa. Peter Bernstein alerta que elas *"resultam em uma cultura que ameaça tornar-se tão complexa e usualmente tão arcana que pode constituir-se em uma nova religião. Vejo três perigos nessas tendências: a exposição à descontinuidade, a arrogância de quantificar o inquantificável e a ameaça de ampliar riscos ao invés de gerenciá-los. Juntos, esses riscos podem ser letais"*. Mais um motivo para acreditar que gerir crises é mais que gerir riscos. Crises derivam da incerteza que nunca pode ser eliminada.

Vamos à definição de crise. No Chinês, *wei* (alerta, perigo) + *ji* (ponto crucial) formam o ideograma *kanji* para *crise* (pronúncia Kikí): a virada representa o lado positivo da crise. Em Grego, *krisis* significa situação instável, transformação; o sufixo *kri* é usado para *Criança*, um ser em transformação, e para *Cri*atividade, a capacidade de criar algo novo, promovendo mudanças. Em ambos os casos, não se percebe a crise com conotação negativa: depende de como ela é enfrentada.

Dentre as definições usuais, adoto a de crise como uma *sequência acelerada de eventos que causa perda de controle e consequências crescentemente indesejáveis*. A crise é um evento provável ou improvável, não importa, cujos efeitos incluem uma reação em cadeia de eventos que amplia seus impactos, podendo causar perda de controle da situação. São fontes de crises:

- Casos fortuitos ou *"acts of God"*: terremotos, maremotos, furacões, erupção de vulcões, tempestades, enchentes;
- Emergências: incêndios, explosões, desastres, acidentes, casos de Defesa Civil;
- Crimes: adulteração de produtos, violação de informação confidencial, violação de sistemas digitais, violência (social ou no ambiente de trabalho), coação, sequestro, terrorismo;

- Motivos de força maior: guerra, greve, "operação tartaruga", vandalismo, litígio sindical, rupturas de mercado;
- Riscos tecnológicos: falha humana, operacional, tecnológica; acidentes de trabalho com vítima; interferências imprevistas; colapso e fadiga estrutural; contaminação ambiental, catástrofes ambientais;
- Incidentes sociais: maledicência, perda de reputação, defesa do consumidor, defeitos e *recall*, epidemias letais, discriminação, assédio, preconceito;
- Crise econômica e gerencial: mudança societária hostil, substituição de dirigentes, colapso financeiro, erros em decisões empresariais, conflitos de gestão, crimes do "colarinho branco", desvios éticos, demissões em massa, adulteração de marcas;
- Crise existencial, colapso nervoso, rupturas.

Essa lista de fontes de crises está ajustada aos fatores de incerteza que tanto prejudicam a gestão de contratos: casos fortuitos, motivos de força maior, atos da administração, atos de governo e interferências imprevistas. Ian Mitroff classifica as fontes mencionadas anteriormente em: desastres naturais, acidentes normais (previsíveis) e acidentes anormais (quando há má intenção) — reforça a ideia de que a maioria das crises não é imprevisível, portanto, pode ser gerida.

Note que todas as fontes de crises são também fontes de risco. Melhor dizendo, toda crise antes era um risco. O fundador do taoísmo Lao Tzu afirmou: *"todo grande problema poderia ser resolvido antes, quando era um pequeno problema"*. Atualizando esse adágio, ficamos com: *toda grave crise poderia ter sido enfrentada antes, quando era apenas um risco.*

Daí que toda crise antes foi um risco. Contudo, nem todo risco ao se realizar torna-se uma crise. Por exemplo, o Brasil já viveu nos anos 1980 uma hiperinflação, mas isso não causou crise na sociedade. Então, o que diferencia uma crise de um risco? A percepção e as emoções dos afetados. Se os afetados percebem efeitos catastróficos, se há sensação de perda de controle e, portanto, emoções infladas — nesse caso o risco ocorrido deriva para uma crise. Consequências disso:

- Quem determina se existe a crise não é o gestor, são os afetados por ela!
- Instalada a crise, a gestão de riscos torna-se pouco eficaz!
- Compreender quando a crise iniciou e terminou é essencial para delimitar a sua gestão!

Alerta: há governos e dirigentes de organizações que negam a existência de crise. É um ato de profunda arrogância e nenhuma virtude prática. Outros se surpreendem que as fontes de crises não tinham sido listadas como riscos, portanto, foram negligenciadas. Todos percebem tardiamente que a gestão de riscos é ineficaz em situações de crise. Por isso, compreender o momento em que inicia a crise e a sua evolução, melhor dizendo, escalada, é crucial.

Quais são os reflexos emocionais de crises sobre os indivíduos? A sensação de perda de controle faz substituir a objetividade pela mais pura subjetividade — daí a sensação de impactos catastróficos. Sem objetividade, o temor vira medo e pode chegar ao pânico; o desconforto vira ansiedade podendo chegar à angústia; a insegurança vira fragilidade, podendo chegar à impotência e desamparo. Emoções infladas causam perda de autoestima, podendo chegar ao extremo da perda do sentido de vida, das referências passadas e da história pessoal. Também causam confusão entre valores pessoais e valores profissionais, podendo causar ruptura na relação do indivíduo com a organização. Dependendo da seriedade dos efeitos da crise, causa trauma e estresse pós-traumático, síndrome que pode perdurar por anos a fio.

Lidar com crises não é fácil, porém é essencial!

Crises estão por aí, então vamos geri-las

Em um mundo acelerado e pleno de incertezas, a ocorrência de crises é "normal", portanto, precisamos aprender a enfrentar todo tipo de crises. Contudo, como elas afetam nosso emocional, é comum a "cegueira" das pessoas para a possibilidade de crises. Ou então, nos baseamos nas crises conhecidas, e deixamos de lado as crises inconcebíveis — contudo, as piores crises são as que nos pegam de surpresa.

É necessário o esforço disciplinado de identificar fontes de crises e planejar a precaução diante de cada um dos tipos de crises. É necessário compreender quando a crise se instala, até para permitir a adoção de medidas excepcionais daí em diante. É necessário compreender quando as crises terminam, para que os sistemas voltem ao normal e para que as medidas de recuperação pós-crise sejam adotadas. E, sobretudo, é preciso resiliência em todo o processo.

Aplique esse conhecimento para a sua vida. Defina um período de tempo, por exemplo, 5 anos, e liste todas as crises em que foi envolvido ou afetado. Seja na vida pessoal, seja na vida profissional, seja como cidadão. Agora que registrou todas as crises, note o que houve em comum entre elas. O que mais o marcou? Que sensações prevaleceram? A perspicácia é um ingrediente para a sagacidade — e daí muitas fichas vão cair!

FONTES

- BERNSTEIN, P. *Desafio aos Deuses: A história fascinante do risco*. Rio de Janeiro: Elsevier, 1997.
- MITROF, I.I. *Crisis Leadership: Planning for the unthinkable*. New York: John Wiley, 2004.
- SABBAG, P. Y. *Incerteza e Riscos: O trabalho de gerenciadores de projetos*. São Paulo: FGV/EAESP — Escola de Administração de Empresas de São Paulo, Tese de Doutorado, 2002.
- GIDDENS, A. *Modernity and self-identity*. Stanford: Stanford University Press, 1991.
- MITROFF, I. I.; LINSTONE, H. A. *The unbounded mind: breaking the chains of traditional business thinking*. New York: Oxford University Press, 1993.

Escalada de Crises

Afetados

Você já se sentiu "a reboque" de acontecimentos? Sentiu que estava sendo carregado pela corrente, sentindo-se impotente para alterar o curso dos acontecimentos? Nessas situações, você intuiu consequências catastróficas, gerando profunda ansiedade, temor e perplexidade? Se você teve o raro privilégio de jamais ter se sentido assim, tente imaginar como se sentem os afetados por uma crise.

Crises e mais crises

Não podemos controlar o futuro, nem eliminar a incerteza que nos cerca. Na transição para a sociedade do conhecimento, ocorrem desequilíbrios e reposicionamentos; evoluções e revoluções, nem sempre positivas. Esse é um contexto de crise. Daí deriva: crises recentes são mais severas que as ocorridas no passado; o intervalo entre crises se reduz a tal ponto que podemos vivenciar crises "permanentes"; mais crises impensáveis e improváveis ocorrem, em lugar de crises conhecidas e até mesmo previsíveis.

Crise é a *sequência acelerada de eventos que causa perda de controle e consequências crescentemente indesejáveis*. Crises inflam as emoções dos afetados, reduzem a objetividade e induzem comportamentos inadequados. Vejamos como as crises começam e como terminam.

Escalada de crises

Toda crise era um risco que, ao ocorrer, causou impactos emocionais nos afetados. Mas esses impactos nem sempre são imediatos, às vezes as pessoas demoram a perceber a gravidade de uma situação; outras vezes só ocorre a crise quando há perda de confiança nos responsáveis por sua gestão.

Toda crise evidencia uma aceleração de eventos, muitas vezes chamada "reação em cadeia". Se a aceleração é lenta, a crise pode demorar a ocorrer; quanto mais rápida, mais provável é gerar uma crise. Se a crise está associada a impactos emocionais, toda vez que há vítimas, sofrimento e atrocidades, mais provável é gerar a crise. Se o incidente está distante de nossos olhos, é longínquo ou mesclado com preconceitos e vieses de julgamento, pode demorar a eclodir em crise. Muitos culpam os meios de comunicação pela eclosão de crises — o que equivale a "matar o mensageiro pelo horror à mensagem que carrega".

Há outro fator relevante: se as pessoas envolvidas são resilientes, menor a possibilidade de deixarem-se levar por crises. Porque um dos fatores relevantes para a resiliência é a temperança, ou seja, o equilíbrio de emoções. Gestores de elevada resiliência são os mais efetivos gestores de crises. Como se percebe, a gênese das crises é ardilosa: **não é a gravidade da situação que faz eclodir a crise, é o contexto emocional dos afetados**.

Nas situações que vão degenerar em crise, os afetados depositam expectativas exageradas sobre os responsáveis por gerir a crise. Estarão atentos à capacidade desses gestores e buscarão interpretar cada frase proferida. Ao menor indício de erro, falha ou incapacidade, as emoções dos afetados inflarão. Note que, quanto mais anormal, impensável ou surpreendente for o fator de crise, mais provável que esses gestores estejam perplexos, amuados ou inseguros diante do que fazer. Até mesmo por traços de personalidade — introversão, por exemplo — os gestores tendem a se comunicar de modo ineficaz, aguçando o potencial de crise.

Nessa fase de pré-crise, "dar tempo ao tempo" é a estratégia mais errada: deixando seguir o curso natural, a possibilidade de perda de controle é maior. Deixar que os meios de comunicação pautem a cobertura do processo tem igual efeito. Manter o silêncio nessas situações, pode ser percebido como atitude negligente, insensível ou pior, pode ser percebida como uma comprovação de culpabilidade.

Muitas vezes os gestores da crise têm uma visão errônea do papel dos veículos de comunicação: creem que eles são ávidos por escândalos. Essa crença, e a ausência de treinamento formal em atendimento a mídias acabam por determinar uma péssima comunicação com a sociedade. Há gestores que simplesmente usam o "nada a declarar", com o temor de serem tragados no processo.

"Nas crises, os líderes tornam-se o repositório dos temores das pessoas. Servem como 'espelhos' que refletem aflições, ansiedades, determinação e satisfação em proporções mais avançadas do que para a maioria", afirma Sapriel. Se os gestores demonstram insegurança ou vacilam, cresce a insegurança dos afetados; se demonstram ocultar informação, cresce a desconfiança dos afetados, fazendo-os especular sobre consequências cada vez mais catastróficas. Por isso a resiliência dos gestores é tão necessária.

Se a comunicação é crucial na pré-crise e até a eclosão da crise, ela passa ao segundo plano na etapa seguinte, de enfrentamento da crise. Nessa etapa, a capacidade de gestão precisa demonstrar vigor e competência, do contrário aguça a crise já instalada. Continuar a privilegiar o esforço de comunicação sem fatos e ações de gestão é inócuo. Porque durante essa fase, todas as atenções estão voltadas para o gestor da crise. Outra armadilha: seguir a burocracia, como se a gravidade da crise fosse desprezada.

Quanto menos firme e decidida a ação do gestor de crises, menor integração ocorre dentre aqueles que participam do processo de mitigação de danos, de proteção à vida humana e ao meio ambiente. Abre espaço para ações descoordenadas, causando entropia, ou seja, perda de energia gerencial. Muito pior é o surgimento de ações heroicas, que muitas vezes ampliam a exposição deles a riscos, podendo agravar a situação. Isso ocorre tanto em crises derivadas de acidentes naturais, desastres, crises de imagem na sociedade e crises organizacionais. Cuidado.

Por que é tão frequente a demora em enfrentar crises? Tomar decisões durante a crise é extremamente difícil. Se o sistema não estiver preparado, faltam informações para a decisão objetiva e ponderada. Para piorar, multiplica-se a informação desencontrada e de baixa consistência. A ambiguidade se faz presente tornando ainda mais difícil manter a objetividade. Além do mais, todos inclusive o gestor de crises, estão sob impacto de emoções fortes, e têm dificuldade de atenuar ou controlar suas emoções para garantir o "sangue frio" exigido.

Existe um princípio importante na gestão de riscos: cada causa ou efeito de um risco é também um risco, porque risco é uma possibilidade. Diante disso, é de se notar que quase não existem riscos independentes. Todos os riscos de uma situação podem ser organizados em cadeias de causa-efeito. Essas cadeias são entrelaçadas: a ocorrência de um risco induz a mais de um efeito, e assim por diante. Se a cadeia de riscos é rompida, interrompe a crise. Mas cada risco negligenciado amplifica os impactos seguintes.

Quero ressaltar esse ponto: quanto maior a demora em agir, mais graves são os efeitos, mais custosas e difíceis de executar são as respostas a esses riscos. Por isso, a mentalidade do gestor de riscos envolve algumas premissas: agir tão cedo quanto possível; não descuidar de nenhum risco; ser precavido e previdente, mas ser resolutivo em caso de contingência.

São as cadeias de risco que explicam a reação em cadeia tão usual em crises. Como gerir crises é mais que gerir riscos, há duas diferenças: nas crises a reação em cadeia é acelerada, ou percebida pelos afetados como acelerada e fora do controle; nas crises a catástrofe só ocorre quando há negligência frente algum risco muito severo ou quando a reação em cadeia infla os impactos.

Imagine como a "reação em cadeia" afeta os diversos interessados (*stakeholders*). Emoções inflam, o distresse se faz sentir, grassa a insegurança e a vacilação, muitas respostas mostram-se ineficazes, podendo até aguçar a crise. Esse caos gera um torvelinho, um círculo vicioso. A firmeza de propósito, a serenidade e a competência do gestor de crise são os únicos antídotos para o caos.

Em algum momento a crise se esgota, havendo boa ou negligente gestão sobre ela. Contudo, o impacto da crise pode perdurar nos afetados. O estresse pós-traumático em geral perdura por dois anos; a perda de imagem e credibilidade é mais duradoura. Os impactos organizacionais são longos: crise de valores; crise de confiança; perda de talentos; perda de produtividade; estratégias são anuladas; vultosas perdas financeiras.

A etapa pós-crise é tão importante quanto as etapas anteriores. A inviabilidade de projetos e de organizações remete a decisões difíceis; a perda de sustentabilidade econômica pode remeter a recuperações judiciais; a responsabilidade por perdas e danos gera vultosos compromissos futuros. E as perdas humanas não se repõem, assim como os danos ambientais. Ninguém sai ileso de uma crise em que foi envolvido.

Quatro etapas para a gestão de crises

A escalada da crise apresentou três etapas: o pré-crise, o enfrentamento da crise, e o pós-crise. Em minha opinião, a Gestão de Crises para ser efetiva, requer o desdobramento da etapa de enfrentamento de crise em duas: o desmonte ou desaceleração da crise; e a intervenção para solução da crise. Desse modo, divido a atuação do gestor de crises nas seguintes etapas e objetivos:

- **PREVENÇÃO**: tem por objetivos: desenvolver atitude de cautela e prevenção, preparando e testando sistemas e processos; desenvolver capacidade de monitorar e detectar eclosão da crise;
- **DESMONTE**: desenvolver prontidão para desacelerar crise; selecionar fatores e interessados críticos e atuar sobre eles; delimitar impactos, protegendo a vida, o meio ambiente e o patrimônio;

- **INTERVENÇÃO**: liderar prontas ações visando reduzir danos; demonstrar capacidade de controle; recuperar comunicação para resgatar confiança;

- **RECUPERAÇÃO**: substituir os sistemas emergenciais, sala de estratégia, comitê de crise pelo retorno aos sistemas habituais de gestão; retomar a normalidade possível em termos operacionais; apoiar afetados; avaliar danos; coletar lições aprendidas.

Anderson e colegas relatam a experiência do sistema de defesa civil norte-americano, sugerindo alguns fatores de sucesso: linguagem comum; organização modular; foco em objetivos; confiabilidade dos planos; amplitude de controle de gestores funcional; instalações de campo adequadas; plano de recursos abrangente; sistema de comunicação integrada; definição e transferência de comando durante a intervenção na crise; cadeia de comando para a gestão de crises; comando unificado e decisões em cascata; pessoal contável (*accountable*); gestão da informação e inteligência.

Leve essa estrutura em etapas para a sua realidade. Escolha uma crise que sofreu ou foi envolvido. Procure precisar em que momento o processo começou e quais etapas o caracterizaram. Se deseja aprofundar, registre como passou cada etapa: estado de ânimo, sentimentos, frustrações e conquistas. Para completar, registre o que aprendeu com essa crise e que usará por toda a vida.

FONTES

» ANDERSON, A.I.; COMPTON, D.; MASON, T. Managing in a Dangerous World — The National Incident Management System. *Engineering Management Journal*, vol. 10, 4, p. 3–9, Dezembro 2004.

» ROSA, M. *A Era do Escândalo: Lições, relatos e bastidores de quem viveu as grandes crises de imagem*. São Paulo: Geração Editorial, 5ª. edição, 2008.

» SAPRIEL, C. Effective crisis management: tools and best practice for the new millennium. *Journal of Communication Management*, 7, 4, p. 348-355, 2003.

47

Estratégias para Gerir Crises

Crise é para profissionais

Imagine enfrentar um touro em uma arena agitada. Ou montar uma mula bravia. Como você se sentiria? Não deve ser diferente de como se sente um gestor enfrentando uma crise.

O toureiro profissional foi treinado, acumulou experiência, desenvolveu sagacidade e autoconfiança para o seu trabalho. Assim como o peão ou caubói profissional. O mesmo vale para o gestor de crises: a consciência sobre a questão e a educação sobre as técnicas envolvidas é essencial para o profissionalismo nesse campo.

Além da gestão de riscos

A crise é um dos possíveis impactos de um risco ocorrido. Isso significa que gerir riscos é uma das estratégias consideradas para gerir crises. Mas gerir crises é muito mais que gerir riscos. Há um componente emocional que define a crise. Não há gestão de crise adequada que despreze esse fator, o mais humano dos fatores envolvidos.

Antes da crise só existem riscos. Tudo é possibilidade, e as possibilidades podem ser ampliadas ou mitigadas conforme a qualidade da gestão. Na eclosão da crise tudo se torna agudo: os eventos se sucedem de forma mais acelerada; a comunicação explode em múltiplas facetas, incluindo a maledicência; as decisões perdem objetividade; as ações fraquejam e se tornam erráticas.

É difícil precisar quando um risco ocorrido se torna uma crise. Também é difícil precisar quando a crise termina e inaugura a etapa de pós-crise: os sistemas gradualmente retornam à "normalidade" possível; a governança do processo muda; é tempo de coletar lições aprendidas e de apoiar afetados. Por quanto tempo? Também é difícil definir.

Para quem gerencia crises, o ciclo de vida de uma crise percorre quatro etapas: prevenção; desmonte; intervenção; e recuperação. Em cada etapa a ação do gestor de crise deriva das condições existentes no momento, e elas são significativamente distintas.

Prevenção de crises

O lema da etapa de Prevenção de Crises é: *toda crise é sistêmica e interconectada; ser proativo é preparar-se para todos os tipos de crises.* Não sabemos qual será a próxima crise, daí a necessidade de preparar-se para todos os tipos: emergências (incêndio, acidentes), desastres naturais, força maior (greve, vandalismo), crimes (adulteração, violação, violência), riscos tecnológicos (falha humana ou operacional), incidentes sociais (reclamação de produtos) ou crise gerencial.

Prevenir-se de crises envolve muitos fatores interdependentes: valorização da ética; boa relação com a comunidade/sociedade; coesão interna; preparo de sistemas e processos; bom planejamento para crises. O básico: as Normas de Segurança (patrimonial, de acesso, de informação etc.), que precisam ser criadas, testadas e aplicadas com firmeza.

Na questão ética, envolve: disseminar valores, criar sistemas de *compliance*, canal seguro para reportar questões éticas e ter apoio jurídico preparado para crises internas e externas. Na questão legal, deve-se levar a sério as Brigadas de Incêndio, a CIPA — Comissão Interna de Prevenção de Acidentes e as políticas de pessoal.

Na questão de pessoal: ter um setor de Recursos Humanos atuante, para coibir assédio e valorizar trabalho em equipe; ampliar a coesão entre departamentos e entre dirigentes, gestores e profissionais — além de monitorar clima e coletar informação de sensores humanos sobre o potencial de crises.

A boa relação com a comunidade e com a sociedade requer que a organização promova o investimento social em causas relevantes para a sociedade. Se a organização pratica a responsabilidade social, ela gera coesão interna. Se ela pratica voluntariado para causas sociais, ela tem um "batalhão" preparado para um esforço concentrado (*task-force*) de crise.

No campo da imagem e reputação, é relevante: ampliar e sustentar canais de comunicação desimpedidos com os principais veículos de comunicação e formadores de opinião. Todo esforço de comunicação institucional é essencial, porque consolida a imagem e torna a organização conhecida. Por analogia, a comunicação interna é importante: *endomarketing*. Treinar dirigentes no trato com veículos de comunicação (*mídia training*) é outra prevenção útil. Criar e treinar o porta-voz é medida útil, porque protege os dirigentes, que passam a ser a última instância em situações de crise.

No campo dos sistemas e processos há trabalho a fazer: estabelecer uma cultura de gestão de riscos, e a revisão periódica de Planos de Respostas a Riscos. A eles se vincula a revisão periódica do Portfólio de Crises e da Análise de Interessados (*stakeholders*). Como gerir crises é mais que gerir riscos, desses planos deriva o Plano de Gestão de Crises, que depois de criado e divulgado, estabelece um repertório de ações de prevenção e ações emergenciais muito útil. Suponho que a organização disponha de planos estratégicos ligados ao tema: PCN — Plano de Continuidade do Negócio; Avaliação do Custo de Ruptura do Negócio; Análise de Impactos no Negócio e Plano de Defesa Organizacional visando a redução de danos.

Outra medida básica de prevenção de crises porque mitiga danos é a manutenção de todo tipo de seguros, o que requer um setor financeiro com essa mentalidade.

Não bastam esses planos, as crises podem eclodir a qualquer momento, daí a necessidade de detectar crises. A detecção pode ser fácil, quando se percebem indícios com antecedência; pode ser difícil, quando só se percebem indícios na iminência de ocorrer a crise; e pode ser impossível, situação desastrosa em que só se percebe a crise depois de instalada. Para a detecção, é preciso implantar sensores humanos ou tecnológicos, cuja informação é coletada em Painéis de Controle ou é remetida ao Centro de Detecção de Sinais (internos e externos) — área preparada para perceber, coletar e filtrar indícios de crises.

Chegamos ao âmago da prevenção de crises. É preciso preparar pessoal para a decisão e comando de crises, poupando a hierarquia desse papel tão singular. Chamamos a isso de Governança de Crises. Há opções: a organização pode ter um diretor de crises (*CCO — Chief Crisis Officer*); pode conceber e treinar pessoas para um Comitê de Enfrentamento de Crises; pode definir e treinar Gestores e Equipes de Crise; ou em último caso, conceber e treinar um grupo-tarefa (*task-force*) temporário, como se faz com a Brigada de Incêndio. Julgo indispensável desenvolver a resiliência de todo o pessoal escolhido e treinado para papéis relacionados a crises. Sobretudo os dirigentes, gestores de projeto, membros de comitês e pessoal de comunicação.

Não é pequena a prevenção de crises. Mas ela não pode ser negligenciada, nem implantada parcialmente: as crises são sistêmicas e contaminam o pessoal afetado ou não, além de vazar para fora da organização.

Desmonte de crises

A etapa de desmonte de crises representa o esforço de desaceleração e recuperação do controle sobre a situação. Os lemas que adoto são: *evitar o caos a qualquer custo; desmonte é sistemático, passo a passo; tempo é tudo — desacelerar requer todo o tempo da governança de crise.*

É difícil precisar exatamente quando a situação em curso tornou-se uma crise. Assim que compreendido que a crise está instalada, a governança de crise deve ser ativada, operando em paralelo com a hierarquia, que continua cuidando do dia a dia da operação. O porta-voz é ativado e passa a centralizar a informação para fora — é conveniente criar imediatamente fluxos internos para que os sinais e informação fluam até a governança de crise. O apoio jurídico interno ou externo é ativado. O esforço de comunicação interna é ativado, bem como ações de RH são incentivadas. Canal seguro de ética é ativado, se não existir.

No desmonte, a governança da crise determina a aplicação dos Planos B — contingenciais definidos no Plano de Respostas a Riscos. Mas como a crise sempre traz surpresas, recomendo refazer esse plano de riscos, bem como fazer um plano emergencial de comunicação. É muito útil a criação de Sala de Estratégia (*war room*), local de acesso controlado onde opera a governança de crises. Deve haver um adequado registro de informação, sem o qual não haverá aprendizado depois da crise.

Não basta decidir pela governança e usar os planos feitos na etapa de prevenção. Há questões brandas que merecem cautela. A primeira questão é assegurar transparência, apesar do controle da informação: manter a confiança de todos é essencial. Alinhar a todos os envolvidos, reduzir conflitos internos, restringir atos espontâneos de heroísmo e ações desencontradas é o mote: *coesão entre quem decide e quem executa.*

A mentalidade do gestor de crises e de sua equipe considera que: o objetivo é antecipar eventos e não reagir a situações; novas táticas se sucedem se as anteriores não são efetivas — requer flexibilidade mental; é impossível cuidar de tudo — daí a necessidade de filtrar questões cruciais no momento, e filtrar os interessados prioritários a enfocar.

Qualquer ganho na desaceleração da crise ou na recuperação da governabilidade da crise, por si, reduz o prazo e o vulto da intervenção e da recuperação da crise. O desmonte pode durar semanas. É a etapa crucial do processo, contudo a que requer maior sagacidade e resiliência.

Intervenção na crise

Nessa etapa o lema é: *na intervenção não se buscam culpados, nem se restringem custos*. Compreender a eclosão da crise e definir culpabilidades dispersa energia, que precisa ser concentrada na mais rápida e profunda intervenção para proteger pessoas, patrimônios e mitigar danos. Sem intervenção não se volta ao "normal".

O modo como a organização realiza a intervenção ditará como ela é e será percebida. Em primeiro lugar, julgo essencial apoiar-se nos valores organizacionais e não fazer concessões à ética. É dever dos dirigentes da organização solidarizar-se assertivamente com afetados, com vítimas e seus familiares — dever de humanidade. Não se deve medir esforços para oferecer todo tipo de ajuda, apoio e socorro. Outra questão no plano humano é apoiar governos e comunidades em seus esforços de resolução de problemas: o pouco que se faça vale muito. Ativar redes de apoio e formadores de opinião faz parte do processo.

No plano técnico, é hora de executar Planos B e C cabíveis, assim como as medidas padrão do Plano de Gestão de Crises. Se a etapa de desmonte foi eficaz, há uma lista de questões a solucionar. É preciso priorizar as questões e criar projetos de intervenção e recuperação. Cada projeto terá uma equipe temporária para a sua gestão e execução.

Um cuidado especial nesta etapa é recuperar a segurança para a vida e meio ambiente e assegurar confiabilidade para as operações — ninguém deseja enfrentar um "filhote" da crise!

Nos momentos finais da intervenção, que pode perdurar por meses, deve ser feita a transição para o retorno à normalidade: a governança de crise e a *task--force* recuam para que a organização permanente retome o controle. A intervenção só se completa quando essa transição ocorreu.

Recuperação em crises

O sufoco causado por uma crise em seus afetados é tão significativo, que muitas organizações consideram o processo encerrado com a intervenção. Contudo, os efeitos intangíveis da crise afetam drasticamente o futuro deles e da organização. O lema desta etapa é: *na recuperação de crises, resiliência é tudo!*

O objetivo da recuperação é garantir a *sustentabilidade* da organização, que compreende: garantir a integridade e segurança do pessoal e da organização; garantir a continuidade das operações; e garantir a confiança de todos. Pode ser deixada de lado?

Creio que a primeira iniciativa da etapa de recuperação é o reconhecimento público de todos os que deram contribuições importantes nas etapas anteriores: os *champions*, os líderes e os formadores de opinião. Coletar e divulgar testemunhos ajuda a definir que a crise foi superada. A partir daí, uma nova comunicação institucional é concebida e iniciada. O otimismo naturalmente prevalece.

Feito o reconhecimento, passamos a cuidar dos traumatizados, distressados e dos de baixa resiliência — os que mais sofreram no processo. Todo apoio social, terapêutico e até mesmo espiritual pode ser oferecido a eles, e a discrição é medida de respeito. Cada um tem seu tempo, e o respeito a eles em seu tempo é a real medida de respeito enquanto valor organizacional.

Prefiro fazer esforço disciplinado para ampliar a resiliência de todos e da organização, nessa fase ampliar as fontes de recreação, de pertencimento e de diversão são mais importantes do que parecem. Também estimular férias do pessoal mais sobrecarregado lhes permite "recarregar suas baterias".

No plano técnico, costuma ser necessária uma atualização tecnológica, no trabalho de reduzir vulnerabilidades em sistemas, processos e políticas. É hora de livrar-se de burocracias de reduzido valor, de políticas incongruentes com a nova situação, e de processos defeituosos.

Quem não compreende o passado está condenado a repeti-lo, é outro vetor dessa etapa. É preciso reexaminar: o portfólio de crises; os mecanismos de detecção; as normas de segurança; a análise de interessados; as estratégias organizacionais e as políticas vinculadas a crises.

Nesse esforço de compreensão, contribui muito a coleta de lições aprendidas. Algum treinamento ou ação educacional complementa o processo.

Se há traumas ou necessidade de mudança cultural, a recuperação pode consumir dois a três anos. Não julgo relevante apressar o processo: fundamental é retomar a operação vigorosa e a busca do futuro pretendido pela organização — a recuperação ocorre suavemente em paralelo.

Grandeza de gigantes

Experimente as dicas para cada etapa da gestão de crises. Com disciplina e sagacidade. Avalie o que é mais coerente com seu perfil. Avalie o resultado obtido, para incorporar em seu repertório o que se provou mais eficaz e efetivo.

Gerir crises não é para amadores, nem para imaturos. A maturidade, a serenidade e o bom senso prevalecem — o que denota resiliência moderada ou elevada, por suposto. Gerir crises exige atenção, concentração e foco, não é algo que se faça nas horas vagas de alguém sobrecarregado com outras responsabilidades.

Gerir crises exige coesão entre envolvidos, decisões colegiadas e registro de informação — método e disciplina são essenciais. Gerir crises evoca nossa humanidade: colocamos em prática o que temos de maior valor!

Resiliência e Gestão de Crises

A lição sabemos de cor...

Você conhece pessoas que enfrentam adversidades com tenacidade e se tornam melhores depois de enfrentar crises? Certamente você também conhece pessoas que não lidam bem com crises e adversidades e são vulneráveis nesses momentos extraordinários. Trata-se de um fenômeno antigo, que agora ganhou outro nome: **resiliência**.

... Só nos resta aprender

Resiliência deriva do verbo latino *resilio*, que significa *voltar ao normal*. É um termo importante na engenharia: uma construção rígida seria muito vulnerável a terremotos, por exemplo. A soma de resistência com flexibilidade denota resiliência. Pense no bambu, que tem essas características e por isso mesmo é tão cultuado na cultura japonesa. Não é a rigidez adequada, é a leveza flexível.

Um constructo composto de nove fatores

Resiliência não é um traço de personalidade, é um padrão de comportamentos, ou melhor, uma atitude diante da vida, que nos torna menos vulneráveis ao distresse e mais resistentes quando enfrentamos situações extraordinárias, sejam elas crises, perdas e graves adversidades, sejam conquistas e sucesso pessoal.

Indivíduos de elevada resiliência prosperam quando enfrentam situações extraordinárias: tornam-se pessoas melhores. Indivíduos com moderada resiliência enfrentam de modo funcional as situações extraordinárias, com algum distresse. Os de reduzida resiliência, por sua vez, sofrem, desenvolvem doenças, põem em risco o bem-estar e demoram muito a voltar ao normal depois das situações extraordinárias.

Se a resiliência não é um traço de personalidade significa que ela evolui ao longo do tempo. Crianças tendem a ter alta resiliência; na adolescência a resiliência cai e volta a subir quando ingressamos no mundo do trabalho; na aposentadoria e na terceira idade ela volta a cair, por força das limitações físicas e da perda do encanto com a vida. Se você concorda com essas premissas, concordará como eu que a resiliência é uma competência que pode ser desenvolvida, dependendo do esforço disciplinado e persistente.

Eu criei uma escala para avaliar a resiliência em indivíduos — é a escala ERS. Coletei mais de 1.400 questionários preenchidos com frases sobre situações corriqueiras. Usei a Teoria de Resposta ao Item para validar a escala e criar escores. Depois fiz uma análise fatorial que revelou que o constructo resiliência é composto por nove fatores. Fiz também análise de agrupamento (*cluster*), que agrupa pessoas de mesmo estilo de resiliência. Usando a técnica de equação estrutural percebi que os nove fatores são sistêmicos, não há nenhum que prepondere sobre outros. Significa que devemos atuar sobre todos esses fatores para desenvolver nossa resiliência, não basta atuar só sobre os que apresentam escore baixo.

Os nove fatores que compõem a resiliência são apresentados no Quadro 48.1 abaixo.

Quero chamar a atenção para um fenômeno. Dois indivíduos com escore de resiliência semelhante podem ser muito diferentes: um deles pode ter muita confiança em si, soluciona problemas com grande flexibilidade mental, demonstra proatividade e tenacidade. O outro, em contrapartida, pode ser mais empático, daí que articula apoios sociais, o que reforça seu otimismo aprendido e flexibilidade mental, mesmo apresentando baixa autoestima. Por isso, conhecer apenas o escore global não é tão importante quanto conhecer também os escores em cada fator. Um dos indivíduos poderia ser tenaz e persistente sendo reativo. Mas se fosse proativo essa tenacidade ampliaria a efetividade de seus comportamentos. Esse indivíduo não poderia ser proativo sem ser autoconfiante e autoeficaz.

Portanto, o que importa é a sinergia entre esses fatores, de tal modo que o resultado, em termos de resiliência, seja maior que a simples existência deles somada. No popular: 2 + 2 = 5. Como são nove fatores, eles formam diferentes estilos de resiliência.

Autoeficácia e Autoconfiança	Autoeficácia: crença na própria capacidade de organizar e executar ações requeridas para produzir resultados desejados. Autoconfiança é o senso de valor atribuído a si mesmo; é o oposto da vitimização, no caso de adolescentes.
Otimismo aprendido	Otimismo é o modo de encarar o mundo de forma positiva, considerando as dificuldades como temporárias, sem assumir para si as circunstâncias, o azar ou os atos de outros. Otimismo aprendido é a capacidade de contrapor emoções positivas às negativas nos momentos difíceis.
Temperança	Temperança é a capacidade de regular as emoções em situações muito difíceis. Significa manter a "serenidade" ou "frieza" quando submetido a pressões. Destemperança é a perda de controle das emoções nessas situações, provocando a impulsividade.
Empatia	Empatia é a capacidade de compreender o outro em seu quadro de referência; portanto, é a capacidade de colocar-se no lugar do outro, mantendo sintonia com seus próprios sentimentos e os do outro.
Competência social	A competência social permite articular apoio de outros nas situações adversas, seja para obter ajuda seja para não se sentir desamparado.
Proatividade	Proatividade é a propensão a agir frente a situações adversas. Reatividade, ao contrário, é a propensão a apenas reagir às situações. Envolve iniciativa, mesmo em situações de risco e incerteza.
Flexibilidade mental	Flexibilidade mental deriva da maior tolerância a ambiguidades. Os de baixa resiliência insistem teimosamente em táticas mesmo quando não efetivas; os flexíveis persistem, tentando novas táticas de forma pragmática e criativa.
Solução de problemas	Resolutividade é a capacidade de diagnosticar problemas, planejar soluções e ter a iniciativa de agir. É uma visão prática das situações.
Tenacidade	Tenacidade é a capacidade de suportar pressão e estressores sem sofrer distresse; resistência física e mental em situações muito demandantes. É evidenciada pela garra e perseverança.

Quadro 48.1. Fatores que Compõem a Resiliência em Indivíduos
(Fonte: SABBAG, 2012).

A análise de agrupamentos gerou quatro grupos de estilos. O "A" apresenta todos os escores acima da média geral — são os portadores de elevada resiliência. O grupo "D" apresenta todos os escores abaixo da média geral — é a baixa resiliência.

O grupo "B" apresenta um estilo "masculino" relacionado à resiliência moderada. Não quer dizer que todos sejam homens, é só um estilo, um arquétipo. As maiores médias desse agrupamento referem-se à *solução de problemas, otimismo e temperança*: é o estilo de quem tem "sangue frio" (temperança) e é otimista em relação ao esforço que faz de resolução de problemas, com o qual se esforça para enfrentar adversidades e crises. Mas faltam a eles *empatia* e *flexibilidade mental*. Bem masculino, não?

O estilo "feminino" do agrupamento "C" — moderada resiliência — apresenta maiores médias nos fatores: *competência social, otimismo, empatia* e *tenacidade*. O ponto fraco desse agrupamento, a média nitidamente baixa, está no fator *temperança*, capacidade de regular suas emoções. É o estilo de quem é tenaz e persistente mesmo perdendo o controle das emoções, mas usa sua empatia e capacidade de articular apoios sociais. Bem feminino.

Resiliência é chave para lidar com crises

Nessa época de crises sucessivas, a competência chave é a resiliência. Aqueles que apresentam resiliência moderada ou elevada sabem enfrentar crises, recuperam seu bem-estar físico e psíquico, portanto, conquistam o bem viver. Crise, para a maioria, é ameaça — para resilientes, é oportunidade.

FONTES

» SABBAG, P.Y. *Resiliência: competência para enfrentar situações extraordinárias na vida profissional.* Rio de Janeiro: 2012. Prêmio Jabuti 2013

49

Lideranças Resilientes

Além do líder convencional

Há uma ênfase no mundo contemporâneo para desenvolver a liderança de todos os tipos de gestores. Julgo meritório o esforço de substituir a mentalidade de "chefes" pela de "líderes". Mas as demandas da sociedade do conhecimento exigem muito mais. O fator resiliência complementa perfeitamente tudo o que se esperava da liderança.

Reflita: você está preparado para empreender, liderar equipes e enfrentar crises? O que lhe falta? Como você poderia tornar-se um líder resiliente?

Simbólico, informacional e decisional

Toda crise revela a fragilidade da organização e, sobretudo, de seus dirigentes. O caso Tylenol mostra a importância da comunicação para enfrentar a crise. O papel do dirigente e do relações públicas foi crucial. O caso da doença do presidente eleito, mas não empossado, Tancredo Neves, pouco depois do caso Tylenol, novamente ressalta o poder da comunicação e do porta-voz. Infelizmente, poucos dirigentes passam por treinamento de relacionamento com a mídia, e poucas empresas, à exceção das melhores, mantêm perícia na comunicação institucional.

Mintzberg sugere que o dirigente da organização desempenha três papéis: o *simbólico*, o *informacional* e o *decisional*. O papel simbólico é o de "figura de proa" para dentro e para fora da organização. Ele a representa, fala por ela e nesse papel sua fala é institucional. Seja em reuniões, eventos, declarações públicas ou no meio digital. No papel simbólico, o dirigente influencia a formação dos valores esposados e advoga causas, gerando símbolos que formam a identidade da organização. O dirigente tem papel educador: torna-se *"role model"* para gestores e funcionários. Quando abraça objetivos de mudança, é o dirigente que gera dinamismo e provoca a mudança cultural. Além disso, nas empresas familiares a cultura e a identidade são determinadas pelo fundador, que muitas vezes ainda está presente no comando ou no conselho.

O *papel informacional* do dirigente deriva da necessidade de organizar, decidir e comandar. O dirigente concentra informação de alto nível mais que qualquer outro, portanto, domina a "inteligência" organizacional. Quando dá valor a isso, ele determina o grau de compartilhamento e difusão dessa informação. Com isso, é a informação, no modelo cibernético, que determina a agilidade, flexibilidade e controlabilidade da organização.

O *papel decisional* não é exclusivo do dirigente, mas ele preserva a prerrogativa de decidir em última instância. Nesse papel, é o dirigente quem faz apostas fundamentadas que orientam o futuro da organização, isto é, centraliza a reflexão estratégica. Nas decisões cotidianas, é o dirigente quem enfatiza a orientação para o valor agregado e o padrão de decisões. E usa as decisões para gerenciar os riscos.

Não conclua que o dirigente é o senhor absoluto do destino da organização. A organização mantém gestores e profissionais com abordagem técnica, essencial e complementar para que os dirigentes exercitem esses papéis. Se a organização se estrutura como hierarquia, os escalões gerenciais também desempenham papéis como os dos dirigentes, em menor escala de autoridade, poder e influência.

No conjunto, os dirigentes, gestores e profissionais da estrutura de controle determinam a resiliência organizacional. E, ao longo do tempo e conforme as adversidades e desafios enfrentados, eles podem revigorar ou deixar fenecer a resiliência da organização.

Estratégia pragmática

Para a organização ampliar sua resiliência, ou ela atua sobre a estrutura, processos, sistemas e cultura em um demorado processo de transformação, ou investe em ampliar a resiliência de dirigentes e lideranças estratégicas da organização, confiando que, revigorados, eles acelerem a transformação exigida.

O primeiro caminho é árduo, demora a evidenciar resultados, embora esses sejam mais consistentes e duradouros que os obtidos no segundo caminho. A mudança cultural envolve desenvolver proatividade, solução de problemas e flexibilidade mental, para desapegar-se de paradigmas e teorias que funcionaram no passado, mas que impedem a compreensão do presente e do futuro da organização. É preciso ampliar a velocidade de resposta da estrutura, desenvolvendo empoderamento e responsabilização (*accountability*) do pessoal; eventualmente, pode ser reforçada a estrutura para os projetos, sejam estratégicos, sejam os esforços concentrados para solução de crises (*task-forces*). Nos processos e sistemas de trabalho, a relação chefia-subordinado precisa ser bastante sinérgica, do contrário freia o processo; também os sistemas de inteligência organizacional e de informação para controle requererem aprimoramento. Não vislumbro a possibilidade de tal mudança em prazo inferior a quatro anos em organizações de médio e grande porte.

Já o segundo caminho é pragmático. Como os dirigentes se destacam na construção e consolidação da cultura organizacional, se eles forem líderes resilientes, a organização reagirá como se tivesse resiliência elevada. Veja como a resiliência elevada do dirigente é promissora.

A prevenção de crises cabe mais ao escalão técnico e gerencial: eles cuidam dos sistemas de informação, comunicação, controle, da gestão de crises, da gestão de riscos, da gestão do conhecimento, do desenvolvimento de competências humanas e organizacionais. Mas quando a crise se instala, em graves adversidades e desafios, a liderança resiliente assume o processo.

Sua elevada autoeficácia/autoconfiança transparece no papel simbólico, reduzindo a insegurança do pessoal. Seu otimismo aprendido coloca a crise em perspectiva, defendendo a noção de que ela passará e a normalidade será restaurada. Enquanto todos inflam suas emoções e sentem a perda de controle, o dirigente separa as questões cruciais para tratá-las em sua particularidade. Nos momentos lancinantes, seu otimismo gera o discurso positivo, que conforta. Sua temperança fornece o "sangue frio" para lidar com o inusitado e o despropositado. E sua empatia e competência social o fazem compreender as necessidades do seu pessoal, oferecendo a eles ajuda e conforto até que eles possam assumir mais responsabilidades no desmonte da crise.

Sapriel enfatiza um aspecto importante do processo: "*nas crises, os líderes tornam-se o repositório dos temores das pessoas. Servem como "espelhos" que refletem aflições, ansiedades, determinação e satisfação em proporções mais avançadas do que para a maioria*". Os líderes resilientes que promovem a temperança durante todo o ciclo, reduzindo a proporção de comportamentos inadequados do pessoal envolvido. Essa competência social o coloca em destaque junto a afetados, envolvidos, mídia e comunidade — eles não se escondem, nem silenciam. Líderes resilientes sabem que deixar para depois é sempre mais custoso e mais difícil de solucionar; sua proatividade promove a intervenção na crise e dá sentido ao processo. A empatia está vinculada à ética: é a ética do dirigente que determina a sua credibilidade, transparência e honestidade — não conheço melhor meio para desinflar emoções, combater a maledicência e as ações sorrateiras e oportunistas.

Durante crises, nunca há informação consistente e oportuna suficiente para a adequada tomada de decisão. Isso faz com que decisões táticas usualmente se revelem ineficazes. O líder que apresenta elevada flexibilidade mental e tenacidade faz planos sucessivos, testa novas táticas e nunca insiste teimosamente em um curso de ação se ele não se mostrar eficaz. Outro aspecto da tenacidade é a persistência em preservar os valores, as causas, as estratégias e o modo de operar da organização — quando todos estão descrentes da continuidade disso depois. Na recuperação, os líderes resilientes confortam os afetados e deixam que a capacidade de auto-organização seja ativada.

No papel de figura de proa, o dirigente é o elo de ligação com acionistas e conselheiros, com governo e órgãos regulatórios, com a comunidade afetada. Não é raro encontrar dirigentes frios e insensíveis, mesmo que competentes tecnicamente — a falta de empatia e capacidade de articular apoios sociais ameaça a própria efetividade das medidas de enfrentamento de crises. Apenas carisma em situações de crise é arriscado; o que é preciso é articular apoios.

Em geral, todo dirigente é autoeficaz e autoconfiante; não consigo imaginar uma organização dirigida por alguém que não apresente essas qualidades. Também acredito que há mais otimistas que pessimistas entre dirigentes; há mais proativos que reativos. Se forem dirigentes profissionais, para chegar à posição passaram por um funil em suas carreiras, o que revela maior tenacidade que os funcionários. Isso possivelmente lhes confere um grau de resiliência moderada. Todavia, o relativo isolamento do cargo pode lhes tirar a flexibilidade mental e a solução de problemas. Encastelando-se, dirigentes podem perder a empatia, a capacidade de articular apoios e a posição simbólica de figura de proa. Ainda mais se o excesso de autoconfiança os torna autossuficientes.

Com elevada resiliência, os dirigentes de fato lideram a solução de crises. Com resiliência moderada, eles são carregados pelo fluxo de iniciativas de outros. Com baixa resiliência podem isolar-se, abdicando das possibilidades de lidar com a situação.

Um líder resiliente acelera a solução de crises, aprende com elas e se fortalece nessa lide. Para completar, o seu nível de estresse durante o enfrentamento da crise é menor, e menos nocivo. É capaz de apresentar *eustresse*, o estresse positivo, aquele que fortalece, revigora e garante foco e concentração. Dirigentes de baixa resiliência apresentam *distresse*, o estresse nocivo, que incita doenças e acelera o envelhecimento. Se o dirigente apresenta um estilo de vida pouco saudável (fumo, álcool, vida sedentária, vício no trabalho etc.), mais uma razão para decididamente elevar sua resiliência.

Não apenas os dirigentes, fundadores ou profissionais, merecem discussão. Também empreendedores e gestores de projetos necessitam de resiliência. Empreendedores enfrentam incerteza: lidar com ela requer resiliência. A incerteza fragiliza a tomada de decisão e amplia os riscos enfrentados pelo empreendedor. Em tese, a boa capacidade de *solução de problemas*, com *proatividade* e *tenacidade* amplia a chance de sucesso em empreendimentos. A incerteza deflagra emoções negativas, de modo que o *otimismo aprendido* e a *autoconfiança* poderiam suplantá-las. Com *empatia* e *competência social*, isolamos da discussão o empreendedor sociopata, transformando seu empreendimento em uma rede de apoiadores liderada pelo líder resiliente. Ainda assim há chance de insucesso, daí a importância da *tenacidade*: empreendimentos futuros poderão trazer maior êxito.

Gestores de projetos enfrentam crises, como consequência do desafio arriscado e da incerteza sempre presentes. Gestores resilientes estão mais aptos a gerenciar projetos. Seu *otimismo* permite perceber impactos tanto negativos quanto positivos de riscos e oportunidades, como recomenda a metodologia hegemônica nesse campo (PMI, 2017). Não temem expor aos interessados (*stakeholders*) os riscos do projeto, porque sua *autoeficácia* lhes dá confiança em que poderão agir com sucesso sobre eles. Sua *proatividade* lhes dá um recurso adicional: além de planejar respostas a riscos, como cautela, os gestores resilientes sabem praticar "*workaround*". Proatividade que determina iniciativa: não ficam "chocando" problemas até que o desfecho deles se imponha. Sua *tenacidade* faz com que não percam as esperanças, quando a crise se instala. Na intervenção em crises, são "batalhadores" incansáveis e disciplinados. Com as emoções infladas durante a crise, os gestores resilientes não ficam "destemperados": sua frieza (com emoções proporcionais às situações e desviadas para o exercício da empatia) garante objetividade e atenção plena. Eles conseguem colocar a situação em perspectiva, avaliando com isenção seus impactos. Crises podem gerar vítimas. Com empatia, gestores resilientes amparam e acolhem os afetados: na etapa de desmonte da crise e na recuperação estão atentos aos sentimentos delas. Gestores de projeto resilientes aprendem com as crises. Em sua história pessoal aceitam as crises como fonte de crescimento pessoal e aceitam as condições que a vida lhes impõe.

Dentre os gestores de projetos que necessitam de maior resiliência estão os que lidam com projetos sociais, pertencentes a organizações da sociedade civil (ONG ou terceiro setor). Não só porque realizam projetos com recursos escassos e condições sempre desfavoráveis, bem como porque as próprias organizações que hospedam esses projetos convivem com ameaças à sua sustentabilidade.

Dicas para a liderança resiliente

Buscar ajuda com coaching profissional é um recurso valioso para dirigentes, empreendedores e diretores. Sua atividade é solitária, há pouca abertura na relação com seus pares e há escassos treinamentos a eles endereçados. O processo de ajuda reflete sobre situações-problemas e comportamentos habituais, fazendo com que o *coachee* encontre respostas às suas indagações e planeje como enfrentar essas situações. Em momentos de crise, o apoio do "ajudador" assegura temperança e flexibilidade mental. No pós-crise, permite refletir sobre o ocorrido buscando aprender com a vivência.

Seligman relata o treinamento para "construir resiliência" que concebeu para o exército dos EUA diante da magnitude de casos de síndrome do estresse pós-traumático. No relacionamento dos sargentos com os soldados em treinamento, o autor indica quatro estilos de resposta: o ativo construtivo (apoio autêntico e entusiástico), o passivo construtivo (apoio lacônico), o passivo destrutivo (ignora o evento) e o ativo destrutivo (aponta aspectos negativos do evento). Na busca de otimismo aprendido ou de reforço positivo, a liderança precisa adotar o estilo ativo construtivo. Treine com quem o rodeia, e treine tanto até que se torne um hábito.

A APA — American Psychological Association oferece no site www.apa.org dicas para fortalecer a resiliência:

1. Faça conexões;
2. Evite ver crises como problemas insolúveis;
3. Aceite que a mudança é parte da vida;
4. Mova-se em direção às suas metas;
5. Tome ações decisivas;
6. Encontre meios positivos para reduzir o estresse e os sentimentos negativos;
7. Procure oportunidades para a autodescoberta;
8. Cultive uma visão positiva de si;
9. Mantenha as coisas em perspectiva;
10. Mantenha um ponto de vista de esperança;
11. Meios adicionais para fortalecer a resiliência podem ser úteis;
12. Busque ajuda.

Fadados ao sucesso

Minello baseou sua tese de doutorado no estudo de empreendedores brasileiros que descontinuaram seus negócios. Antes do insucesso, o autor informa que eles agiram sem pensar e sem planejar, eram onipotentes e arrogantes. Durante o processo de descontinuidade, apresentaram ideação suicida e identificação projetiva. Depois de liquidados os negócios, mostraram estilos mais adaptativos (auto-observação, humor e afiliação), todavia voltaram a demonstrar onipotência. A tese também revela a importância do suporte dos amigos e da família para a superação do insucesso empresarial.

O insucesso ensina mais que o sucesso. Essa tese revela como a resiliência transforma empreendedores em líderes resilientes aptos ao sucesso.

FONTES

» MINELLO, I. T. *Resiliência e Insucesso Empresarial*. São Paulo: FEA/USP, Tese de Doutorado, 2010.

» PROJECT MANAGEMENT INSTITUTE — PMI. *Guia PMBOK: Um guia para o conjunto de conhecimentos em Gerenciamento de Projetos* – versão oficial em português. Philadelphia: PMI, 6ª. ed., 2017.

» SABBAG, P.Y. *Resiliência: Competência para enfrentar situações extraordinárias na vida profissional*. Rio de Janeiro: Campus Elsevier, 2012, Prêmio Jabuti 2013.

» SAPRIEL, C. (2003) Effective crisis management: tools and best practice for the new millennium. *Journal of Communication Management*, 7, 4, p. 348–355.

» SELIGMAN, M. E. P. Building Resilience. *Harvard Business Review*, p. 100–106, Abril 2011.

Competências – Gestor de Crises

De crise em crise

Você se sente competente para gerir alguma crise no ambiente profissional? Já passou por isso? Aprendeu com essa experiência ou deseja sepultar qualquer lembrança sobre o episódio?

Enfrentar crises é um dos maiores desafios existenciais, e também profissionais. Contudo, a chance de termos que enfrentar uma crise ao longo de nossas vidas é suficiente para que precisemos tomar consciência e buscar desenvolver nossas aptidões para isso.

Crises anunciadas

A maioria das crises não ocorre por acaso: são consequências das tecnologias e da gestão, são raros os desastres naturais. Se elas não são casuais, todo esforço de **prevenção** reduz a chance de ocorrer cada tipo de crise.

A crise eclode quando há uma reação em cadeia de eventos, cuja aceleração causa percepção de perda de controle e emoções infladas. Desacelerar esses eventos — o **desmonte** da crise — cria um paradoxo: o quanto antes desacelerar menores são os efeitos da crise, contudo não devemos adotar iniciativas abruptas e voluntaristas. **Intervir** na crise significa reduzir danos e proteger a vida humana e o patrimônio. O esforço de gestão de crise não termina aí: os afetados precisam de cuidado por algum tempo — é a **recuperação** pós-crise.

Gerir crise é uma atividade metódica, portanto, exige um perfil de competências especial.

Pecados e competências

Para discutir as competências e o estilo efetivo de um gestor de crise, vejamos para começar quais são os sete pecados de quem desempenha esse papel:

1. DESPREPARO: desconhecimento, falta de experiência ou de habilidades;

2. AUSÊNCIA, e também OMISSÃO ou NEGLIGÊNCIA, como se a crise se resolvesse por si só;

3. IGNORÂNCIA: sobre as necessidades dos afetados (*stakeholders*);

4. SILÊNCIO: a arrogância de "nada a declarar" quando todos esperam declarações responsáveis;

5. DISTÂNCIA, e também FRIEZA e ISOLAMENTO, incompatível com contexto pleno de emoções;

6. MANIPULAÇÃO de sentimentos para desviar atenção e se defender;

7. INGENUIDADE sobre os impactos prováveis.

Também é importante mencionar a falta de competência em enfrentar crises pessoais. Erica Frydenberg estudou adolescentes, notando as seguintes estratégias de enfrentamento improdutivo: preocupação tóxica, devaneios (*wishful thinking*), redução de tensões (diversões, álcool, drogas), não enfrentamento (ficar "chocando" o problema), ignorar o problema, culpar-se, e isolar-se de todos. Por outro lado, o enfrentamento efetivo (*coping*) incluiu:

- Buscar apoio social;
- Foco na solução do problema;
- Esforço e conquista;
- Investir em amigos íntimos;
- Buscar pertença;
- Foco no positivo;

- Buscar diversão relaxante;
- Recreação física.

A autora revela a importância de buscar referência em outros: profissionais de assistência social, apoio social, apoio espiritual e apoio terapêutico. Analisando em conjunto os sete pecados e o enfrentamento efetivo de adolescentes se percebe a importância da comunicação, da iniciativa assertiva e confiável.

As diferenças de abordagem dentre as quatro etapas da gestão de crises são tão significativas que elas criam perfis de competências distintos para cada etapa. Uma consequência disso é a de que **só um gestor eclético, maduro e experiente tende ao sucesso no ciclo de vida de crises**. Outra consequência é a importância de existir uma verdadeira equipe de gestão de crises, onde esses diferentes perfis de competência estão distribuídos no conjunto das pessoas. Gosto dessa estratégia, contudo requer o trabalho em equipe.

Competência é um conjunto de habilidades distintivas, ou seja, que fazem a diferença entre dois profissionais. Costuma-se indicar que uma competência envolve a soma de *conhecimentos, habilidades* e *atitudes*. No caso das crises, adiciono outro fator indispensável: a *sensibilidade*. Tudo isso reunido forma um Estilo. O acrônimo que prefiro passa a ser CHASE. Para memorizar, esse acrônimo equivale ao termo em inglês *perseguir*: é um conjunto de competências que se perseguem.

Dentre as competências gerais que um gestor ou membro de equipe de crises possui destaco: conhecimento em tipos de crises, na escalada da crise e em gestão de riscos; habilidades em temperança, maturidade e a não se deixar levar por decisões apressadas e contaminadas; as atitudes eficazes incluem a percepção, a crítica, a atenção e as capacidades de observar e de instigar; por fim, dentre as sensibilidades requeridas destaco o alumbramento (*insight*), os palpites e o sentimento das entranhas (*gut feelings*). A sensibilidade para crises é questão crucial.

O Quadro 50.1 a seguir sintetiza o perfil de competências para cada etapa da gestão de crises.

	Conhecimentos	Habilidades	Atitudes	Sensibilidade
GERAL	Tipos de crises Escalada de crises Gestão de riscos	Temperança Maturidade Evita decisões contaminadas	Perceptivo Atento Crítico Observador Instigador	Alumbramentos Palpites Sentimento das entranhas
Prevenir crises	Conhecimento técnico Planejamento Legal Ética Segurança	Contável Responsivo Comunicação	Cautela Humildade Bom senso Antever impactos Proatividade	Impensável Imponderável Desconhecido
Desmontar crises	Comunicação Sociologia Psicologia	Gerir equipe e *task-force* Foco Resiliência Liderança Eclético (técnico + social + emocional)	Prontidão Iniciativa Serenidade Confiabilidade Humildade Flexibilidade mental Antecipação Diligência Firmeza	Sagacidade Heurística
Intervir em crises	Conhecimento técnico Humanidades Gestão de projetos	Resiliência Comunicação Negociação Liderança Priorização	Autoconfiança Objetividade Ética Ajuda Assertividade	Resistência a mudanças
Recuperar de crises	Conhecimento técnico Psicologia Sustentabilidade Conhecimento em políticas, processos e sistemas	Resiliência Priorização *Coaching* Aprender com adversidades	Cuidado Respeito Bondade Apoio Discrição Otimismo	Empatia Lidar com a fragilidade humana

Quadro 50.1. Perfil de Competências do Gestor de Crises por Etapa do Processo.

Na etapa de **prevenção** de crises, o conhecimento técnico é exigido, bem como o legal, ético, de segurança e nas técnicas de planejamento. Três habilidades se destacam: ser contável (*accountable*) — reúne o responsivo, o responsável e o comprometido — e habilidoso de comunicação, para que todos percebam a importância da prevenção. As atitudes funcionais são: cautela, humildade para conviver com a dúvida, bom senso nas decisões, antever impactos da crise e proatividade — propensão a agir. Por fim, julgo essencial a sensibilidade para o impensável, para o imponderável e para o desconhecido. Se o indivíduo se apega a paradigmas anula essas sensibilidades, ampliando a sua exposição a riscos e crises.

Na etapa de **desmonte** ou desaceleração da crise, conhecimentos em comunicação eficaz, em sociologia e psicologia são necessários para lidar com o aspecto emocional atávico das crises. Habilidades são requeridas: gerir equipe/*task-force*, foco, resiliência, liderança e algum ecletismo, para somar a preocupação técnica com a social e com a emocional dos afetados. Note que essas habilidades são brandas, difíceis de desenvolver e muito relacionadas à inteligência social. No desmonte, a atitude é crucial e envolve o somatório de: prontidão, iniciativa, serenidade, confiabilidade, humildade, flexibilidade mental, antecipação, diligência e firmeza. São desastrosas as atitudes de arrogância, teimosia, apego a convicções e paradigmas e esperar pelo momento certo. Apenas duas sensibilidades são exigidas: sagacidade (agudeza de raciocínio) e heurística (atalhos mentais de base intuitiva para as decisões): não há tempo e informação suficiente para decisões objetivas.

A etapa de **intervenção** requer conhecimento técnico, em humanidades e em gestão de projetos: é por meio de projetos que ocorre a intervenção organizada. O conjunto de habilidades inclui: resiliência, que fornece proatividade e tenacidade; comunicação e negociação para viabilizar projetos; liderança e capacidade de priorização para orquestrar os muitos projetos para a intervenção. Dentre as atitudes associadas note: autoconfiança; objetividade; assertividade; ética; ajuda. Esta última, a ajuda ou *coaching* amplia os envolvidos na intervenção. Por fim, durante a intervenção o aspecto emocional ainda está presente, porém com menos força, por isso é relevante que o gestor de crise tenha a sensibilidade para emoções e comportamentos típicos de resistência a mudanças.

Quando a intervenção cede espaço para a **recuperação** pós-crise, novamente muda o perfil de competências do gestor e equipe de crises. Conhecimento técnico, em psicologia, em sustentabilidade e em melhoria de processos, políticas e sistemas é necessário. Resiliência mais uma vez é relevante, assim como as habilidades de priorização, *coaching* e a capacidade de aprender com adversidades. Algumas atitudes pautadas por valores são funcionais: cuidado, respeito, bondade, apoio, otimismo e discrição — não se faz alarde do apoio oferecido aos afetados. Por isso prezo a sensibilidade para a fragilidade humana — o gestor e equipe precisam de empatia para colocar-se no mesmo nível do afetado para que possa de fato ajudá-lo.

Para avaliar a dificuldade relativa de desenvolver essas competências, veja a Figura 50.1, que classifica apenas as habilidades (por simplicidade) em desenvolvimento rápido/lento e estilo/padrão (como fazemos para todas as competências).

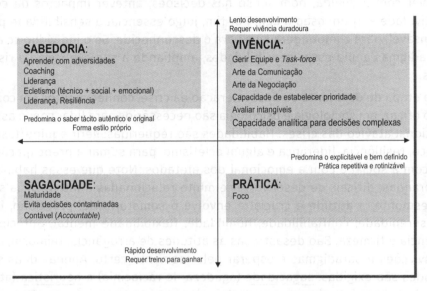

Figura 50.1. Classificação das Competências do Gestor de Crises.

Note que predominam competências nos quadrantes superiores — vivência e sabedoria — o que significa que é preciso tempo, experiência refletida e grande capacidade de aprendizagem para desenvolvê-las, na maioria.

Aprender com crises, com resiliência

O perfil de competências em gestão de crises é tão especial que poucos estão preparados para esse papel, independentemente de sua formação. Como se preparar para isso, se você deseja atuar nesse campo? Não há cursos; há escassa literatura; muitos estudos de caso privilegiam o heroísmo.

Todavia, **as crises são pródigas em ensinamentos — para as mentes preparadas dos resilientes, por suposto**. A atenção, observação e crítica do que fizemos durante uma crise ensina muito. Quem foi apoiado ou tomou iniciativas exitosas em meio a uma crise elevou sua resiliência, tendo por benefício direto a competência em gerir crises. Para a maioria das pessoas, as crises que passamos nos tornam melhores.

Aprenda com suas próprias crises. Com sagacidade, atenção e reflexão crítica.

FONTES

» SABBAG, P. Y. *Incerteza e Riscos: O trabalho de gerenciadores de projetos*. São Paulo: FGV/EAESP — Escola de Administração de Empresas de São Paulo, Tese de Doutorado, 2002.

» FRYDENBERG, E. Coping competencies: what to teach and when. *Theory and Practice*, 43, 1, Winter 2004.

Caso Crise — Pânico em São Paulo

Crise relâmpago

Você acredita que em apenas três dias se instaure o pânico na cidade e no dia seguinte tudo volte ao normal? Essa é a principal característica das crises. Não há caso mais emblemático que o pânico causado pelo PCC em 2006 em São Paulo.

Roteiro conhecido

Não importa a época e o lugar, toda crise segue o mesmo roteiro: eclode um problema cuja gestão é ou foi precária; os envolvidos e afetados notam a aceleração dos acontecimentos; emoções infladas contaminam o processo e tomam o lugar destinado à objetividade; percebem-se efeitos catastróficos, o que causa uma sensação de perda de controle; os responsáveis e gestores da crise se comunicam mal e desprezam os aspectos subjetivos, aguçando ainda mais a crise. Imagine como se sai de uma crise forjada dessa maneira!

Crise imprevisível? Ou esperada?

Nas últimas décadas ocorreu uma alteração importante no catálogo de crises. Antes a maioria das crises era repentina e causada por desastres naturais. Agora as crises se sucedem em períodos mais curtos, são mais severas e, pior, são causadas pelo homem, portanto, não são súbitas — poderiam ter sido evitadas, na maioria.

Imagine o contexto em São Paulo no início de 2006. Um governador bem avaliado, Geraldo Alckmin, deixa o cargo para concorrer à presidência da República. Assumiu o vice, Cláudio Lembo, político antigo e que esperava ficar na posição por poucos meses, até que José Serra, candidato de seu partido, vencesse a nova disputa eleitoral. Os paulistas viviam um momento de bonança: reduzido desemprego, maior poder aquisitivo da população e índices de violência em queda — comprova o noticioso da época. O lado positivo da bonança escondeu um revés: ocorreu um relaxamento na gestão, criando ambiente favorável para a eclosão de crises.

Em 1993, na Casa de Detenção de Taubaté, era criado o PCC — Primeiro Comando da Capital. Essa organização criminosa organizou em 2001 uma megarrebelião em 24 presídios e 5 delegacias, deixando 8 mortos e 22 feridos — era uma demonstração de sua força. Em 2002, Marcola — Marcos Camacho — assume o poder no PCC, promovendo a "sindicalização" da entidade. Ainda nesse ano, o Governo de São Paulo monta o organograma do PCC, contudo o diretor do DEIC afirmava que *"o PCC é uma organização falida"* — não se sabe se era esse o seu julgamento ou afirmava isso como bravata.

A crise ocorreu em 2006. Vejamos como foi a "escalada" da crise: como um fato corriqueiro aguçou o conflito causando a crise. Em 26 de abril Marcola é preso. Em 08 de maio o criminoso depõe na CPI do Narcotráfico: muito seguro de si, conseguiu enorme visibilidade. Representantes do governo paulista depõem na mesma CPI — a degravação do depoimento foi comprada por advogados e chegou a Marcola no dia 11 de maio. Um deputado divulga a informação de que haveria transferência de presos perigosos, o que aguça o PCC.

De fato, nesse dia 765 presos foram transferidos para o presídio de Presidente Venceslau, sendo mantidos isolados para impedir que houvesse rebelião no Dia das Mães. Se a polícia detinha informações que respaldassem esse comportamento, não se preparou adequadamente. Em 12 de maio 12 mil presos receberam indulto, como era praxe, saindo das prisões para passar a efeméride com suas famílias.

A transferência dos presos de certo modo afetava o funcionamento do "sindicato do crime". Era uma medida de força, mas teria consequências. Uma hora depois da transferência de presos, rebeliões começaram em Avaré e Iaras, mantendo 24 reféns nesses presídios. Na noite daquele dia, duas bases móveis da PM foram atacadas, deixando 3 feridos. Na madrugada do dia 12 o diretor do DEIC e delegados se reúnem: Marcola e 7 dirigentes do PCC haviam sido levados a eles para conversar, era o momento de organizar a reação.

Os eventos ganham dinamismo. Na madrugada de 12 de maio na capital e em cidades do interior do Estado ocorrem emboscadas: morrem 4 policiais civis, 1 agente penitenciário, 2 guardas civis e 1 Policial Militar. Disparos e bombas contra delegacias são noticiados em todo o estado: sobe para 21 o número de policiais vitimados em 55 ataques em todo o estado. Era uma questão circunscrita à Polícia?

A população esperava o pronunciamento das autoridades. Na coletiva, Nagashi Fukushima, Secretário de Administração Penitenciária, em 12 de maio afirmava: *"não são rebeliões graves, em sua maioria"*, ressaltando que era véspera de Dia das Mães. Saulo de Abreu, Secretário de Segurança disse que os ataques *"são fórmula de tentar mostrar força e principalmente, mexer com a sensação de segurança da população"* — ele demonstrou compreender a natureza das crises, mas a aguçou. Era a maior rebelião já ocorrida no Brasil.

Coletiva do governador Lembo no dia 13 afirma que *"os ataques foram uma reação previsível"*. O Ministro da Justiça coloca a Polícia Federal à disposição do governador de São Paulo, que recusa. O Presidente Lula, em Viena, pede para o governo fazer *"o necessário"*. Ocorria o aproveitamento político da crise.

No Dia das Mães, acumulavam-se 52 mortos nas ruas e mais de 100 reféns em 20 unidades rebeladas (total de 33 Centros de Detenção Provisória e 74 presídios). Durante o dia 14, 64 unidades estavam rebeladas com 273 reféns; novos ataques a policiais ocorriam nas ruas. No final da tarde de 14, dois ônibus eram incendiados, no Campo Limpo e na Vila Maria. Depois a imprensa totalizava 40 ônibus, 28 em SP; 4 agências bancárias eram incendiadas. O conflito ganhava as ruas, para atemorizar a população.

No dia 14, a crise já havia se espalhado por outros Estados, como Espírito Santo, Paraná, Mato Grosso do Sul, Minas Gerais e Bahia (este último sem ligação direta com o PCC). Coletiva na noite de 14 de maio evita usar o termo *"terrorismo"*; o chefe do DEIC prefere falar em *"ataques covardes"*.

A comunicação do governo com a sociedade aguçava a situação: a Secretaria de Administração Penitenciária não confirmava as negociações com Macarrão, outro líder do PCC, e informava que só se pronunciaria após o fim da rebelião. Contudo, o Comandante da PM começava a investigar detentos indultados, suspeitando que tinham recebido a ordem de criar tumulto. Do dia 12 ao 14, 82 suspeitos foram detidos — muitas *blitz* ocorreram na cidade, com 500 policiais no esforço. Muitos indultados não retornaram aos presídios. Suspeita-se de quase 300 suspeitos mortos pelas polícias nos dias seguintes, 26% deles com ficha limpa.

Esse tipo de crise gera caos, representado pela ação oportunista de outros interessados (*stakeholders*). A rebelião atingia a FEBEM Raposo Tavares. A Folha Online noticiava às 16h00: "*internautas espalham boatos sobre PCC e alimentam pânico em SP*".

O dia do pânico, 15 de maio, começou quente. Tiros atingiram o guichê da Estação do Metrô Artur Alvim à 1h00. Dez empresas decidiram reter 4000 ônibus nas garagens na madrugada. Nove terminais de ônibus foram fechados. O Rodízio de veículos foi suspenso, causando congestionamento de 109 km às 10h00 e de 195 km às 17h00 (recorde). Prejuízos: 68 ônibus foram queimados durante a manhã; 3 milhões de pessoas ficaram sem transporte; 30% dos alunos de escolas estaduais faltaram às aulas; a Justiça de São Paulo anunciou que liberava o pessoal de 633 prédios às 17h00; serviço de telefonia celular entrava em colapso às 17h00, e o tráfego na internet aumentava 10%. Reação em cadeia: o "*toque de recolher informal*" iniciou no Ipiranga, às 14h00; escolas e universidades paralisaram suas aulas; seis *shoppings centers* fecharam; o McDonalds interrompeu seu serviço de *delivery* às 15h00 daquele dia.

Grassavam boatos de todo tipo: ameaças de bomba nos aeroportos e estações rodoviária e metroviárias; divulgação de "entrevistas" com supostos membros do PCC; e informações desencontradas, quase sempre inflando os números de vítimas, de ônibus incendiados etc. Na ausência de comunicação institucional, os veículos de comunicação assumiram o papel: contudo seu interesse era manter-se próximo a seu público, informando-o de modo a preencher suas necessidades.

Estranhamente, naquele dia terminavam as rebeliões em diversos presídios. O Governo de São Paulo centralizava a informação sobre a rebelião. Justamente quando os milhões de afetados mais precisavam de informação! Com atraso, em 16 de maio os ônibus voltavam a circular e ao longo do dia escolas e comércio voltaram ao normal, embora com pouco movimento. O governo considerou encerrada a rebelião.

O Governador Lembo afirmava: "a *população de São Paulo pode ficar absolutamente tranquila, confiante na sua Polícia Civil, na sua Polícia Militar*", embora só 10% aprovassem a gestão da segurança. O governo paulista negou ter havido acordo, mas o PCC confirmava que ordenou o fim da violência.

A Promotoria de Execuções Criminais investigou. Coisas estranhas se passaram: Marcola e demais dirigentes do PCC foram transferidos para Presidente Bernardes e saíram do regime de isolamento. Uma semana depois receberam 28 televisores de tela plana, sem nota fiscal. Uma advogada e diversos representantes do governo foram a Presidente Prudente em jato executivo reunir-se com

Marcola: a "conversa" determinou uma "trégua". Segundo a advogada, a *situação estava fora de controle*"[1].

Note que o estopim da crise ocorreu no dia 12; o auge no dia 15; a suspensão das rebeliões em 16 de maio. A Virada Cultural de São Paulo ocorreu em 20 de maio em absoluta calmaria. Mas o pânico ficou na memória dos paulistas.

A importância do desmonte de crises

Considero que há quatro etapas para quem gerencia crises: a etapa de *prevenção* (antes da crise), a etapa de *desmonte* (visa desacelerar e ganhar controle sobre a escalada da crise), a etapa de *intervenção* (que visa mitigar danos e abreviar o retorno à normalidade) e a etapa de *recuperação* (depois da crise, visa apoiar os afetados).

O caso da Crise do PCC em São Paulo apresenta a escalada da crise e demonstra a incapacidade de seus gestores de efetuar o desmonte. Também revela a ausência de políticas públicas para a intervenção e para o pós-crise. E uma negligência criminosa na comunicação com a sociedade.

O que este caso provocou em você? Saboreie suas impressões e sentimentos. Depois traga para você o assunto: como viveu essa crise? Rememore outras situações que fluíram do mesmo modo, e fixe as reações que costuma ter em crises.

---

[1] Jornal Estado de São Paulo, 27 de julho de 2015.

Caso Crise Mundial 2008

Crise — quando?

Você percebe quando um problema corriqueiro se converte em uma crise? Sabe precisar exatamente quando a crise iniciou? E quando ela acabou, é fácil perceber? Se for difícil responder a essas perguntas, isso revela quão difícil é gerir crises.

Vamos estudar uma crise que a todos afeta: a crise econômica mundial de 2008. Por ser mundial, essa crise é complexa, fica difícil perceber sua escalada.

Gerir crise é mais que gerir riscos

Se é difícil perceber quando a crise se instala, torna mais difícil enfrentar a crise. Se é difícil perceber quando termina, torna complicado o retorno à normalidade. As crises são um tipo especial de risco que pode ou não ocorrer. Contudo, a gestão de riscos convencional falha diante das crises por dois motivos. O primeiro motivo é que a maioria das crises tem probabilidade de ocorrer muito pequena (é improvável) porém tem impactos catastróficos — se os riscos são filtrados pela esperança de ocorrer (multiplicação da probabilidade por seu impacto) as principais crises são excluídas da lista de riscos a serem cuidadosamente gerenciados.

O fato é que nem todas as fontes de risco geram crises. Mas toda crise antes foi um risco. Por isso as crises são um tipo especial de risco: aquele que desperta emoções infladas e sensação de perda de controle. Daí o segundo motivo de falha da gestão de riscos: ela usualmente despreza os efeitos psicológicos do risco sobre os afetados, e é isso que determina a crise.

Escalada da Crise Econômica de 2008

A crise se evidenciou e passou a ser assim denominada em setembro de 2008, quando quebrou o primeiro grande banco norte-americano — Lehman Brothers. Todavia, a crise pode ter iniciado antes, e as condições para a crise já existiam há muito tempo. A situação econômica mundial criara condições para a crise:

- Maior dinamismo do comércio e integração das economias (Figura 52.1);
- Inserção de 500 milhões de pessoas no mercado de trabalho global;
- Maior reserva de petróleo fez com que países do terceiro mundo adquirissem títulos dos EUA;
- Crescimento acelerado das economias gerava pressão de demanda de *commodities* primárias;
- Agências divulgavam *ratings* elevados mesmo para empresas com elevados débitos;
- Afrouxamento de controles e regulação no mercado hipotecário.

Para completar, o *Community Reinvestment Act* nos EUA em 1977 obrigava credores a conceder empréstimos às comunidades mais pobres, anteriormente marginalizadas. É exemplo de como uma medida de caráter social pode prejudicar a economia em médio prazo .

Na época, 69% da população possui casa própria, um índice recorde na história dos EUA. O excesso de capital para investir aguçou os agentes financeiros. Muitos perceberam que ganhariam muito concedendo empréstimos a quem nunca antes havia tido acesso a crédito. Descobriram que era possível cobrar taxas elevadas para cobrir os riscos inerentes ao negócio e obter lucros substanciais. Florescia a *securitização*, combinação de empréstimos para aquisição da casa própria com títulos mobiliários semelhantes a ações, que podiam ser comprados e vendidos no mercado secundário — procedimento que permitia aos credores dar baixa em empréstimos de sua carteira, permitindo emprestar mais.

Nos EUA, a classe média percebia que era bom negócio hipotecar suas casas: com o dinheiro conseguido a juros não tão altos, investiam para receber juros maiores que os pagos a hipotecadoras. A médio ou longo prazo teriam um patrimônio maior em ações que o valor pago nas prestações de hipotecas.

Contudo, os preços exorbitantes levaram à queda da procura (Figura 52.2), com a desvalorização dos imóveis: a mesma classe média que detinha ações teve seu patrimônio (imobiliário) depreciado e falhou em pagar parcelas de hipotecas, levando hipotecadoras a prejuízos vultosos. Dois terços dos empréstimos para imóveis concedidos em 2003 foram do tipo "agressivos". Não foi um problema localizado.

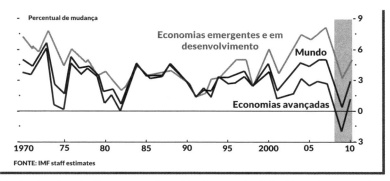

Figura 52.1. Evolução do Percentual de Mudança do PIB-Crescimento Econômico.

Empréstimos a taxas *subprime*, a categoria mais arriscada de empréstimos agressivos, dispararam, passando de 150 bilhões de dólares, em 2000, para 650 bilhões em 2005. A indústria de empréstimos *subprime* ia bem até que o Federal Reserve aumentou a taxa de juros de curto prazo. Foram 17 aumentos no verão de 2005, que elevaram a taxa de 1% para 5,25%. Oitenta por cento dos empréstimos *subprime* eram atrelados a taxas de juros flutuantes que, depois de 1 ou 2 anos, mudavam a cada 12 meses ao sabor da flutuação das taxas de curto prazo. Em decorrência desses aumentos, quem contratou empréstimos em 2005 viu suas prestações mensais subir em torno de 30% a 50%, obrigando mais devedores a atrasarem seus pagamentos. No final de 2006, 12,6% dos empréstimos *subprime* estavam em execução ou muito atrasados, quando em 2003 havia 7%, taxa muito maior que a de 1,4%, habitual até então. A reação em cadeia começava.

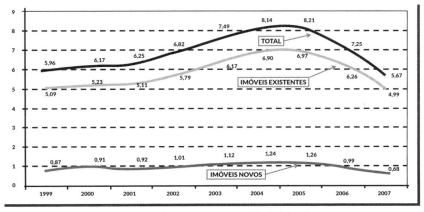

Figura 52.2. Evolução das vendas de imóveis nos EUA.

Ainda em 2006, Nouriel Roubini foi apelidado de "Sr. Catástrofe" porque discursou ao FMI prevendo colapso imobiliário, profunda recessão e consequências tenebrosas para o mundo. O presidente do Fed falava em "exuberância irracional" da economia. Havia crise nesse momento?

Em fevereiro de 2007 ela foi revelada ao mundo, configurando-se como uma crise financeira global. A New Century Financial, especializada em empréstimos *subprime*, pediu concordata e demitiu metade dos seus funcionários. Com dívidas repassadas a outros bancos, o mercado *subprime* entrava em colapso. Em julho desse ano a crise do crédito hipotecário provocava uma crise de confiança geral no sistema financeiro e falta de liquidez bancária (falta de dinheiro disponível para saque imediato pelos correntistas do banco). Havia crise?

Em agosto de 2007 ocorre o estopim do outro lado do oceano: a notícia europeia de que o banco francês BNP Paribas, um dos principais da região, havia congelado o saque de três de seus fundos de investimentos que tinham recursos aplicados em créditos gerados a partir de operações hipotecárias nos EUA. A instituição alegou dificuldades em contabilizar as reais perdas desses fundos. Em seguida, o Banco Central Europeu investiu 95 bilhões de euros no setor bancário, para melhorar a liquidez. Depois, mais 108,7 bilhões de euros foram investidos. Os bancos centrais dos Estados Unidos, Canadá e Japão começam a intervir. O problema era mundial, dada a integração da indústria financeira, contudo só seria uma crise real se os afetados reagissem de forma emocional.

Em setembro de 2007 o Northern Rock não tinha hipoteca-lixo em seus livros, mas adotava estratégia arriscada — tomar dinheiro emprestado a curto prazo (a cada 3 meses) às instituições financeiras, para emprestá-lo a longo prazo (em média, 20 anos), a compradores de imóveis. Foi o primeiro banco britânico a sofrer intervenção governamental desde 1860. Correntistas sacaram mais de US$ 2 bilhões, em uma das maiores fugas de capital da Grã-Bretanha, em 14 de setembro.

Em outubro o banco suíço UBS revelou perdas de US$ 3,4 bilhões. Em seguida, o Citigroup divulgou perda de US$ 3,1 bilhões com o mercado *subprime* — US$ 40 bilhões no acumulado de seis meses. No fim do mês, o diretor do Merrill Lynch se demitiu depois de revelar que o banco tinha US$ 7,9 bilhões de dívidas que incluíam papéis podres.

Em fevereiro de 2008 Ben Bernanke (Fed) alertava para efeitos da crise do sistema financeiro na economia real. Líderes do G7 disseram que as perdas com mercado *subprime* podiam chegar a US$ 400 bilhões. O governo britânico nacionalizava o banco Northern Rock. No Brasil, o então presidente Lula se jactava: "*as pessoas me perguntam sobre a crise e eu respondo: 'vão perguntar para o Bush'*" — discurso ridicularizado em janeiro de 2009 por The Economist e Financial Times.

Note a aceleração da crise em 2008: em maio o banco suíço UBS lançou ações no valor de US$ 15,5 bilhões para cobrir parte de perdas que chegaram a US$ 37 bilhões. Em junho o FBI prendeu 406 pessoas, incluindo corretores e empreiteiros, como parte de uma operação contra supostas fraudes em financiamentos habitacionais, que alcançaram valor de US$ 1 bilhão. Em junho a American Home Mortgage (AHM), top 10 de crédito imobiliário e hipotecas dos EUA, pediu concordata — outra empresa, a Countrywide Financial, registrou prejuízos e foi comprada pelo Bank of America. Em julho o banco de hipotecas americano IndyMac entrou em colapso e se tornou o segundo maior banco a falir na história dos Estados Unidos. Em agosto ocorreu a estatização dos gigantes do mercado de empréstimos e hipotecas — a Federal National Mortgage Association (FNMA), conhecida como Fannie Mae, e a Federal Home Loan Mortgage Corporation (FHLMC), apelidada de Freddie Mac — que estavam quebradas, mas detinham ou garantiam cerca de US$ 5,3 trilhões em financiamentos (quase metade das hipotecas dos EUA). Ainda em agosto o banco HSBC sofreu uma queda de 28% em seus lucros semestrais: estava entre os europeus mais atingidos pela crise dos Estados Unidos.

A contaminação na economia real ocorria em agosto de 2008: as vendas no varejo dos EUA caiam 0,3%. Era a segunda queda consecutiva do indicador, após o recuo de 0,5% registrado em julho. A taxa de desemprego americana saltava para 6,1%, o maior nível desde setembro de 2003.

O dia 12 de setembro de 2008, véspera da catástrofe, foi emblemático. A região de Wall Street foi invadida por limusines pretas, à hora do rush, para reunião de emergência sobre a dificílima situação financeira dos bancos Lehman Brothers e Merrill Lynch. Todo o mercado esperava soluções mágicas das autoridades responsáveis pela fiscalização, organização e cumprimento de regras das instituições. Depois de dias em busca de comprador, o Lehman Brothers entrou com pedido de concordata e se transformou no primeiro grande banco a entrar em colapso desde o início da crise financeira. O ex-presidente do Fed Alan Greenspan afirmava que outras grandes companhias também poderiam cair. No mesmo dia, o Merrill Lynch, um dos principais bancos de investimento americanos, era comprado pelo Bank of America por US$ 50 bilhões para evitar prejuízos maiores. A cascata de falências e quebras de instituições financeiras provocou a maior queda do índice Dow Jones e de bolsas internacionais desde 11.09.2001.

O Lehman Brothers fechou um acordo para vender partes do banco para o britânico Barclays. Outro gigante do setor de hipotecas dos Estados Unidos, o Washington Mutual, era fechado por agências reguladoras e vendido para seu adversário, o Citigroup. As ações da American International Group Inc (AIG), a maior seguradora dos Estados Unidos, caíram 60% na abertura do mercado do dia 13. Ao longo do dia, o Fed tentou convencer os bancos JP Morgan e Goldman Sachs a conceder crédito de emergência de US$ 75 bilhões para ajudar a AIG.

Enquanto isso, a Moody's e a Standard & Poor's rebaixavam a classificação dos créditos da empresa, em razão das expectativas de novos prejuízos na área de seguros de hipotecas. Segundo analistas de negócios, um fracasso na operação para salvar a AIG seria duas vezes pior do que a quebra do Lehman Brothers. No entanto, a AIG conseguiria rapidamente a proteção necessária para evitar a falência: o Fed anunciou um empréstimo de US$ 85 bilhões para a AIG. Em troca, o governo assumia o controle de quase 80% das ações da empresa e de sua gestão.

Ainda em setembro ocorreu a nacionalização parcial do grupo belga Fortis, para garantir sua sobrevivência. Autoridades na Holanda, Bélgica e Luxemburgo aceitaram investir 11,2 bilhões de euros na operação. O Congresso dos EUA rejeitava o pacote de ajuda governamental ao setor financeiro. O pacote previa a liberação de recursos do Tesouro, de até US$ 700 bi, para a compra de títulos podres. O governo ficaria com ações das instituições socorridas. As instituições financeiras seriam taxadas se o governo tivesse perdas por mais de cinco anos após o salvamento. Por que rejeitar? Congressistas relutavam em empurrar os ônus dessa crise para a sociedade em geral.

O Wachovia era comprado pelo Citigroup, em acordo de resgate apoiado pelas autoridades. O Citigroup iria absorver até US$ 42 bilhões dos prejuízos do Wachovia. Na Grã-Bretanha, era confirmada a nacionalização do banco de hipotecas Bradford & Bingley. O governo assumia o controle do banco no valor de 50 bilhões de libras (cerca de R$ 171 bilhões) enquanto suas operações de poupança e agências eram vendidas para o Santander. O governo da Islândia assumia o controle do terceiro maior banco do país, Glitnir, depois que a companhia teve problemas com fundos de curto prazo.

Todos afirmavam que havia uma "crise de confiança", confirmando o combustível dessa crise. O Índice de Confiança do Consumidor caiu de 78,4 em janeiro para 63 em agosto: mau augúrio, sinal de que os americanos estavam menos dispostos a gastar.

Ben Bernanke traçava um cenário sombrio caso o pacote de socorro (ampliado para US$ 850 bilhões) não fosse aprovado pelo Congresso. Dizia: "*se os mercados não estiverem funcionando, empregos serão perdidos, a taxa de desemprego subirá, mais casas entrarão em inadimplência, o PIB vai se contrair e a economia simplesmente não será capaz de se recuperar*". Após intensa pressão envolvendo o presidente Bush, o secretário do Tesouro Henry Paulson, o presidente do Fed, além dos candidatos à Presidência dos EUA, Barack Obama e John McCain, o Senado dos EUA aprovou o projeto. O pacote voltou à Câmara, para ser votado novamente, sendo aprovado e sancionado pelo presidente Bush.

A seguradora Yamato Life Insurance tornou-se a primeira companhia de serviços financeiros do Japão a sucumbir à turbulência nos mercados. Ela entrou com perdido de concordata, com dívidas de cerca de US$ 2,7 bilhões.

A Islândia estava diante da ameaça iminente de *"falência nacional"*, disse o primeiro-ministro Geir H. Haarde. Muitas pessoas falavam sobre a mudança épica, o problema é que ninguém sabia o que ela significa: *"o que aprendemos de todo esse exercício é que não é sábio para um pequeno país tentar adotar uma postura de líder do sistema bancário internacional."* O Reino Unido incluiu a Islândia na lista de países e organizações terroristas (lei de 11/09), congelando ativos: de um banco? De um governo? De cidadãos? Em um mês, o PIB da Islândia caiu 65%.

Em outubro, outra mancada: o presidente Lula afirmava *"lá nos EUA é um tsunami, aqui, se ela chegar, vai ser uma marolinha, que não dá nem pra esquiar"*. O Brasil não percebia a crise[1] pelas seguintes razões:

- Brasil exportava 13% de seu PIB, enquanto era 50% na Coreia do Sul, 40% para o México;
- Brasil fornecia 41% do PIB no total de crédito, contra 110% da Coreia;
- Brasil fornecia 3% do PIB em crédito imobiliário, contra 86% dos EUA e 53% da Coreia — portanto, não teria uma bolha imobiliária;
- Brasil cresceu menos na década anterior, portanto, não havia excesso de capital.

Mesmo sendo uma economia fechada, de pouco dinamismo e reduzidas fontes de crédito, o Brasil fazia vítimas: a exposição indevida e excessiva em derivativos cambiais vitimou a Sadia, a Aracruz e depois o Grupo Votorantim, que informava liquidar posições em moeda estrangeira com prejuízo de R$ 2,2 bilhões.

Como exemplo de senso estratégico, Itaú e Unibanco anunciaram a sua fusão, tornando-se o nono maior banco do mundo. A projeção de crescimento para o Brasil em 2009 era: *"crescimento zero será um bom resultado, levando-se em conta o ambiente global"* — Ken Rogoff, ex-economista-chefe do Banco Mundial.

Já não era uma crise financeira, ela afetava todas as economias. Ocorria um tombo no valor das *Commodities* (queda dos preços médios em dólar de julho a novembro de 2008)[2]: Cobre: 55%; Diesel: 47%; Óleo de soja: 45%; Zinco: 39%; Alumínio: 37%; Estanho: 37%; Suco de laranja: 32%; Café: 19%; Celulose: 15%.

De julho a dezembro de 2008 a queda do preço do petróleo era de 75%: de US$ 147 a US$ 37. A queda nas Bolsas em 2008[3]: Brasil: -41,22% (2ª. pior da história); Frankfurt: -40% (maior da Europa); Londres: -31,3%; Paris: -43% (pior da história); Nova York: -34,65%; Tóquio: -42%; Xangai: -65%. O dinheiro virava pó.

---

1 Jornal Estado de São Paulo, 23.03.2009.

2 Empresas tentam se ajustar à menor demanda mundial. Jornal Estado de São Paulo, 23.11.2009, B3.

3 Bolsas do mundo têm perdas históricas. Jornal Estado de São Paulo, 01.01.2009, B2.

Ainda no final de 2008, Europa e Japão assumiam oficialmente sua recessão econômica. O Reino Unido anunciava estar em recessão, a pior desde 1946. O presidente Bush reconhecia que a economia dos EUA estava em recessão. Quatro dias antes o Escritório Nacional de Pesquisa Econômica dos EUA anunciava que a recessão iniciou-se em dezembro de 2007.

O laureado com Nobel de Economia Thomas Friedman afirmava[4]: *"tenho uma confissão e uma sugestão a fazer. Entro nos restaurantes, olho para mesas cheias de jovens e sinto ânsia de falar: 'vocês não me conhecem, mas devo lhes dizer que vocês não deveriam estar aqui. Deveriam economizar seu dinheiro, deveriam estar em casa comendo atum. Falta muito para esta crise acabar. Estamos apenas no final do começo. Por favor, embrulhem o filé num marmitex e vão para casa!'"*

As mesmas fontes que provocam crises abrem oportunidades para vigaristas. Em dezembro era preso Bernard Madoff, ex-presidente da Nasdaq, pelo prejuízo de US$50 milhões, maior fraude da história dos EUA.

Em 2009, o ano iniciava com passeata em Davos (Fórum Econômico Mundial): "*vocês são a crise*" era o slogan muito repetido. Nouriel Roubini alertava que Suíça, Holanda, Bélgica e Irlanda poderiam se tornar insolventes como a Islândia. O governo EUA propunha: corte de impostos, aumento de gastos públicos, crédito escolar e salvar 14 milhões de proprietários inadimplentes.

O desemprego no Brasil subia pela primeira vez em 10 anos, de 6,3% em dez de 2008 a 9,1% em mar de 2009. Em 2010, o montante global de recursos para a recuperação ultrapassava US$ 11,3 trilhões (12% do PIB mundial): sendo 7,4 dos EUA), 1 do Reino Unido, 1,8 na zona do Euro, 0,5 no Japão e China) e 0,2 no Brasil. O mundo se preocupava com os PIIGS — Portugal, Irlanda, Itália, Grécia e ESpanha, cujas economias claudicavam. Em maio a crise na Grécia derrubava bolsas em todo o mundo — primeiro-ministro G. Papandreou afirmava que "*o pacote de ajuda financeira da UE e do FMI é a única esperança para evitar a bancarrota do país*". Ainda em 2015 a questão permanecia.

Até onde vai?

Note as diferentes fases da Crise Mundial:

- Estouro da bolha imobiliária e dos derivativos nos EUA;
- Quebra do sistema financeiro global;
- Intervenção dos governos assumindo dívidas privadas;

---

4 Jornal Estado de São Paulo, 25 de novembro de 2008.

- Excesso de endividamento dos governos — crise das dívidas soberanas e recessão.

Diante desse cenário, em 2011 muitos previam que a crise perduraria por mais quatro anos.

Em 2018, seria possível afirmar que a crise terminou? Estaríamos vivendo o período de pós-crise, dez anos depois do início da crise? Minha expectativa era a de que o enxugamento de liquidez em todo o mundo teria o benefício de estabelecer as bases para uma economia frugal — do consumo consciente — e sustentável — baixo carbono, integrando o social e o ambiental ao econômico. Precisaremos de mais crises até chegar a isso?

O que este caso provocou em você? Saboreie suas impressões e sentimentos. Depois traga para você o assunto: como viveu essa crise? Rememore outras situações que fluíram do mesmo modo, e fixe as reações que costuma ter em crises.

53

Caso Tylenol

Primórdios da Gestão de Crises

Este é um caso emblemático, de uma época em que nenhuma empresa tinha sistemas ou manuais para lidar com crises — Fink e Mitrof relataram o caso. Mitrof defende a ideia de que foi esse caso que deu início às técnicas de gestão de crises.

Empatize com a crise, imagine se você estivesse envolvido nela.

Crises externas são mais perniciosas

Se a crise representa uma situação em que ocorre uma reação em cadeia acelerada de eventos, causando sensação de perda de controle e emoções infladas, imagine como uma organização pode enfrentar uma crise que afetou milhões de consumidores de um medicamento.

Crises públicas causam mais danos que crises internas de organizações: atraem veículos de comunicação, ocorrem fofocas, maledicência, atos disparatados e descontrole. A maneira como a organização contável (*accountable*) age pode determinar o sucesso ou fracasso da gestão de crises externas, colocando em risco a própria sobrevivência da organização.

Terrorismo usa organizações para atingir a sociedade

Para uma farmacêutica a pior crise envolve a morte de consumidores causada por medicamentos por ela produzidos. O caso trata da morte penosa de sete pessoas depois de consumirem o mais popular remédio para dor de cabeça dos EUA — Tylenol — em setembro de 1982.

O Tylenol tinha 35% de participação no mercado norte-americano (participação maior que a soma da dos quatro principais concorrentes). A Johnson & Johnson estava entre os melhores lugares para se trabalhar, era líder entre empresas do ramo de saúde, tinha consumidores fiéis em todo o mundo e excelente reputação. Além do mais, era líder em produtos para bebês. O envenenamento por cianeto poderia destruir tudo isso, se a empresa não tivesse resiliência para enfrentar a situação e recuperar-se.

Ao tomar conhecimento das primeiras mortes, o CEO James Burke designou David Collins para comandar o processo na fábrica da McNeil onde o remédio era produzido e o enviou de helicóptero para lá. Lawrence Foster, o relações públicas, afirmara que a fábrica não usava cianeto, mas depois ouviu do pessoal da fábrica que o veneno era usado em testes de qualidade, porém realizados em outro prédio, não no ambiente de produção. A possibilidade de ter ocorrido uma sabotagem interna foi considerada. Foster corrigiu seus argumentos em público, demonstrando ética — *empatia*, melhor dizendo. Ao longo do tempo, a empresa tinha conquistado boa relação com consumidores e veículos de comunicação. Essa *competência social* seria fundamental durante a crise. A empresa assegurava que não havia possibilidade do remédio adulterado ter saído de suas fábricas, e tinha credibilidade para isso.

Tanto a polícia, quanto o FBI e o FDA — Food and Drug Administration informaram dias depois que não havia evidência de adulteração nas fábricas: os remédios adulterados provinham de duas fábricas, uma no Texas e outra na Pensilvânia. A chance de ter ocorrido adulteração dentro da empresa era quase nula. Mas isso levava a crise para outra direção: pela primeira vez um ataque de natureza terrorista ocorria nos EUA, e lançava mão da facilidade de violar embalagem de comprimidos para substituir o Tylenol extraforte por cianeto.

Os empregados da J & J e da McNeil, subsidiária do grupo, permaneceram unidos apoiando as investigações, sentindo-se pessoalmente atacados, o que revela a força da identidade — *autoeficácia*, prefiro considerar. O credo da Johnson, criado quarenta anos antes, indicava quatro responsabilidades da empresa, pela ordem: com o consumidor, com os empregados, com a comunidade e com os acionistas.

Para o público, a empresa foi também percebida como vítima. O problema era evitar novas mortes e salvar o medicamento. Uma semana depois do anúncio das mortes, a empresa criou uma linha "0800" gratuita para esclarecer preocupações de consumidores (Figura 53.1). Todo o Tylenol existente no mercado norte-americano foi recolhido nos primeiros dias de crise, sem que a empresa medisse gastos para isso. Em 12 de outubro a propaganda ofertava a troca de cápsulas de Tylenol em poder de consumidores por tabletes do mesmo produto em nova e inviolável embalagem. Essa oferta foi um sucesso. Esse exemplo de *tenacidade* e *solução de problemas* rápida sem dúvida contribuiu para o desmonte da crise.

Na mesma ocasião, a proatividade era mobilizada por Burke: em uma fala carregada de emoção, o CEO reafirmou valores, estratégias e consideração aos empregados da fábrica da McNeil. Tratava de demonstrar que o produto seria recuperado, e também aquela fábrica. Ele e Foster estavam sempre presentes na mídia, transmitindo confiabilidade e preocupação. Uma inserção em TV atingiu 85% dos lares com declarações públicas dos dirigentes da Johnson.

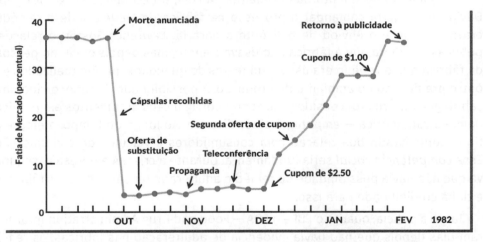

Figura 53.1. Evolução da Participação no Mercado durante a Crise.

Fink sugere que o custo da intervenção na crise foi de cem milhões de dólares. No início de outubro, em apenas dois dias participação da empresa no mercado havia caído de 38 para 6 dólares e assim permaneceu até o final de novembro. Um cupom de desconto de US$2,50 foi oferecido em 11 de outubro, em benefício de quem substituísse o produto. O "0800" recebeu 210 mil chamadas sobre a questão do cupom.

Resultado dessas ações: em apenas quatro meses o valor das ações da Johnson havia sido totalmente recuperado.

Passada a fase aguda da crise, outro problema surgiu: a Johnson tornou-se vítima de extorsão: uma carta anônima pedia um milhão de dólares para cessar a adulteração. A empresa passou a cooperar com o FBI, mas os resultados demoraram a aparecer — embora a crise já tivesse sido superada.

Em dezembro de 1982 James Lewis foi preso. Depois de julgado, foi condenado a vinte anos de prisão como responsável pela extorsão à Johnson. Ele alegou nada ter a ver com a violação do Tylenol, mas sabia demais sobre a questão: detinha informações que nunca chegaram ao público externo. Ainda permanece preso.

Sucesso não foi casual

O caso Tylenol explica a resiliência de uma organização frente a uma das piores crises externas. Somente a capacidade de auto-organização não chegou a ser testada no caso. O sucesso do enfrentamento dessa crise foi determinado pela transparência, resgate da confiança, preocupação genuína dos dirigentes e ação rápida (lançou nova embalagem, recolheu produtos no comércio e na casa dos usuários, ofereceu bônus), além de amparar-se em seus valores — o seu "credo".

FONTES

- » FINK, S. *Crisis Management*. New York: AMACOM, 1986.
- » MITROF, I.I. *Crisis Leadership: Planning for the unthinkable*. New York: John Wiley, 2004.
- » SABBAG, P.Y. *Resiliência: Competência para enfrentar situações extraordinárias na vida profissional*. Rio de Janeiro: 2012 (Prêmio Jabuti 2013).

54

Mapa Mental — Crises

Crises vêm e vão

Toda crise passa, felizmente. Significa que existe um ciclo de vida para as crises. Você sabe quando uma crise começa? E quando ela acaba? Não são questões simples de responder. Este Mapa Mental resume as quatro etapas da crise, seus lemas e recomendações em cada etapa.

Início e final tênues

A crise eclode quando há uma <u>reação em cadeia</u> de eventos, cuja <u>aceleração</u> causa <u>percepção de perda de controle</u> e <u>emoções infladas</u>. Dessa definição deriva o problema: como são os afetados que determinam se um incidente se torna uma crise, é difícil precisar exatamente quando a crise começou. Do mesmo modo é difícil precisar quando a crise terminou, a situação volta ao "normal" e podemos nos dedicar à recuperação pós-crise.

A narrativa do Mapa Mental

A maioria das crises não ocorre por acaso: são consequências das tecnologias e da gestão, são raros os desastres naturais. Se elas não são casuais, todo esforço de **prevenção** reduz a chance de ocorrer cada tipo de crise. Essa é a primeira etapa do ciclo de vida de uma crise. Logo que ocorre a eclosão da crise se inicia a etapa de desmonte ou desaceleração da crise. Desacelerando, a percepção de perda de controle é mitigada, portanto, reduz o impacto emocional sobre os afetados. A partir do desmonte se inicia a etapa de intervenção sobre a crise: é a sensibilidade do gestor de crise que dita quando a intervenção começa. A intervenção termina quando a organização envolvida "volta ao normal". Mas o ciclo de vida da crise vai além: inclui a etapa de recuperação pós-crise. Acompanhe o Mapa Mental na Figura 54.1.

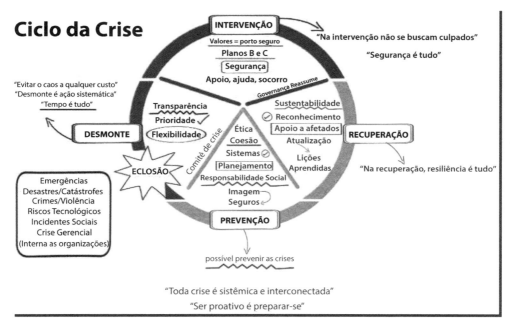

Figura 54.1. Mapa Mental das Etapas da Gestão de Crises.

Na etapa de prevenção o gestor de crises segue dois lemas: "toda crise é interconectada" e "ser proativo é preparar-se". Se a crise é interconectada, ela pode espraiar-se para toda a organização e rede de relações dela; seus impactos são sistêmicos e pouco controláveis, de tal modo que requer uma prevenção igualmente sistêmica. Com o foco na preparação para crises, as recomendações são: estimular a ética e os valores organizacionais; estimular a coesão entre dirigentes e pessoal interno e externo; desenvolver sistemas de informação sobretudo com sensores para informar a eclosão de crises; realizar todo tipo de planejamento visando responder a riscos e crises; incentivar ações de responsabilidade social; cuidar da imagem e reputação frente à sociedade. Ainda pertence a esta etapa a recomendação de criar, selecionar e treinar pessoas para o Comitê de Crises, que assumirá seu papel assim que assumir-se que a crise eclodiu.

Para referir-se à eclosão da crise, note quais são as fontes de crises: emergências (casos de Defesa Civil), catástrofes e desastres naturais, crimes e violência (incluindo atos de terrorismo), riscos tecnológicos (colapso de instalações, falhas operacionais e acidentes), incidentes sociais (greves, gangues, conflitos de massa) e as mais frequentes crises internas às organizações, quase sempre relacionadas à gestão. Afora as duas primeiras, que costumam ser repentinas, as demais fontes de crises não são desconhecidas nem são imprevisíveis, portanto, poderiam ser evitadas ou mitigadas pela prevenção.

Na etapa do desmonte, os lemas são diferentes: "evitar o caos a qualquer custo", "desmonte é ação sistemática" e "tempo é tudo". Na eclosão de uma crise, costuma falhar o sistema de comunicação. Grassa a informação desencontrada. As decisões são difíceis de tomar e podem demorar a ocorrer. Tudo isso amplia a chance de caos e da perda de controle, que precisam ser evitados. Se o desmonte é lento e arrastado ele perde a finalidade, por isso, reduzir tempos é tudo. Não adianta tomar alguma iniciativa, sem avaliar se de fato causou desaceleração. Geralmente são adotadas táticas sucessivas até que o desmonte possível seja obtido, daí a importância de ação sistemática.

Durante o desmonte, é essencial que o Comitê de Crise adote transparência, para não causar perda de confiança e aguçar ainda mais as emoções dos envolvidos. Como há urgência, é preciso priorizar tanto os interessados (*stakeholders*) críticos quanto os problemas críticos. Em toda a etapa a flexibilidade é crucial, dado que mais envolvidos participam do processo.

Na etapa da intervenção "não se buscam culpados" é o lema, porque se buscam soluções e toda energia deve estar concentrada nessa busca. Outro lema é "segurança é tudo" porque a ênfase é a segurança de pessoas, do patrimônio e de sistemas. O alvo nessa etapa é mitigar danos, para isso oferecendo todo tipo de apoio, ajuda e socorro exigidos — custe o que custar. É o momento de adotar os Planos B e C planejados na etapa de prevenção, e que não puderam ser usados no desmonte. Se as etapas anteriores foram eficazes, pode ter ocorrido um equilíbrio das emoções enquanto se recuperava o controle da situação — nesse caso, advogar pelos valores da organização é um complemento importante.

A intervenção se conclui quando a governança da organização reassume em lugar do Comitê de Crises. O retorno à normalidade inclui todos os sistemas, rotinas e processos que existiam antes da crise. Mas a gestão de crise não acabou: ainda há a etapa de recuperação, cujo lema é "na recuperação, resiliência é tudo". Seja para os envolvidos na retomada da normalidade, seja para os afetados pela crise.

É boa conduta da governança reconhecer as contribuições individuais nas etapas anteriores —– não vejo melhor maneira de demonstrar que a crise terminou. É preciso dar "tempo ao tempo", considerando que cada afetado, conforme sua resiliência, precisa de um tempo específico para voltar ao "normal". É o momento de efetuar melhorias nos sistemas e processos, para tanto é preciso coletar lições aprendidas. Quem esquece o passado está condenado a repeti-lo, disse um filósofo. É uma forma de ampliar a resiliência da organização e torná-la mais sustentável, aprender com a crise, para que o padrão de comportamentos habituais não se repita em crises semelhantes no futuro.

O ciclo de perpetua na medida em que as lições aprendidas permitem retomar a prevenção de crises, fazendo novos planos e beneficiando-se do que foi aprendido.

Experimente!

Ao contrário do senso comum, não devemos temer as crises. Uma crise bem gerida reforça a resiliência dos indivíduos e da organização. Enfrentar adequadamente as crises é uma oportunidade a ser explorada e causa satisfação nos envolvidos. Rememore uma crise na qual foi envolvido. Procure discernir o que ocorreu nas quatro etapas do processo. Registre as lições aprendidas. Com isso estará mais preparado para as crises futuras.

Índice

A

Adhocracias 17
Administração Científica 44
Adotantes Iniciais (*Early Adopters*) 127
Alumbramento (*Insight*) 5, 24, 30, 33, 122
Amyr Klink 218-224
Análise de Mercado 131, 167, 186-188
Análise de Produtos e Serviços 132, 167
Análise *SWOT* 55, 120, 132, 134-137, 139, 146, 156, 186
Arte 43
Autoconfiança 220, 226, 255, 264, 268
Autoeficácia 220, 226, 264, 268, 270, 295

B

Balanced Scorecard 122, 148, 155- 159
Benchmarking 97-103
   Externo 98
     Análise Setorial (*Industry benchmarking*) 98
     Avaliação Competitiva (*Competitive Assessment*) 98
     Excelência Mundial (*World-Class Benchmarking*) 98
     Melhores Práticas (*Best Practices*) 98
   Interno 98
Blueprint de Serviços 48, 55, 57-62
Brainstorming ou Toró de Palpites 5, 27, 55, 78, 80

C

Canvas 55
Caso 83-86, 160-165, 184-188, 191-197, 208-211, 218-224, 237-243, 280-284, 285-293, 294-297
Ciclo *PDCA - Plan, Do, Check and Action* 45
Comparação Seletiva 27, 78
Competência 109-114, 180, 225, 225-228, 273, 274
Competência Social 227, 265, 268, 270
Conflito Criativo 38
Contável (*Accountable*) 254, 277, 294
Costing 132, 169
Criatividade 5, 23-28, 39
Crise 95, 244-249, 250-254, 273, 285, 298
   Ciclo de Vida 256
   Etapa de Desmonte 258, 277, 284
   Etapa de Intervenção 259, 277
   Etapa de Prevenção 256, 277
   Etapa de Recuperação 259, 277

D

Decisão 111, 123, 242
Definição de Canais de Distribuição 132
Definição de Competências Organizacionais 132
Definição de Posicionamento Comparativo 132

Definição de Preços 132, 169
Desejabilidade 53
Design de Interação 51
Design de Produtos (Desenho Industrial) 51
Design de Serviços 48, 51, 56, 58, 61
   Centrado no Usuário 52, 57
   Cocriativo 52
   Evidente 53
   Holístico 53, 58
   Sequencial 52
Design Etnográfico 51
Design Gráfico 48, 51
Design Social 51
Design *Thinking* 11, 43-49, 51, 75
Desmonte 81, 253, 256-258, 268, 273, 277, 284, 300
Destruição Criativa 38-42, 203
Distresse 31, 253, 263, 269
Domenico de Masi 3, 26

E

Empatia 66, 173, 227, 264, 269, 276, 295
Empoderamento (*Empowerment*) 46
Empreendedor 198, 200, 202-207, 212
Empreendedorismo Social 229- 234
Empreender 202, 205, 218, 266
Empresas Sociais 231
Empréstimos *Subprime* 287
Endomarketing 257
Enfoque CLÁSSICO 119, 120, 123, 146
Enfoque EVOLUCIONÁRIO 120, 126
Enfoque "*Market-In*" 48
Enfoque PROCESSUAL 119, 121, 123, 146
Enfoque "*Product-Out*" 48
Enfoque SISTÊMICO 122, 146
Enfoque Sociotécnico 44
Enfrentamento Efetivo (*Coping*) 274
Entrevista 70, 71, 162, 193, 283
Escada de Inferências 27
Estratégias 130, 147, 160, 180-188

Estratégias Mercadológicas 131, 166-170
Estratégias Emergentes 117, 127, 147
Estratégias Materiais 233
Estratégias para Crises 255
   Gerir Riscos 255, 285
Estratégias Simbólicas 233
Estudo de Desempenho Estrutural 132
Eustresse 31, 269
Experiências de Fluxo 29, 215

F

FIFO - First In, First Out 93
Flexibilidade Mental 227, 258, 263, 264
Fluxo 27, 29-32, 81
Fluxograma 45, 57, 94
   Insumos (*Inputs*) 57
   Produtos (*Outputs*) 57
Fontes de Crises 246, 300
   Casos Fortuitos 246
   Crimes 246
   Crise Econômica e Gerencial 247
   Crise Existencial 247
   Emergências 246
   Incidentes Sociais 247
   Riscos Tecnológicos 247
Funil 18-22, 75, 76

G

Gestão da Inovação 13-17
Gestão de Crises 253, 294
   Etapas 253
      Desmonte 253, 258
      Intervenção 254, 259
      Prevenção 253, 256
      Recuperação 254, 259
Gestão por Processos 45, 94
Gestor de Crise 237-243, 252, 273-279
Gestor de Riscos 252
Governança 16, 257

H

Henry Mintzberg 118, 121, 140

I

Identificação do Problema 27
Incerteza 199, 244
Incubação de Ideias 27
Inovação 5, 3-8, 10, 9-12, 13-17
   Inovação Aberta 18-22
   Inovação Disruptiva 10, 77-82, 83-86
   Inovação Incremental 10, 87-91, 136
   Inovação Revolucionária 10, 245
   Método Sistemático 15
Interessados (*Stakeholders*) 253, 270, 283, 300
   Crise 253
Intervenção 259
Intraempreendedor (*Intrapreneur*) 212, 232
Intuição 5, 13, 23-28
ISO - International Organization for Standartization 46

J

JDA — Joint Development Agreement 20
Jorge Paulo Lemann 191
Jornada do Usuário 54, 59

L

Lean Management 45
Lean Startup 46, 121, 126
Leitura 61, 85, 86, 158
Lições Aprendidas 104-108
Liderança 111, 123, 266-272
Lista de Verificação (*Check-list*) 215

M

Mapa Estratégico 122, 155-159
Mapa Mental 74-76, 80, 130-133, 146-148, 298-302
Maquiavel 198-201
Marco de Referência 97
Marketing 46, 126, 131, 136, 156, 166, 228
Matriz *BCG* 132, 168, 186
Matriz de Portfólio de Produtos/Serviços 169, 186
Matriz *GUT* 95
Melhores Práticas 104-108
Melhoria de Processos 92-96
Mentalidade 3, 17, 40, 140
   Autocensura 241
   Invulnerabilidade 241
   Mentalidade Grupal (*Groupthink*) 241
   Pressão sobre Outros 241
   Racionalização Coletiva 241
   Unanimidade 241
Método Sistemático 15
Mídia Training 257
Mihaly Csikszentmihalyi 30
Missão 122, 138-145, 240
Momentos da Verdade 46
Motivos de Força Maior 247
Mudança 13, 17, 199, 260

N

Narrativas 55, 63-67
NASA 238-243
Necessidade de Conquista (*nAch*) 220, 226
Negócio Social 231

O

Objetivo *SMART* 176-179
Organização Baseada em Recursos 122, 132
Organização em Aprendizado (*Learning Organization*) 122
Orientação para a Realização 226
Otimismo Aprendido 221, 226

P

PARC - Palo Alto Research Center 20
Pensamento Convergente 15, 27, 41, 78
Pensamento Divergente 15, 41, 78
Personas 61, 68-73, 129

Plano de Gestão de Crises 257
  Intervenção 259
PMI - Project Management Institute 98, 105
Pontos de Contato (*Touchpoints*) 48
Portfólio 15
Posicionamento da Organização 132
Posicionamento no Mercado 131, 169
Prevenção de Crises 256, 268, 277
  Seguros 257
Pricing 132, 169
Proatividade 222, 226
Processos Contínuos 92, 181
Processos Descontínuos 92
Produto Mínimo Viável 127
Projetos 16, 93, 102, 109, 158, 238
Proposição de Valor para o Cliente 55, 132, 167, 169, 171-175
Psicologia do Empreendedor 219

Q

Qualidade 45, 93-96

R

Racionalidade Limitada 121
Resiliência 1110, 144, 150, 198, 220, 226, 232, 251, 259, 262-265, 266, 277
Risco 199, 245

S

Sagacidade 33-37, 110, 166, 181, 277
Scamper 11
Securitização 286

Serendipitia 35, 33-37
SIT — *Systematic Inventive Thinking* 11, 75, 88
Solução de Problemas 222, 227, 264, 296
Startup Enxuta 126
Startups 21, 126-129, 180
Storyboards 55, 63-67

T

Taylorismo 40, 44
Técnica *BSC - Balanced Scorecard* 122
Técnica das Cinco Forças Competitivas 120
Técnica *SCAMPER* 11
Técnicas para Diagnóstico de Processos 94
Temperança 221, 227, 251, 264, 271
Tenacidade 220, 227
Teoria Geral dos Sistemas 45
Toró de Palpites (*Brainstorming*) 27, 75, 78, 80

V

Valor Compartilhado 231
Valor de Marcas (*Branding*) 48
Valores 122, 142, 149, 277
Valores Organizacionais 143, 149-154, 259
  Autoestima 152
  Coesão Interna 152
  Fazer a Diferença 152
  Relacionamento 152
  Serviço 152
  Sobrevivência 152
  Transformação 152
Viabilidade Estratégica 131

CONHEÇA OUTROS LIVROS DA ALTA BOOKS!

Negócios - Nacionais - Comunicação - Guias de Viagem - Interesse Geral - Informática - Idiomas

Todas as imagens são meramente ilustrativas.

SEJA AUTOR DA ALTA BOOKS!

Envie a sua proposta para: autoria@altabooks.com.br

Visite também nosso site e nossas redes sociais para conhecer lançamentos e futuras publicações!
www.altabooks.com.br

/altabooks ▪ /altabooks ▪ /alta_books

ALTA BOOKS
EDITORA

Impressão e acabamento:

Grupo SmartPrinter
Soluções em impressão